Pensar el Brasil hoy

Teorías literarias y crítica cultural en el Brasil contemporáneo

Pensar el Brasil hoy

Teorías literarias y crítica cultural en el Brasil contemporáneo

María Cándida Ferreira de Almeida
Norman Valencia
Compiladores

Facultad de Artes y Humanidades
Departamento de Humanidades y Literatura

Pensar el Brasil hoy. Teorías literarias y crítica cultural en el Brasil contemporáneo / María Cándida Ferreira de Almeida, Norman Valencia, compiladores. – Bogotá: Universidad de los Andes, Facultad de Artes y Humanidades, Departamento de Humanidades y Literatura, Ediciones Uniandes, 2013.
244 p.; 14 x 21cm.

Otros autores: Alcir Pécora, João Adolfo Hansen, Eneida Maria de Souza, Eduardo Leal Cunha, Állex Leilla, Eneida Leal Cunha, Hermes da Fonseca, Regina Motta, Mário Cezar Silva Leite, Fabio Akcelrud Durão, José Adriano Fenerick, Lídia Santos, Zilá Bernd.

ISBN 978-958-695-911-7

1. Literatura brasileña – Historia y crítica I. Ferreira de Almeida, Maria Cándida II. Valencia, Norman III. Pécora, Alcir, 1954- IV. Hansen, João Adolfo, 1942- V. Souza, Eneida Maria de VI. Cunha, Eduardo Leal VII. Leilla, Allex VIII. Cunha, Eneida Leal IX.
Fonseca, Hermes da X. Motta, Regina XI. Leite, Mário Cezar Silva XII. Durão, Fábio Akcelrud, 1969- XIII. Fenerick, Jose Adriano XIV. Santos, Lídia XV. Bernd, Zilá, 1944- XVI. Universidad de los Andes (Colombia). Facultad de Artes y Humanidades, Departamento de Humanidades y Literatura

CDD Br869. SBUA

Primera edición: septiembre de 2013

Ediciones Uniandes
Carrera 1ª núm. 19 - 27, edificio Aulas 6, piso 2
Bogotá, D. C., Colombia
Tel.: 339 4949, ext. 2133
http://ediciones.uniandes.edu.co/
infeduni@uniandes.edu.co

ISBN 978-958-695-911-7
ISBN E-Book 978-958-695-912-4

Corrección de estilo: Fredy Ordóñez
Diseño de cubierta y diagramación: Andrés Leonardo Cuéllar V.
Imagen de cubierta: *O Morrinho*. Foto de Enrique Mayer

Traducciones de M. C. Ferreira de Almeida: "A guisa de manifiesto", "Leer y ver: presupuestos de la representación colonial", "Notas sobre la crítica biográfica", "Los herederos de Werther se volverán gerentes: la literatura de autoayuda y la construcción del nuevo discurso amoroso", "Homosexualidades y delirios de amor perfecto: pasajes multiformes", "La emergencia de la cultura y de la crítica cultural", "Antropofagia: noticias actuales", "'¡Mi cuerpo se estremece con sólo de hablar!': poéticas del agua en la oralidad y en el imaginario popular brasileño" y "La literatura comparada y las literaturas periféricas" / Traducción de N. Valencia: "Realismo(s) en juego: Narrando el Morro a través del performance, las artes visuales, la literatura y el cine" / Traducción de J. Paredes: "Las aventuras de una técnica: el dodecafonismo viaja al Brasil"

Contenido

Introducción

María Cándida Ferreira de Almeida
Norman Valencia

La primera propuesta de investigación que dio origen a este trabajo fue hacer posible un libro en español que divulgara la producción teórico-crítica brasileña contemporánea. En muchas ocasiones, intelectuales, artistas y profesores brasileños son llamados a expresar sus ideas, pero hay poco material de ellos divulgado en esta lengua. La idea de este libro, divulgar la producción brasileña en campos tan específicos como la teoría literaria y la crítica cultural, nos llevó a un primer problema: ¿cuáles obras elegir? Una posible respuesta nos vino en un testimonio del crítico Benedito Nunes que podría proporcionar una primera definición de qué se puede esperar de la crítica, en especial la crítica brasileña:

> En uno de los encuentros, en Belém,[1] con Clarice Lispector, después que publiqué *El drama del lenguaje* sobre el conjunto de la obra de esa escritora, ella me dijo antes del saludo acostumbrado: "Usted no es crítico, sino algo diferente, que no sé lo que es". En ese momento me perturbó esa afirmación. Hoy puedo ver cómo fue certero, ade-

[1] Ciudad del norte de Brasil, capital del estado de Pará, donde Nunes vivió toda su vida.

> más de encomiástico, el aturdido juicio de Clarice.[2] Ella percibía, leyendo lo que sobre ella escribí, que mi interés intelectual no nace ni acaba en el campo de la crítica literaria. Amplificado a la comprensión de las obras de arte, incluyendo las literarias, es también extensivo, en conjunto, a la interpretación de la cultura y a la explicación de la Naturaleza. Un interés tan reflexivo como abarcador es, por lo tanto, más filosófico que sólo literario. ("Caminho" 289)

Esta es una magnífica introducción para un texto que aspira a ser una especie de "testamento crítico" y nos pone donde querríamos estar: en una cierta duda frente a cuáles textos podríamos incluir para representar las "teorías y críticas" brasileñas contemporáneas. Nunes continúa de una forma que define aún mejor nuestra propia posición:

> En el "algo diferente" que Clarice usaba para cualificarme, estaba implícita semejante unión. No soy un ser doble, crítico literario por un lado y filósofo por otro. Me constituyo como un tipo híbrido, mestizo, de las dos especies. Literatura y filosofía son hoy, para mí, aquella unión convertida en tema reflexivo único; ambos dominios en conflicto y, no obstante, inseparables, intercomunicados. (290)

Este modelo expone un paradigma que fue muy pertinente a la hora de elegir los textos de esta antología: ¿cuántos autores logran una versión de este mestizaje? No sólo filósofos en el sentido *benedictino* del término, sino teóricos y críticos a la vez, sin distinción de roles. A este desafío habría que agregar la duda de si hay una "teoría brasileña". Miremos con más detalle algunas definiciones generales para después intentar acercarnos al problema de definir, primero, quiénes serían los "teóricos" y, en seguida, quiénes serían específicamente los "teóricos brasileños".

La palabra *teoría,* en su sentido más general, denota la demostración, sea tácita o no, de unas premisas mayores y de un orden significativo

[2] Notará el lector que, a lo largo del texto, hay referencias a diversos autores brasileños por su primer nombre. Esta es una práctica común en la tradición brasileña, donde hay muchos autores que se mencionan de esta forma: Clarice (Lispector), Oswald (de Andrade), Haroldo (de Campos), Euclides (da Cunha), etc. Este texto sigue esta tradición.

(Guillén 30). Estas premisas mayores son, por lo general, formuladas a través de enunciados que aportan un conocimiento abstracto que está más allá de cualquier referencia concreta; sin embargo, para los críticos contemporáneos, se establece siempre una tensión entre el presente real del acto significativo y estas proposiciones abstractas, por lo general ajenas el material que se lee y a los contextos históricos, concretos, de la producción de textos. Esto provoca, a su vez, una nueva tensión entre la experiencia de la lectura y la interpretación que constituye un sentido que, ahora, está mediado por una experiencia distinta a la que provocó las premisas. El acto teórico implica, por así decirlo, un trabajo de ordenamiento y de domesticación de la experiencia. Por lo tanto, dejamos de pensar la teoría como un grupo de suposiciones abstractas o incluso como una suma de hipótesis meramente especulativas; aunque estas hipótesis, en términos clásicos, nada tienen que ver con "la práctica", consideramos que siguen estando presentes en los actos interpretativos y ejercen un notable control sobre ellos.

Fue a partir de presupuestos cercanos a los anteriores que la teoría literaria buscó alcanzar un estatuto de ciencia. Esto ocurrió con el surgimiento del estructuralismo, modelo con el cual se produjo la tentativa de abandonar la crítica intuitiva, la perspectiva centrada en la "valoración de la calidad de los textos" y la llamada "crítica impresionista". Su irrupción dio lugar a la percepción del "carácter construido" del lenguaje, con paradigmas delimitables por medio de ciertos sistemas comparativos de significación. Contra concepciones tales como "el sujeto individual aislado", visto como "manantial y origen de todo significado", o de que el lenguaje es una reflexión directa de la realidad, se desarrolló la concepción de que lo real es, en realidad, un "producto del lenguaje". O, dicho de otro modo, que el lenguaje sería "una manera particular de esculpir el mundo que dependía a fondo de los signos-sistemas de que disponemos o, con más precisión, "que disponen de nosotros" (Eagleton 114-154).

¿Cómo se proyecta entonces la dupla teoría-crítica en el Brasil ante este escenario que asumía la existencia de una teoría neutra, como aquella propuesta por el estructuralismo y sus pretensiones científicas? La pregunta está atada a la idea de que hay una particularidad en el sujeto "brasileño" que, de alguna forma, desestabiliza, de antemano, cualquier construcción puramente científica o neutra. Es por esto que nuestra selección tiene un carácter posestructuralista en términos no sólo temporales, sino epistemológicos. Sobre esto, vale la pena recordar el punto de vista del teórico literario portugués Manuel Frias Martins, para quien:

> Cualquier tentativa de construir una tradición para la teoría como teoría acaba invariablemente por revelar la tradición como *continuidad ilusoria,* que exhibe simultáneamente en ese proceso una realidad muchas veces escamoteada, según la cual la teoría se configura como *una forma de práctica* o de *interpretación,* en tanto *compromiso intelectual* situado en un espacio propio de los deseos, y con efectos locales bien determinados. *La teoría literaria no es un espacio epistemológico neutro.* (Martins s/p)

Esta discusión puede parecer muy básica, pero muchas veces su sentido se pierde en nuestro campo de trabajo. Así, cuando volvemos a la pregunta —¿en qué consiste la labor de los estudiosos de literatura o de la cultura?— aún oímos algunos tartamudeos, expresión de que tenemos algunas dudas para definir nuestro trabajo de un modo general; ante esto, ¿cómo mirar un caso particular? O, más aún: ¿qué podría ser exactamente una *teoría literaria y cultural brasileña*?

Luiz Costa Lima, el mayor impulsor de la disciplina en el Brasil, da una definición tentativa para el campo de la literatura: "[E]l papel de la teoría de la literatura sería el de discutir las técnicas de análisis hoy vigentes en el discurso literario, buscando perfeccionarlo, en el sentido de obtener, cada vez, una mayor objetividad" (13). Esta posición se contrapone a una postura humanista y tradicional que optaría por un estudio de la obra literaria a partir de su "valor estético". Adicionalmente, Costa Lima señala otro problema para la consolidación de una teoría en el Brasil y en el resto de América Latina: si optamos por repetir una y otra vez los conceptos básicos de la teoría occidental, terminamos por producir una práctica de la antiteoría que, precisamente, no piensa en la especificidad de sus objetos. Justamente, si se sigue la perspectiva de que la teoría es una coyuntura fundamentalmente especulativa y abstracta, que tiene poco que ver con la práctica, se torna difícil hablar de una "teoría" en el Brasil o en cualquier lugar periférico, pues las interpretaciones teóricas que terminaron por constituir nuestras especulaciones en el campo de la literatura y la cultura suelen implicar la aplicación de una serie de premisas abstractas, generales, "absolutas". Aun así, Costa Lima propone que la teoría literaria debería tener el carácter de suma de los estudios literarios puntuales que se dan en momentos específicos. ¿Cuál sería entonces la especificidad real de la teoría? Si su función es sistematizar los métodos, habría allí una distinción inicial frente a la historia literaria y a la práctica crítica. Sin embargo, el teórico tiene la necesidad de explicar constantemente sus premisas de forma general y abstracta, refiriéndose a algo que, supuestamente, va más allá de su realidad circundante. De esta forma, la teoría aspira a lograr una captura del fenómeno literario por medio de una generalización y unos modelos que deberían ser extensivos a cualquier contexto, independientemente de las circunstancias histórico-culturales en que la obra literaria o su equivalente son producidos. El "deber ser" de esta postura es la construcción de leyes o reglas válidas en cualquier instancia, las cuales deberían servir para explicar un objeto de estudio sin tener en cuenta diferencias específicas.

Querríamos señalar, sin embargo, que las "producciones abstractas" de la teoría siempre necesitaron de ejemplos producidos en el horizonte cultural del pensador teórico. (Podríamos pensar en Baudelaire para el caso de Walter Benjamin, o de Balzac y Robbe-Grillet para Roland Barthes.) Estos ejemplos se consideraban "universales" y "absolutos" porque eran los productos culturales del centro político, económico y cultural del sistema mundo: Europa-Occidente. Con su migración a otras regiones y otros contextos culturales distintos mantuvieron, debido a su prestigio cultural, el carácter de "modelos abstractos" que se podían aplicar a cualquier caso. Nos preguntamos entonces: ¿Pueden los textos brasileños convertirse en "modelos" en el mismo sentido? ¿Podríamos justificar una "producción teórica" a partir de los horizontes culturales de una nación como la brasileña? En nuestra opinión, es imperativo buscar otras estrategias para la comprensión de los estudios literarios en contextos periféricos como el Brasil. El objetivo de esta colección es, precisamente, pensar el problema de la teoría de otras maneras.

Esta propuesta de libro empezó trabajarse en un curso de maestría dictado en la Universidad de los Andes, donde se buscaron lecturas de las principales líneas de la teoría general de la literatura comparada en contraste con las contribuciones aportadas específicamente por el pensamiento brasileño. En el curso se hizo la traducción del texto "A guisa de manifiesto" de Alcir Pécora, incluido en este volumen. Simultáneamente, el Instituto Caro y Cuervo propuso, para una de sus becas de traducción del año 2011, el libro *As formas do falso* de Walnice Nogueira Galvão, texto en el cual la autora, ya en 1972, propone un diálogo particular entre las teorías occidentales de su momento y las necesidades específicas de la realidad brasileña. En ambos casos, la traducción abrió puertas para lograr lo que pretendemos con esta selección: la posibilidad de un debate real sobre el estado del arte de la teoría y la crítica en el mundo contemporáneo, a partir del caso brasileño. Así, esta mirada parte de un posicionamiento específico: una mirada periférica a una producción cultural de gran prestigio, la teoría, que suele asociarse con los grandes centros de la cultura occidental (Francia, Alemania, Estados Unidos).

Tratamos entonces de pensar sobre los problemas de compendiar textos y configurar un escenario contemporáneo para unas "teorías brasileñas" sobre la literatura y la cultura. Una sugerencia sobre el camino a seguir vino del ensayo "Notas sobre la crítica biográfica" de Eneida Maria de Souza, en el que ella habla de las relaciones de amistad que los escritores forjan, lo cual tiene como resultado una relación literaria que no puede describirse a partir de modelos genealógicos:

> En cuanto al primer eje, es posible establecer lazos de amistad literaria entre los autores, sustituyendo la tradicional metáfora familiar, que correspondería a la construcción de modelos literarios a partir de los conceptos de influencia y de tradición cultural, herencia recibida por el autor de forma pasiva y conforme a las exigencias de una crítica por lo general de carácter historicista. La relación de amistad implica una elección de sus precursores hecha por el escritor, a la manera de la fórmula consagrada por Borges, lo que ocasiona la formación de un círculo imaginario de amigos reunidos por intereses comunes, de compañeros que se unen por la formación de un vínculo nacido de la región fantasmática de la literatura. (ver pág. 54)

Citamos el párrafo casi completo porque explicita el camino escogido, a veces no tan metafóricamente como está allí enunciado, pues algunos de los autores han sido, de hecho, nuestros maestros y amigos.

Sin embargo, esta proximidad afectiva, que es, a la vez, teórica, tiene sus contradicciones y sus tensiones. Iniciamos la colección reconociendo estas tensiones con una sección titulada "Historizando el relato: retos desde el Brasil a la crítica contemporánea", dedicada a autores como Alcir Pécora y João Adolfo Hansen, este último, uno de los más reputados investigadores en torno al tema del barroco en el Brasil. Desde una mirada vinculada fuertemente con la contextualización histórica, ambos ensayos, centrados en el tema del barroco histórico, se distancian de las tendencias más sociológicas de la crítica contemporánea y de los estudios culturales, disciplina que está muy presente en otros textos de esta colección. Ambos autores abogan por una lectura de los textos literarios que tenga en cuenta la especificidad histórica de sus dispositivos retóricos y que, en el proceso, acepte una cierta distancia entre los métodos escriturales y críticos de otras épocas (específicamente de la producción de los siglos XVI y XVII) y aquellos que operan en el presente. Por esta razón, ambos ensayos terminan por poner en duda la idea de que haya autores contemporáneos que puedan ser considerados realmente barrocos, ya que las características de su escritura son el producto de sistemas de significación y codificación muy distintos a los de los autores de ese periodo histórico propiamente dicho.

Hemos decidido incluir este tipo de contradicciones, tensiones y debates para dar una visión real de las luchas que consolidan el campo del pensamiento crítico y teórico en el Brasil actual. Estas discusiones están vinculadas con el contexto mismo del pensamiento brasileño, radicalizado en posiciones que podríamos distinguir como historicistas, sociológicas, semióticas, estructuralistas y culturalistas. Frente a esta diversidad nos preguntamos: ¿es posible dibujar este espacio teórico? ¿Cuáles son las bases para representar los hilos conductores que forman este tejido cultural? En esta antología, a través de un diálogo de convergencias y divergencias, buscamos dar cuenta de las tensiones propias del campo cultural brasileño. Así mismo, intentamos incluir diferentes desvíos en relación con las reglas de inteligibilidad instituidas, para crear, como propone Zilá Bernd en otro ensayo incluido en esta colección, un campo heterónomo donde surge una lógica "otra". Para esto es necesario aceptar la impureza fundadora que preside la formación de las literaturas de las tres Américas; impureza que aquí ya no es vista como un estigma, sino como enriquecimiento, movilidad y apertura dialógica. Los textos que siguen no están alineados en un único campo ideológico, pero sí están abiertos a este dialogismo y a la impureza constitutiva de la expresión americana del Brasil.

En la segunda sección, titulada "Nuevas subjetividades, nuevos discursos críticos", incluimos textos que muestran cómo en el presente se constituyen, a partir de diversos procesos políticos y culturales, nuevos sujetos que requieren también de nuevas reflexiones teóricas. Esta irrupción de nuevas subjetividades está expresada aquí a partir de trabajos como el de Eneida Maria de Souza, quien se pregunta por la importancia de la escritura biográfica en el mundo contemporáneo, y sus consecuencias en la literatura y la crítica en el Brasil. Allí se nota un deseo por superar la categoría tradicional, fosilizada, de *literatura*, y reemplazarla por un discurso más abierto, flexible e híbrido, capaz de dar cuenta de las transformaciones de la subjetividad en el mundo contemporáneo. Contamos también con un psicoanalista como Eduardo Leal Cunha, quien, a partir de diversas tradiciones literarias, teoriza de manera crítica sobre el sujeto contemporáneo y su relación con el discurso amoroso. Cunha estudia la literatura de autoayuda, la cual tradicionalmente no ha sido considerada como parte de los productos literarios stricto sensu. En su trabajo, nos alerta respecto a la manera en que, por causa de estas divisiones tajantes entre lo literario y lo extraliterario, el estudioso de las letras no ha podido entrever que la retórica de las relaciones amorosas está siendo definida, para una gran cantidad de sujetos contemporáneos, por estos textos de autosuperación (y por una lógica vinculada con el capitalismo tardío) y no por las expresiones artísticas y literarias del presente. Por último, incluimos un estudio de Állex Leilla sobre la homosexualidad y sus subjetividades en la literatura brasileña contemporánea, a partir del caso particular de Caio Fernando Abreu. En su ensayo, Leilla señala cómo la obra de Abreu responde a las decepciones de los sujetos formados en la utopía de los años sesenta y setenta, quienes descubren que las promesas de esta época han sido traicionadas por las estructuras sociales y culturales hegemónicas de los años ochenta en adelante. Ante esto, Abreu se centra en la representación de la homosexualidad como un paisaje diverso e multiforme, que cuestiona los estereotipos y las estructuras culturales de las nuevas sociedades posutópicas. El ensayo trabaja una temática que tradicionalmente ha sido marginal en el campo pero que, en años recientes, gracias a cambios políticos y culturales en el Brasil, ha comenzado a tener un merecido reconocimiento.

Una de las marcas principales de esta colección es el acercamiento, la interacción y el debate entre los estudios literarios y los llamados "estudios culturales", en un proceso propio del desarrollo de la disciplina teórica en el mundo contemporáneo. En su libro *América Latina y sus comunidades discursivas* Román de la Campa prepara el terreno para la presentación de los estudios posmodernos y los estudios poscoloniales como elementos que van sedimentando y permitiendo el desarrollo de los estudios culturales en naciones periféricas. Se trata de formas de indagación que surgen como una ampliación de las cuestiones propuestas por las corrientes anteriores, e incluso como un correlato empírico de la posmodernidad. De la Campa analiza estas cuestiones dentro del espacio académico, investigando cómo el impacto de los nuevos cuestionamientos actúa sobre las disciplinas ya establecidas. Señala que los estudios literarios sufren una serie de tensiones y transformaciones debido a la irrupción de este tipo de análisis, centrados en una idea más amplia de la noción de "cultura". Así, por ejemplo, frente a la idea de que los estudios culturales podrían perder un rigor disciplinario que los estudios literarios ya habían alcanzado, propone un nuevo tipo de rigor, en este caso de orden deconstructivo, antijerárquico y dialógico, que se opone a las visiones hegemónicas de la cultura y la identidad, "[...] una forma de leer, escribir, y hasta pensar, que siempre gira hacia la de-significación de los discursos que sostienen las identidades, es decir, el horizonte de sentido antes entendido simplemente como visión de mundo o realidad" (52).

Como un campo de estudio tradicionalmente apegado a los paradigmas de otros campos, los estudios literarios han tenido la maleabilidad necesaria para incorporar rápidamente los nuevos abordajes propuestos por el posmodernismo, la poscolonialidad y los estudios culturales. Sin embargo, también han tenido que enfrentarse con una pérdida sustancial: la centralidad absoluta de su objeto tradicional de estudio, es decir, el texto literario, que pasa de ser un lugar privilegiado de lectura, a convertirse en uno más entre una infinidad de "textos" posibles. Tenemos un escenario de crisis y transformación de las disciplinas literarias, y esta crisis implica una comprensión real del lugar de enunciación específica desde donde habla cada teórico-crítico, al igual que de una nueva diversidad de objetos de estudio que están siendo pensados y "leídos" en el mundo contemporáneo.

Este debate encuentra su representación en la tercera sección de la colección, "La irrupción de la cultura: otras voces, otros ámbitos". Incluimos aquí textos muy diversos, con el fin de representar los múltiples caminos teóricos en (y sobre) el discurso cultural. En primer lugar, Eneida Leal Cunha presenta un panorama de la emergencia de los estudios culturales a nivel mundial, de los sentidos que se le ha dado históricamente a la palabra *cultura*, y de las apuestas políticas que se esconden tras estos debates. Señala cómo, en última instancia, la emergencia de lo *cultural* es el emblema de nuevos posicionamientos críticos que defienden la multiplicidad de voces en el mundo contemporáneo ante las "unidades cerradas" de conceptos como la nación, la alta cultura o las disciplinas académicas con fronteras rígidas. Mário César Silva Leite, por su parte, hace un seguimiento de las manifestaciones y relatos orales en torno a la figura del Minhocão, un mítico monstruo acuático, cuya representación incluye aspectos históricos y socioculturales de gran importancia para la región del Mato Grosso. A partir de su trabajo sobre poéticas orales, una línea de estudios con una fuerte presencia en el Brasil, esta colección reconoce la participación creativa en la cultura de quienes permanecen por fuera de la ciudad letrada. El siguiente ensayo, sobre la supervivencia del discurso modernista de la antropofagia (creada en los años veinte) en la cultura contemporánea, fue escrito a tres manos por autores de distintas procedencias: un abogado (Hermes da Fonseca), una especialista en comunicación (Regina Motta) y una profesora de literatura (María Cándida Ferreira de Almeida). Allí se busca representar cómo un discurso que nace en la literatura se expande en dirección de diversas expresiones de la cultura brasileña (tanto alta como popular), mostrando posibles alianzas y debates entre los discursos literarios y culturales en el presente.

Los últimos dos ensayos de esta sección se dedican abiertamente a expresiones artísticas no literarias: la música y las artes plásticas. En el primer ensayo, Fabio Akcelrud Durão y José Adriano Fenerick hacen un seguimiento de la llegada de la técnica dodecafónica al Brasil a finales de los años treinta, y su desarrollo a lo largo del siglo XX. Los autores proponen que en este intercambio transnacional es posible leer algunas de las tensiones de los procesos de modernización propios de los países latinoamericanos, incluyendo sus deseos por incorporar elementos novedosos de la tradición occidental y, al mismo tiempo, fundar una tradición decididamente nacional. Así, Durão y Fenerick muestran cómo la música dodecafónica tejió alianzas con diversos discursos culturales, que van desde una pedagogía socialista en los años treinta y cuarenta, hasta intentos por vincularla con la música popular en los años setenta y ochenta. En todo caso, este experimento nunca culminó en la constitución de una verdadera "música dodecafónica brasileña", entre otras cosas, por su distanciamiento crítico de los métodos de las industrias culturales. Lídia Santos, por su parte, realiza una meditación sobre el papel del realismo en las manifestaciones culturales brasileñas de los años noventa hasta el presente. Para esto compara el realismo documental de algunas de las expresiones artísticas más conocidas del Brasil reciente (por ejemplo, la película *Cidade de Deus*), con otro tipo de expresiones, más vinculadas a las artes plásticas, en las que el realismo preponderante es desplazado por otras categorías como el juego, la ensoñación y la formación de comunidad. Ante el cinismo que parece regir al realismo más extendido en la cultura brasileña y que tiene vínculos legibles con los medios de comunicación, Santos se centra en una serie de artistas plásticos que se alejan del realismo documental y deconstruyen algunos de sus presupuestos.

La última sección de este libro, "Hacia una literatura comparada", retoma el tema literario, pero lo hace a partir de un llamado a que los estudios literarios incorporen, de manera cada vez más dinámica, la idea de comparación. El primer ensayo, de Zilá Bernd, trata de pensar el concepto de literatura comparada desde una posición periférica en un mundo globalizado. Desde este posicionamiento es posible hacer una revisión de los conceptos constitutivos de la disciplina que, a partir del siglo XIX, se basaba en la necesidad de demostrar contactos directos entre literaturas y autores. Dado que el comparatismo surge en Europa, esto significaba la posibilidad de constatar vínculos que fueran satisfactorios para una mirada específicamente occidental y que incluían, por lo tanto, formas de jerarquización, genealogía y filiación que situaban a las literaturas periféricas en lugares secundarios. Ante esto, el ensayo propone un nuevo concepto de literatura comparada basado, ya no en los vínculos tradicionales entre literaturas, sino en grandes "hipertextos" culturales, que comprendan la hibridez de los productos literarios y que permitan análisis comparativos aun si los autores no tuvieron diálogos directos. La colección termina con un ensayo de Norman Valencia en el que, a partir de la crítica hispanoamericana de finales del siglo XX, es posible ver un movimiento que busca incluir de manera más sistemática al Brasil dentro de los estudios literarios del continente. Esto ha implicado, sin embargo, que los críticos de la América hispanohablante han tenido que modificar sus relatos teóricos y repensar las narrativas hegemónicas del continente para incluir las especificidades propias del caso brasileño. El "extrañamiento" que produce el Brasil es visto de manera positiva, ya que genera un impulso para pensar a la literatura latinoamericana, no como un todo homogéneo, sino como una pluralidad que requiere de las aproximaciones matizadas y complejas propias de la disciplina comparativa.

Este libro está compuesto, en su mayor parte, por textos seleccionados de libros ya publicados en Brasil y en otros países. Los ensayos fueron traducidos del portugués y del inglés al español por Julio Paredes y por nosotros. Las traducciones de los textos en portugués son nuestras, al igual que las traducciones de textos en otros idiomas, a menos que se indique lo contrario. Agradecemos a Javier Velásquez Niño su estrecha colaboración en este proyecto. En general, respetamos la forma original de los textos originales incluyendo, en algunos casos puntuales, la ausencia de citación y bibliografía. La selección final contó con tres textos inéditos, de Eduardo Leal Cunha, Állex Leilla y Mário Cezar Leite, que contribuyeron con temas que en nuestra perspectiva son de gran interés para avanzar en el debate contemporáneo sobre literatura y cultura: la autoayuda, la perspectiva de género y la herencia de las narrativas orales. A ellos, por supuesto, agradecemos especialmente en esta introducción.

Bibliografía

Costa Lima, Luiz. *O Labirinto e a Esfinge. Teoria da Literatura em suas Fontes*. Rio de Janeiro: Francisco Alves, 1975. Impreso.

De la Campa, Román. *América Latina y sus comunidades discursivas*. Caracas-Quito: Celarg-Universidad Andina Simón Bolívar, 1999. Impreso.

Eagleton, Terry. *Una introducción a la teoría literaria.* México: FCE, 1988. Impreso.

Guillén, Claudio. *Entre lo uno y lo diverso: Introducción a la literatura comparada (Ayer y hoy).* Barcelona: Tusquets, 2005. Impreso.

Martins, Manuel Frias. "Teoria da Literatura". *E-Dicionário de Termos Literários*, coord. de Carlos Ceia, http://www.fcsh.unl.pt/edtl. 17 /10/2009. Digital.

Nunes, Benedito. "Meu caminho na crítica". *Estudos Avançados* 19. 55 (2005): 287-305. Impreso.

---. *O Drama da linguagem.* São Paulo: Ática, 1989. Impreso.

Pécora, Alcir. "Á guisa de manifesto". *Máquina de gêneros.* São Paulo: EDUSP, 2001. Impreso.

Santiago, Silviano. "O entre-lugar do discurso latino-americano". *Uma literatura nos Trópicos.* São Paulo: Perspectiva, 1978: 11-28. Impreso.

Historizando el relato: retos desde el Brasil a la crítica contemporánea

A GUISA DE MANIFIESTO[1]

Alcir Pécora[2]

> Ma perché, dicendo ogni cosa al contrario, come speramo che farete, il gioco sarà piú bello, ché ognum averà che rispondervi; onde se un altro che sapesse piú di voi avesse questo carico, non si gli potrebbe contradir cosa alguma perché diría la verità, e cosi gioco saria freddo.
>
> B. Castiglione, *Il Libro del Cortegiano*

El objetivo de este texto es realizar la defensa de un cierto tipo de estudio literario basado en un eje común, establecido sobre la creencia de que los diferentes *géneros retórico-poéticos* de los textos literarios no son formas en que se vierten contenidos externos a ellas, sino determinaciones convencionales e históricas constitutivas de los sentidos verosímiles de los textos mismos.

A lo largo de todo el siglo pasado, con el propósito de impedir que los textos literarios fueran leídos como documentos neutros u objetivos, la

1 Este texto apareció, levemente modificado, como prólogo del libro *Máquina de géneros novamente descoberta e aplicada a Castiglione, Della Casa, Nóbrega, Camões, Vieira, Silva Arenga e Bocage*. São Paulo: EDUSP, 2001. Dado que originalmente apareció sin bibliografía, mantenemos su formato original. Traducción de María Cándida Ferreira de Almeida.

2 Profesor libre docente de la Universidade Estadual de Campinas (Unicamp), autor de *Rudimentos da vida coletiva* (2003), *Máquina de gêneros* (2001) y *Teatro do Sacramento* (1994), entre otros.

crítica hizo un esfuerzo —con éxito innegable, ya que esto se convirtió en condición necesaria para obtener credibilidad analítica— por producir la "conciencia" de que la literatura se deja escribir a partir de una visión particular, puesta en perspectiva según el "sujeto" y el "lugar de clase" ocupados por el autor. A la antigua concepción positivista del lenguaje como vehículo neutro y transparente de representación de hechos, se le contrapuso una mezcla de condicionamientos subjetivos y materiales. Esta historia es bien conocida, y por esto me excuso de narrarla. A pesar de todo, entre tales condicionamientos, se tuvieron en consideración cada vez menos aquellos que fueron establecidos por la propia tradición letrada, la cual fue constituida por diversas prácticas históricas. El método que proponemos aquí aboga por la necesidad de describir los sentidos básicos de algunos escritos importantes, producidos entre los siglos XVI y XVIII, a partir del examen de procedimientos previstos y aplicados por las convenciones letradas en vigencia en este periodo en cuestión. Esto quiere decir, por ejemplo, que lo que se ha llamado genéricamente un *poema* no puede reconocerse, desde la preceptiva de la tradición clásica, como *poema* —término cómodo porque totaliza objetos de tradiciones letradas muy distintas y, muchas veces, imposibles de yuxtaponer o englobar—, sino, digamos, como *soneto*, como *madrigal*, como *romance pastoril* o como *epístola satírica*, es decir, como formas poéticas precisas, con teorías, historia y efectos particulares. Para describir estas formas con propiedad, los estudios que se realicen deben repasar los procedimientos propios del género retórico en el cual se inscribe un objeto literario particular, recordando que el concepto mismo de género no tiene que ser puro o inalterable en sus disposiciones, y que el objeto de estudio particular no es idéntico a la aplicación de un conjunto de prescripciones encontradas en una determinada preceptiva del periodo. Dicho de otro modo, las paráfrasis de los manuales de retórica no dan cuenta de los sentidos específicos de los objetos. Por el contrario, la tendencia histórica básica de los más disímiles géneros es la de desarrollar formas "mixtas", con un dinamismo relativo en diversos periodos históricos, lo cual impide la descripción definitiva de cualquier objeto literario como una simple colección de aplicaciones genéricas.

Así, para la realización de los estudios críticos que estamos proponiendo, reconocer en los objetos literarios el estatuto irreversible del signo, figura o convención, que se define en el interior de un género particular, practicado con matices y variaciones en diferentes épocas y lugares, implica admitir que interpretarlos como si estuviesen referidos a una objetividad particular o a un grupo social es solamente una elección, históricamente explicable y eventualmente interesante, pero no natural, ni obvia. Y, ciertamente, no es la elección que juzgamos más relevante. Por el contrario, consideramos más pertinente localizar los medios discursivos disponibles en la tradición propia de la composición de los textos mismos, cuya eficacia de persuasión necesariamente varía según el ajuste de aplicación de tales medios a diferentes circunstancias como persona, tiempo, modo y lugar, según cada caso.

Así, radicalizar el dominio "retórico", "poético" o "literario" de nuestros objetos de estudio significa algo muy distinto de defender o buscar las ficciones biográficas, psicológicas o sociológicas que puedan surgir en el proceso. Significa tanto resistir a estas ficciones hasta donde sea posible o adecuado, como rechazar las claves de interpretación que se nieguen a examinar el empleo persuasivo de la convención específica que enmarca la creación letrada en sus formas definidas tradicionalmente. Esto supone una semántica del objeto literario que no es "reflejo" de referentes externos de ninguna especie, ni "representación" de contenidos, seres y substancias, pero que sí es una operación particular de recursos de género históricamente disponibles, capaces de producir ciertos efectos de reflejo y representación, ya sean de contenidos, seres o substancias.

Tales estudios, por lo tanto, harán lo posible por describir en los distintos objetos literarios de los cuales se ocupan sus *tópicos* tradicionales de *invención*, sus figuras *elocutivas* y medidas *dispositivas*, valorizando la ruptura con las formas de realismo documentalista, psicológico, sociológico o cultural. Aquí, el texto literario no se resiste solamente a lo que se supone es "lo real", y no quiere hablar de una realidad "objetiva", "única" y "total", como tampoco quiere hablar de una parte "subjetiva" o "ideológica" de lo real. Simplemente, en este punto, ya no cabe suponer "la realidad" como "exterioridad" segura, en la cual "hechos" y "valores" preservan, como diría Richard Rorty[3], una "dualidad insuperable". "La realidad", por lo menos en la medida en que esté dotada de algún sentido

[3] Filósofo norteamericano contemporáneo, vinculado con un nuevo pragmatismo estadounidense. (Nota de la traducción.)

y no sea puro azar u ocurrencia, se imbrica de modo inalienable en los enunciados persuasivos sobre los cuales cierto número de personas que emplea el término está de acuerdo. Podríamos decir, en materia hermenéutica, que los objetos literarios se constituyen como argumentos a favor de una concepción en la cual "lo real" sobre lo cual es posible hablar es también, en gran medida, la ilusión compartida de ciertos efectos persuasivos. Pretender más certeza o substancia que esta puede no ser más que el deseo de ser engañado (lo que, en últimas, en ciertas circunstancias, tal vez no sea malo: puede, por ejemplo, producir la confirmación de un sentimiento reconfortante de unión familiar, de facción política o de aparato ideológico de tal modo que, cuantas más certezas se adopten en común, mayor será la amistad de los miembros).

El modelo de estudio propuesto le atribuye utilidad a un segundo paso operacional. Si el paso anterior retira al texto poético del estatuto positivo de "reflejo" de lo real, este segundo, tan decisivo como el anterior, debe igualmente retirar al "contexto" o al "ambiente no-literario" de su estatuto de "no creado" o "no convencional", lo cual aquí significa lo mismo: rechazar la exterioridad del "hecho". Y si la literatura traduce con cierta facilidad las ideas de tradición y convención, así como las de "producción" de "hechos ficticios", el caso es que el "contexto", como supuesto "documento no literario", no permanece incólume, de ningún modo, ante la sospecha de ser "invención" o "ficción". Esto ocurre incluso si descartamos alguna voluntad deliberada de falsificación.

Si el sentido de "lo real" en la literatura se mezcla con el "efecto de sentido" o el "valor de uso" de la "realidad" que ella produce —este es el bloque sucio[4] o impuro que surge, entero, ante la "conciencia" o el "auditorio"—, el paso siguiente es reconocer que el "ambiente" o "contexto histórico" no señala una verdad objetiva, en el sentido de indiferente o extraña a aquella que es permeada por los efectos de sentido que se obtienen mediante la aplicación adecuada de las convenciones y prácticas propias de un determinado momento. Por lo tanto, el "ambiente" extraliterario debe pensarse como una pieza más, de otro tipo de argumentación, que busca acuerdos sobre lo que debe ser juzgado como "lo

4 En el original "bloco sujo". Se trata de un juego de palabras con la agrupación de carnaval que se caracteriza por la sencillez de sus vestimentas. (Nota de la traducción.)

real". En este caso, un acta de la Cámara o un ordenamiento burocrático no tienen, en relación con el texto de ficción, más que una diferencia de género retórico, con toda la distancia que esto implica, es decir, con una enorme diferencia en recursos de lenguaje, matrices letradas, estrategias de valoración de mérito, ámbitos institucionales de vigencia o en su condición de *performance*. No son, por lo tanto, más "reales" que un texto de ficción.

Desde este punto de vista, el tipo de estudios que proponemos supone que es infundado creer que son más "reales" o históricamente más "fieles" —vale decir, más capaces de determinar un tiempo preciso— un documento de cancillería o un decreto institucional que un sermón o una sátira. Unos y otros son completamente diferentes, sí —¡felizmente!—, en variedad de recursos, en los *tópicos de invención*, en las figuras de la elocución, en las partes necesarias de la disposición, en general en la ejecución de sus formas consagradas por la tradición, pero no en su estatuto de "creación"; esto es, no en su estatuto de *constructo*, de *artificio* regulado por un conjunto convencional de leyes y prácticas. En este punto, el tipo de estudios que proponemos es nominalista[5]: para ellos, la historia de los artificios y las metáforas es toda la historia que suponen que es posible conocer.

El "texto" poético y el "contexto" histórico están irreversiblemente ligados. Ambos están condenados a la creación de efectos que no son "lo real", pero que pueden significar "lo real que se está dispuesto (u obligado) a admitir en determinado momento", porque parecen verosímiles, válidos o indiscutibles para la comunidad o el "auditorio

[5] "Nominalismo (del latín *nomen*, nombre, término). En la cuestión de los universales, la postura, iniciada por Roscelino, que sostiene que los universales no son ni conceptos (conceptualismo) ni objetos (realismo), sino sólo "nombres", que se aplican a grupos de cosas semejantes; la única realidad que corresponde al nombre es la emisión de sonido al pronunciarlo (*flatus vocis*) y la del individuo singular al que se aplica. Los principales nominalistas medievales son Juan Roscelino, Pedro Abelardo y Guillermo de Occam. En la filosofía analítica actual, en la que también se ha suscitado el mismo problema, pueden considerarse nominalistas, entre otros, Ludwig Wittgenstein, John L. Austin, Peter F. Strawson, Willard Van Orman Quine y Nelson Goodman" ("Nominalismo", def. Cortés Morató, Jordi y Antoni Martínez Riu. *Diccionario de filosofía*. Barcelona: Herder S.A., 1996-1999. CD-ROM). (Nota de la traducción.)

universal" presupuesto, para usar el concepto creado por Perelman[6]. En términos prácticos, para el debate hermenéutico que está en juego en estos tipos de análisis, es importante decir que si el texto literario no es un "reflejo" de "lo real", tampoco lo es el texto "no literario". Aquí "la realidad", desconocida en gran medida, es solamente el nombre elocuente o persuasivo que se les otorga a los efectos complejos, pero de validez históricamente fechada, que tienen las "creaciones". Sean "textos" poéticos o "fuentes" históricas, no hay por qué imaginarse una aproximación milagrosa, a través de ellos, a un *Ser Que Es*: "la realidad" externa o transcendente a todo acuerdo intersubjetivo. Así, "la realidad" de la que es posible hablar es tan sólo aquella que se crea "junto" con aquellos que hablan de ella como verosímil según el conjunto de pruebas de que se dispone y que se divulga, con más o menos consistencia argumentativa, a distintos auditorios.

Si el primer movimiento que propusimos promueve el carácter irreductible del texto en relación con el "contexto" y el "ambiente", y el segundo se refiere a la irreductibilidad del propio "contexto" a algo exterior a los textos o a los *constructos* históricos, hay aún un tercer movimiento que debemos considerar, para no darle a la idea de *texto* o de *constructo* una indeterminación radical, que sea fruto menos de una operación terrena, impura, histórica, que emanación de una deidad absolutamente libre, que no tenga nada que ver con el tiempo o la muerte. Y, en este caso, todo tiene que ver con la muerte.

Para incrementar la lectura historiográfica de la "literatura", este tipo de estudio propone que se conozca el *poder de invención* de sus procedimientos *genéricos*; y, para negar la *omnipotencia objetiva* del "ambiente", esperamos que el "poder de lo real" sea reconocido como *texto* y, por lo tanto, como un *género* de "literatura" o de "ficción". Sin embargo, el proyecto de ruptura que proponemos no alcanza su objetivo con el

6 Chaïm Perelman (Varsovia, 20 de mayo de 1912 - Bruselas, 22 de enero de 1984), retórico y filósofo del derecho belga de origen polaco, creador de la nueva retórica y uno de los principales teóricos sobre argumentación del vigésimo siglo. Perelman propone que el discurso puede dirigirse a varios auditorios particulares o a la humanidad en su conjunto —lo que podría llamarse el auditorio universal—; en este caso el orador apela directamente a la razón. Ver Perelman, Ch. y L. Olbrechys-Tyteca. *Tratado de la argumentación. La nueva retórica.* (Nota de la traducción.)

aislamiento o la retirada de la literatura de sus términos históricos. Buena parte de la apuesta que hacemos por un nuevo lugar común posmoderno se escaparía por esa rejilla. Al "nominalismo" asumido por este tipo de estudio será preciso unirle la misma medida de "historicismo", pues ambos son tan imprescindibles para el análisis literario como la categoría de *género*, los conjuntos tradicionales de generación "creativa" de "efectos de persuasión".

Comprender adecuadamente los efectos propiciados por un determinado género letrado significa aquí determinar las marcas temporales de esos efectos que no son permanentes, en el sentido de que no pueden funcionar en cualquier período histórico, ni demuestran la misma calidad, desde el punto de vista de la variedad de los recursos utilizados, de la intensidad del impacto afectivo producido por ellos o de la posición relativa en el conjunto de los empleos de un mismo género. Para decirlo de otro modo: los *verosímiles textuales* surgen, en los estudios que estamos proponiendo, como productos temporales, cuya red de recursos significativos o cuya amplitud virtual de adhesión de los interlocutores, por más grande que sea, no alcanza jamás a ser transcendente. No ganamos nada si, para combatir el realismo sustancialista, seguimos repitiendo patéticamente la lección romántica de que la literatura es "misteriosa", "opaca" y, en fin, guarda una esencia "indescifrable" que se resiste a su efectiva destrucción (así como a su efectiva construcción) en la historia. Por el contrario, lo relevante no es que la literatura se produzca como una esencia misteriosa sino que ninguna esencia misteriosa pueda traducirla, cuando dejar de ser un mero "reflejo".

Llegando a este punto, la crítica más radical a la idea de la literatura como medio, vehículo, reflejo o representación debe avanzar hacia una crítica de su "finalidad" en la historia, y, por lo tanto, debe tomar la forma de una crítica de la teleología. Cabe, además, reconocer que esta forma de estudio no se aproxima a algo más profundo o preciso respecto a los objetos tratados, ni descubre un método mejor, en el sentido de más seguro o necesario, según un criterio universal o racional neutro. Sólo puede, con suerte, contestar más eficazmente a una situación presente de la historia, que ya no parece acatar como creíble que el lenguaje sea representación de etapas sucesivas, históricamente más completas y plenas, a imagen y semejanza de un espíritu que de modo progresivo se torna más capaz de reconocerse a sí mismo.

Si seguimos los pasos a los que hemos aludido, la posible máquina de géneros presentada postula que no se puede leer la literatura como documentación de los contenidos de la realidad; conviene, más bien, tomarla como *histórica*. Operando en un terreno variable e irregular, la fricción que produce busca mostrar que aquello que tiene de convención y artificio es exactamente lo mismo que tiene de producto histórico: como acto de creación es también un efecto creado de tal modo que su aspecto más "formal" e "interno" es también su aspecto más "público" y más "fechado" históricamente.

Leer y ver: presupuestos de la representación colonial[1]

João Adolfo Hansen[2]

Voy a hablarles de algunos presupuestos del trabajo que vengo desarrollando sobre la representación luso-brasileña del siglo XVII. Con esto, intento especificar lógicas discursivas y condicionamientos materiales e institucionales de la representación colonial, produciendo un diferencial histórico que permite relativizar y criticar las apropiaciones anacrónicas que se hacen de este concepto. Desde el libro que publiqué en 1989 sobre la sátira atribuida a Gregório de Mattos e Guerra, he venido haciendo una arqueología de la representación colonial, reconstruyéndola sincrónicamente, según las categorías y los preceptos de su presente histórico, y diacrónicamente, según sus apropiaciones y valores de uso. Su presente está extinto, obviamente, pero su reconstrucción parcial es factible por medio de varias series documentales, artísticas y no artísticas, contemporáneas en el siglo XVII. En este caso, propongo

1 Este texto apareció como "Ler & Ver: Pressupostos da Representação Colonial" en *Veredas: Revista da Associação Internacional de Lusitanistas.* Porto, v. 3-I, pp. 75-90, 2000. Traducción de María Cándida Ferreira de Almeida.

2 Profesor titular de Literatura Brasileña en la Universidade de São Paulo (USP), autor de *A sátira e o engenho: Gregório de Mattos e a Bahia do século XVII* (1989), *Alegoria: construção e interpretação da metáfora* (1986), *Solombra ou a sombra que cai sobre o eu* (2005), entre otros.

la crítica documental y genealógica de las categorías dadas, empezando por la propuesta de un siglo XVII que dura cerca de 200 años, dado que eso duraron las instituciones ibéricas de la monarquía absoluta. Este período dataría por lo menos entre 1580, inicio de la Unión Ibérica, cuando Portugal y Brasil entran directamente en la órbita de España y de Italia, y 1750, muerte de D. João V e inicio de las reformas ilustradas del Marqués de Pombal [1699-1782]. La datación es indicativa pues, según la duración específica del objeto estudiado, podría durar incluso hasta la Misión Francesa en Brasil de 1816-1817, o retroceder hasta mucho antes. Por ejemplo, hasta el arte helenístico del siglo II a. C. o hasta ciertas formulaciones romanas acerca del estilo ático y asiático, etc. La datación es indicativa, en fin, cuando recordamos las sedimentaciones culturales que coexisten en el recorte de larguísimas duraciones que impiden que unifiquemos los más de 200 años del siglo XVII en una etiqueta anacrónica como "el barroco"[3], que no tenemos que usar obligatoriamente.

Para reconstituir los sistemas que regulaban las representaciones discursivas y plásticas en el siglo XVII, es útil establecer homologías entre ellas y otras prácticas letradas y no letradas no ficcionales, contemporáneas y anteriores, como los discursos de las Cámaras municipales, actas y cartas; regimientos de gobernadores; órdenes regias, bandos, procesos,

[3] Es el caso de las sedimentaciones griegas y romanas que perduran hasta el inicio del siglo XIX en la institución retórica que organiza todas las representaciones. Por ejemplo, como León Kossovitch demostró, patrones de figuración de pasiones extremadas, desenvueltos inicialmente en Pérgamo o Mileto, en el siglo III y II a. C., retomados en Roma, en la época del imperador Adriano, y después, asociados al género sublime en la figuración de pasiones, en los siglos XV y XVI, e imitados más tarde, por ejemplo en Praga, donde venían hacia Brasil, pasando por el norte de Portugal, región de origen de la mayor parte de los artífices mineros, los grabados con imágenes imitadas por el *Aleijadinho*. Las sedimentaciones patrísticas y escolásticas observables en la enseñanza jesuítica ordenada por la *Ratio Studiorum* y en los modelos jurídicos con que se doctrina la "política católica" ibérica. Otras sedimentaciones visibles principalmente en las artes plásticas son fechables en la Italia de los siglos XV y XVI. En 1814, el *Aleijadinho* y el *Mestre Athayde* imitan emblemas del libro que Cesare Ripa publicó en 1593, *Iconología*, cuando ornamentan la Iglesia de san Francisco de Asís de Vila Rica. Otras temporalidades, más difíciles de establecer debido a la escasez de registros y a la discontinuidad de sus apropiaciones coloniales, son las africanas y las orientales, principalmente chinas e hindúes.

pleitos y agravios de los tribunales; libros de aduanas; contratos de compra y venta de esclavos; inventarios; tratados de derecho canónico y textos apologéticos como la *Raggion di Stato*, de Giovanni Botero, o la *Defensio fidei*, de Francisco Suárez, los espejos de príncipe e innumerables otros tipos de documento. Las homologías funcionan como unidades de tópicos jerárquicos representados en registros discursivos y plásticos diversos. Por medio de las homologías establecidas entre los varios discursos y las representaciones plásticas, los varios medios materiales e institucionales y los varios modelos aplicados, es posible definir una *forma mentis* específica del absolutismo católico portugués del siglo XVII. Ella es aristotélica y neoescolástica, y debió tener sus operaciones específicas en la Colonia, donde evidentemente sufrió adaptaciones.

La conceptualización de las categorías de esa *forma mentis* según la estructura, la función y el valor que tuvo en su tiempo permite construir un diferencial histórico de la representación que hace posible demostrar que las concepciones de tiempo, de autoría, de obra y de público en el siglo XVII son distintas de las actuales. Esto permite señalar, adicionalmente, la radical discontinuidad de la forma mental de este siglo y de los programas historiográficos, críticos y artísticos iluministas y posiluministas. Hoy, tales programas se siguen apropiando de las representaciones del siglo XVII, usando repetidamente las categorías de la crítica romántica del siglo XIX como si fuesen universales transhistóricos, o simplemente afirmando la posmodernidad de una operación de este tipo. La reconstitución arqueológica que proponemos permite establecer regímenes de representación discursiva y no discursiva ordenados por la retórica aristotélica y latina, e interpretados por la teología católica; con esto, es posible evidenciar que las formas de la personalidad ("yo" y "tú") que, en aquel siglo, definen el contrato enunciativo de las representaciones, son efectos de la aplicación retórica de caracteres y afectos precodificados. En otras palabras, no son categorías psicológicas expresivas, pues "yo" y "tú" no corresponden a individualidades subjetivadas o dotadas de derechos humanos en la libre concurrencia del mercado de bienes culturales. "Yo" y "tú" son representaciones obtenidas por medio de la aplicación de preceptos de una racionalidad no psicológica y no expresiva, una racionalidad mimética, típica de los esquemas colectivos y anónimos de la sociedad de la corte portuguesa del siglo XVII, aunque trasplantada a los trópicos.

Koselleck propuso que la relación entre "experiencia del pasado" y "horizonte de expectativa del futuro" es un criterio historiográfico útil para especificar el modo como los hombres viven la cultura de su tiempo[4]. Cuando se hace énfasis en los modos de representar la experiencia del pasado y la expectativa de futuro para los vestigios del siglo XVII que llegaron hasta nosotros, aparecen algunas especificidades de interés. La principal de ellas es, en mi opinión, el modo cualitativo de concebir la temporalidad como emanación o figura de Dios que incluye la historia como proyecto providencialista. Para los católicos del siglo XVII que vivían en Brasil (en Maranhão y Gran Pará), en Angola, en Goa y en Portugal, Dios es la "Causa Primera" de todo lo que es. Así, la representación colonial propone que la naturaleza y la historia son simultáneamente efectos creados por esa Causa Primera y, a su vez, signos que la reflejan sin estar en juego, en ningún momento, las nociones iluministas de "progreso", "evolución", "crítica", "revolución", ni las ideas de "estética", "originalidad", "ruptura" o "autonomía estética". No hay allí un nuevo régimen discursivo, como la "literatura", opuesto a otros regímenes, como "ciencia", "filosofía" e "historia". Y tampoco se encuentran las nociones de "autor", como individualidad psicológica, originalidad, crítica y propiedad de derechos sobre las obras que se encuentran en el mercado. Ni siquiera existen conceptos como "mercado" o "público", en el sentido de "opinión pública". Por esta razón, la postulación de la Causa Primera, Dios, hace leer a la naturaleza y a la historia como "libros" donde la Providencia escribe la intención secreta de su Voluntad. Esto recuerda a los cronistas portugueses en el Brasil de los siglos XVI y XVII, quienes interpretaban la disposición en cruz de las semillas del banano como un signo profético del destino cristiano de esta tierra. De igual forma, la interpretación figural de la historia hecha por el padre Antônio Vieira, que establece un carácter especular entre eventos bíblicos y eventos de su tiempo, como por ejemplo las guerras holandesas y la política de los Bragança, el descubrimiento de América, la misión jesuítica y la catequesis de los indígenas, termina por reafirmar el carácter especial de la historia portuguesa. Cuando reconstruimos

[4] Ver su texto *Futures Past: On the Semantics of Historical Time.*

esas categorías y esos modos de organizar la experiencia del tiempo, las categorías iluministas que se han generalizado transhistóricamente en la historia literaria como "evolución", "progreso", "crítica" e "ideología" resultan anacrónicas. El reconocimiento del anacronismo debería impedir que se continúe con la universalización de la particularidad de categorías estéticas y sociológicas posiluministas y, con ello, debería llevar a repensar la historiografía literaria brasileña.

Evidentemente, el trabajo de reconstrucción arqueológica de esas particularidades no es una actividad apenas de "anticuario" en el sentido arcaizante y regresivo del término usado por Nietzsche y repetido ahora por adeptos de lo llamado "posmoderno" para clasificar peyorativamente una especie de historiador reaccionario que sólo tiene interés en el pasado. En mi opinión, el pasado sólo puede interesar porque está muerto para siempre. Es justamente el diferencial de su muerte arqueológicamente reconstruida lo que nos puede interesar como material para una intervención en un presente en que la noción generalizada de "barroco", aplicada a los vestigios del siglo XVII, inventa tradiciones localistas, nacionalistas y fundamentalistas, dudosas y discutibles por definición, sobre todo cuando uno toma nota de sus intereses particulares.

Por eso, parece pertinente determinar qué es exactamente lo que, en las representaciones clasificadas como "barroco histórico" (representaciones que a fin de cuentas son ruinas de la sociedad preiluminista que no conocía el concepto, pues no era "barroca"), parece hoy tan vivo, al punto de generar identificaciones del presente con un neobarroco, que no sería ya histórico, sino apenas posmoderno o posutópico. La analogía es facilitada justamente por la metáfora de aquello que, desde la segunda mitad del siglo XVIII, está radicalmente muerto: el substancialismo del XVII que hoy nos permite determinar la diferencia entre las artes del antiguo régimen y las artes iluministas producidas a partir de la segunda mitad del XVIII. Es esta metáfora del substancialismo de las representaciones coloniales la que está siendo apropiada transhistóricamente por las actuales definiciones neobarrocas de la cultura.

Como dije, las representaciones del siglo XVII conciben la temporalidad y la historia providencialmente, relacionando la experiencia del pasado y la expectativa del futuro como previsibilidad, pues afirman que la identidad de Dios, Causa Primera, se repite en y a lo largo de todos los instantes del tiempo, volviendo análogos o semejantes todos sus momentos. La repetición de la identidad divina en el tiempo es un evento que hace previsible el intervalo entre experiencia del pasado y expectativa del futuro. Pensando en esa repetición, Vieira escribió una *História do futuro*, título que se hizo paradójico desde la segunda mitad del siglo XVIII, cuando el substancialismo de las sociedades del antiguo régimen se convirtió en una ruina y la disciplina de la historia pasó a ser la ciencia de lo que no se repite más. Así, es pertinente tratar sobre el modo de definición del acontecimiento histórico figurado como repetición en Vieira y en otros autores del siglo XVII para constatar la especificidad de la naturaleza de las representaciones coloniales.

En la representación de Vieira, todos los diferentes pasados son dados como acontecimientos análogos almacenados por la memoria de intérpretes que los comentan iluminados por la luz de la gracia divina. El modelo de inteligibilidad del tiempo es figural, pues los intérpretes establecen el carácter especular que conecta a dos hombres, dos acontecimientos o dos cosas, uno de ellos siempre del Antiguo Testamento, otro siempre del Nuevo, afirmando que, por la presencia divina en ambos, aquello que está latente como *tipo* en el Antiguo queda patente como *prototipo* en el Nuevo. Vieira también afirma que el mismo nexo profético se aplica a los eventos antiguos y contemporáneos de la historia portuguesa. Desde el punto de vista de la profecía, el futuro es y será una imagen de la repetición de la identidad ya ocurrida en varios momentos anteriores. Luego, la actualidad de lo necesario y la potencia de lo contingente de todos los tiempos impregnan la presencia histórica del presente del intérprete como presencia substancial eterna.

Un lugar común teológico que se articula con esas prácticas en las preceptivas y en otros discursos del siglo XVII fue discutido por Robert Klein cuando estudió los tratados italianos de emblemas y empresas del siglo XVI, y en particular el del conocimiento angélico. El lugar común es aplicado en la *Summa Theologica* por Santo Tomás de Aquino y fue debatido infinidad de veces en los colegios jesuíticos del Brasil, al igual que en los cursos de la Universidad de Coímbra. El ángel es puro espíritu, por eso se comunica con los conceptos mismos, no con signos que los representan; sin ningún instrumento, sin representación, produce en otros seres la imagen espiritual de su pensamiento. Ningún ángel conoce la representación, a diferencia del intelecto humano. Aunque hoy el tópico puede parecer bizantino, es fundamental en el caso de las artes del XVII porque es por medio de él o en contraposición a él que, en aquel entonces, se hacía la teoría del conocimiento humano como conocimiento análogo o indirecto, mediado por imágenes preferencialmente agudas[5].

En las doctrinas italianas del siglo XVI, el *disegno* interno es el *segno di Dio*, teorizado como la iluminación de la luz natural de la Gracia que aconseja al juicio o al designio de poetas y artesanos en el acto intelectivo que produce la representación. En el siglo XVII, en Portugal, el diseño es la base de la agudeza. Como forma producida en la mente por la participación del alma en la substancia metafísica de Dios, la agudeza funde *lógica* (como *anatomía*, *dialéctica* o técnica analítica del juicio que opera definiciones y contradefiniciones en la clasificación de las materias de la representación) y *retórica* (como técnica de las *res*, las cosas o lugares comunes de la invención, y de las *verba*, las palabras de la elocución). En este caso, la representación es una mediación. Surge interpuesta o "puesta entre" la percepción de los objetos, los fantasmas producidos en la mente, el acto del juicio silogístico que los analiza y la presencia de la luz divina que ilumina el acto. La representación siempre alude a su causa divina, y por ello tiende siempre a lo sublime, aun cuando sea una representación de género bajo (como ocurre con la sátira atribuida a Gregório de Mattos) pues su Causa eficiente y final es Dios.

Hoy, en los discursos que teorizan el así llamado neobarroco como una colección ecléctica de estilemas del pasado, apilados sin jerarquización de valor, la equivalencia general del valor estético se da como experiencia desmaterializada de la repetición del valor de cambio en los simulacros de una cultura-mercancía. Cuando se establecen comparaciones entre las artes contemporáneas y las del siglo XVII, la experiencia de la desmaterialización del presente suele ser comparada con la experiencia metafísica de la temporalidad y de la persona que participaban de lo divino en el siglo XVII. Evidentemente, la semejanza entre las artes del siglo XVII y las del presente, aquellas llamadas

[5] En este texto, el lector debe leer el adjetivo *agudo* como equivalente a ingenioso y perspicaz, un aspecto propio de la retórica barroca portuguesa. (Nota de la traducción.)

"posmodernas", puede ser producida justamente a causa de su diferencia histórica; sin embargo, los discursos neobarrocos que se proponen como no iluministas vuelven substancial y positiva a la semejanza, fijándola como identidad transhistórica o ahistórica. Luego, mientras le dan un carácter positivo al presente a partir de una desjerarquización radical de la historicidad de los objetos (desjerarquización que constituye a la cultura como la positividad de la coexistencia de todos los tiempos), también mimetizan el vacío metafísico de la teología del así llamado "barroco histórico". Mientras afirman que la presencia del presente es el barroco transhistórico de una "América barroca" o un nuevo barroco no histórico que resulta de identificaciones abstractas, enfatizando el fin de las así llamadas metanarrativas autoritarias del Iluminismo, los discursos neobarrocos se hacen curiosamente regresivos. Por ejemplo, declaran abolir las unidades y las unificaciones ideológicas del Iluminismo, pero hacen volver la unidad reprimida, ahora como unidad puramente formal y vacía del discontinuo irrepresentable de la realidad contemporánea que, así como Dios, se encarna como cohesión en los ectoplasmas o simulacros neobarrocos gongorista-heurísticos. Dios está muerto, ciertamente, pero ahora que el capital financiero determina las políticas del signo en la Universidad y en los *medios*, y la economía aparece como una ficción generalizada que produce la cultura a partir de una falta de reflexión y autoevidencia en torno a la absoluta generalización del intercambio, el vacío de la teología se vuelve la metáfora de los dispositivos neobarrocos del trueque general. Son dispositivos efectivamente teológicos, regresivos, unificadores y vacíos, que operan positivamente no con la metáfora del Dios del siglo XVII, sino con otra, formalmente semejante a Dios: el principio de la equivalencia general de las mercancías.

Para criticar la destotalización-totalizante de los discursos "neobarrocos", puede ser oportuno especificar lo que son el lenguaje y el cuerpo en la representación del siglo XVII. Podemos decir, de modo sumario, que el lenguaje luso-brasileño de este siglo es, ante todo, una jurisprudencia o un uso autorizado de los signos según el cual todas las imágenes, discursivas, plásticas, musicales, gestuales, deben ser *buenas* imágenes, reguladas o controladas por regímenes analógicos de adecuaciones verosímiles. Acá entran en acción la *mímesis* aristotélico-escolástica y sus efectos, la semejanza y la diferencia por participación analógica. Dios, Causa primera y final de la naturaleza y de la historia, hace que las imágenes establezcan relaciones de simpatía y antipatía entre sí, lo cual produce también relaciones de placer o displacer reguladas según los decoros específicos de la jerarquía. Siendo neoescolástica y precartesiana, esa jurisprudencia no subordina la representación a una razón suficiente, como el *cogito*, sino a los *fantasmas* o imágenes de la fantasía. A diferencia del cartesianismo, distingue *idea* de *imagen*, como concepto *inteligible* e imagen *sensible*, pero define la imagen como formulación y visualización *simultáneamente intelectual y sensible de la idea*. Por eso, incluso antes de su representación exterior, las imágenes son, en la mente, *definiciones ilustradas*, como afirma Cesare Ripa en el proemio de la *Iconología*, en 1593; por lo tanto, las imágenes vuelven los conceptos intelectualmente visibles como entimemas, antes de su representación exterior. La forma-matriz de cualquier imagen es la metáfora, pues es producida asociativamente, condensando imágenes ofrecidas por la memoria y estableciendo asociaciones imaginarias unas con otras. Siempre definida como emanación de la luz divina en la consciencia, según las analogías de atribución, de proporción y de proporcionalidad, la imagen hace ver su presupuesto metafísico y lógico: el atributo del Ser se aplica a todas las cosas de la naturaleza y a todos los eventos de la historia, haciéndolos convenientes entre sí; por eso mismo, son diversos y diferentes. Todos los seres son semejantes *per ordinem ad unum* o *ad maximum*, como dijo Santo Tomás. En todos los análogos, en cuanto son análogos, siempre se pone el uno como definición de todos los otros[6]. En este caso, es preciso recordar, con Kantorowicz en su ensayo "Mysteries of State"[7], que bajo la autoridad del papa como *princeps* y *verus imperator*, en los siglos XVI y XVII, el aparato jerárquico de la Iglesia romana mostró una tendencia a volverse el prototipo perfecto de una monarquía absoluta y racional sobre una base mística, mientras el Estado manifestó más y más una tendencia a volverse una cuasi-Iglesia y una monarquía mística sobre una base racional. En ese Estado de la "política católica", la concepción del signo es otra, definiéndose la representación como una estructura cuádruple, en la cual la substancia de

6 "[...] *in analogis omnibus, in quantum analoga sunt, semper unum ponitur in definitione aliorum*" Summa theol., p. I, q. 13, aa. 5, 6,10.

7 Ver su libro *Selected Studies.*

la expresión y la substancia del contenido también significan, porque la substancia sonora y la substancia espiritual del alma son signos y efectos que reflejan a su Causa divina. Proponiendo una doble legibilidad de las cosas y palabras, una legibilidad factual y verbal, la íntima fusión de teología y política afirma entonces que también la *empiria* es racional, pues presenta las marcas de la racionalidad eterna que deben ser interpretadas por hermeneutas que dominen la verdad de los textos y de la *traditio* confirmados en la sesión del 8 de abril de 1548 en el Concilio de Trento, justamente al contrario de los lugares maquiavélicos, luteranos, calvinistas o hobbesianos, donde la luz natural de la Gracia innata está ausente. Ninguna representación católica deja de incluir, como término especificador de su autoridad, teologemas testamentarios que definen su eficacia como manifestación de la luz de la Gracia de su Causa. Los tratadistas que sentaron la doctrina del *diseño interno* en los siglos XVI, XVII y XVIII, como Gilio, Possevino, Ripa, Peregrini, Pallavicino, Tesauro, Gracián y Francisco Leitão Ferreira, afirman que la imaginación crea las imágenes de los objetos ausentes operando sobre los fantasmas de la mente. Para eso, la imaginación selecciona tópicos y tropos adecuados en una memoria de usos autorizados del signo, produciendo una representación o una visualización que hace que el objeto sea intelectualmente conocido.

La imaginación auténtica es seguida por el juicio, que el intelecto acciona dialécticamente, haciendo *anatomías*, definiciones y contradefiniciones, en la medida en que hace predicaciones, produciendo la metáfora del objeto, que es conocido intelectualmente. Acá se observa de inmediato la abstracción intelectualista del aristotelismo característico del proceso mimético de esas prácticas: en los fantasmas de la mente, el intelecto agente, guiado por la luz de la Gracia, ilumina los aspectos inteligibles de los objetos materiales, imprimiendo sus *especies* en el intelecto cognoscitivo con la forma de una imagen que es, como dije, metáfora. Tesauro la llama *ornato dialéctico*; Gracián, *silogismo retórico* y *entimema*. Otros hablan de *concepto ingenioso*. Todos, de *agudeza*, pues la abstracción es una iluminación que establece la relación inesperada de dos conceptos, como dijo Aristóteles o, según Cayetano, una iluminación de la mente que, incidiendo sobre el objeto, también hace que la iluminación irradie de él, demostrando relaciones inesperadas. Los efectos de la Luz, como aspectos inteligibles de los objetos, hacen que el destinatario deduzca el acto de la abstracción aplicada. Al mismo tiempo, la cognición de los efectos pone en evidencia su Causa Primera, como Presencia que hace que el mundo sea y desee el Ser. En este caso, el efecto de la Luz es doble, formal y objetivo. Formalmente, es el efecto de presentar algo irrepresentable en la representación, dándole forma, es decir, volviendo luminoso y determinado lo que es invisible e indeterminado, es decir Dios, cuando da visibilidad al cuerpo puesto entre los objetos de la experiencia y la Luz divina y material. Simultáneamente, el cuerpo de las imágenes que es vuelto visible por el intelecto en acto es también condición de la visibilidad de las operaciones del propio intelecto en acto. Al ser iluminado por la Luz más invisible, realiza su presencia huidiza e inmaterial. Y como se supone siempre, con el Pseudo-Areopagita, que *supremum inferioris attingit infimum superioris*, o que el grado supremo del inferior alcanza el grado ínfimo del superior, se tiene, como en Leibniz, el principio de la continuidad del Universo como correspondencia análoga de los seres conocidos en las imágenes.

En las imágenes de la representación, la semejanza de los seres en relación con el Uno divino es efectuada por la analogía de proporción, que es una relación lógica y metafísicamente determinada entre los entes y Dios, y por la analogía de proporcionalidad, que es una relación indeterminada. Lógicamente, así como es determinada la relación entre 2 y 4, pues son pares próximos, un poeta escribe que la boca de la amada es un *clavel*, pues son rojos; es indeterminada la relación entre 2 y 37, por ejemplo, así como es semánticamente indeterminada la metáfora de un soneto de Botelho de Oliveira que propone que *serpiente* es *mayo*. Aunque 2 y 37 sean convenientes como números, así como *serpiente* y *mayo* son nombres, no es evidente la proporción lógica que los relaciona semánticamente. Pero es justamente la proporcionalidad, que afirma una semejanza indirecta y una distancia infinita entre los seres creados y la identidad divina, que asegura a los atributos de Dios un significado positivo y una verdadera realidad, siempre aludidos en la representación como un "*hacia-un-más-allá-de-la-presencia-inmediata*", lo cual implica, por lo tanto, lo sublime.

En las letras del siglo XVII —pienso principalmente en cinco de los mayores autores de ese tiempo: Quevedo, Francisco Manuel de Melo, Góngora, Sor Juana, Vieira—, la analogía de proporción y, principalmente, la de proporcionalidad, son tenidas como los procedimientos lógico-retóricos más deseables de ordenación de la representación, pues evidencian la superioridad en ingenio del intelecto agente de los autores y, por lo tanto, evidencian también la presencia de la Luz divina. Esto también se aplica para el caso ejemplar de un sermón presentado en Salvador en 1699 por un franciscano, fray Francisco do Rosário, en el cual el amor de Cristo es comparado con 25 frutas tropicales. De cada comparación, el fraile extrae una virtud teologal, la figura de un sacramento y un misterio. Acá, las imágenes son la *circumscriptio* definida por santo Tomás de Aquino en la *Ética*, 1,7: un boceto exterior del *bonum finale hominis, quod est felicitas*. La imagen es la notificación de un concepto o de una cosa por medio de las características que los separan de otros conceptos y cosas que participan de la identidad de la substancia metafísica y no propiamente, como dije, por sus atributos específicos. La representación es hecha *secundum quandam similitudinarium et extrinsecam quodammodo descriptionem*, es decir, según cierta descripción extrínseca de las similitudes, exteriorizando el que *fuit prius figuraliter determinatum*, lo que antes fue figuralmente determinado en la mente. Como todo se asemeja a lo divino *per ordinem ad unum*, toda representación está saturada de la Presencia de Dios. Los mínimos fragmentos de la forma de la expresión y de la forma del contenido o, para hablar retóricamente, de los *verba* de la *elocución* y de las *res* de la *invención*, son figuraciones exteriores de esas imágenes interiores saturadas con la luz de la Presencia. Como lo que importa es el modo de la imitación y no propiamente las substancias de la expresión de donde se recortan, las formas (como hablar, escribir, cantar, bailar, pintar, construir, esculpir, musicalizar, gesticular, etc.) son equivalentes y repiten, en una imagen exterior, la Presencia encendida como la *sindéresis*[8] en las imágenes de la consciencia. Al ser análoga a la identidad divina, la imagen se asemeja también a todas las otras imágenes reales y virtuales, que también son efectos y signos de la misma Causa luminosa.

Como dije, el lenguaje es un corpus *phantasticum* donde la similitud prolifera. Así, la representación formaliza en los estilos la posición o el punto fijo de la prudencia del autor iluminado por la Gracia en el acto de la *inventio*. En una típica circularidad del código, el destinatario debe situarse según la perspectiva del mismo punto fijo, aplicándose a la exégesis

[8] Discreción, o capacidad para juzgar de manera correcta. (Nota de la traducción.)

de la identidad divina parcialmente representada o, mejor dicho, sublimada en los efectos. En la apariencia disparatada, múltiple y acumulada de los seres y eventos representados, el destinatario debe encontrar el fundamento divino justamente en la prudencia que se evidencia en la ordenación de los estilos al fin. Esta articulación es definida por los géneros. Como medio-término racional de elementos discretos, la prudencia es visible o hecha presente técnicamente en los estilos de la representación como causa formal de su invención. Cuanto mayor la agudeza y cuanto mayor la incongruencia de los conceptos aproximados, más se evidencia la luz que aconseja el artificio, según una técnica que Emanuele Tesauro llama *despropósito a propósito* o *inconveniencia conveniente*.

Los principales tratados retórico-poéticos del siglo XVII ibérico e italiano, y los mayores poetas y oradores del momento, como Vieira, al teorizar los modos más adecuados de figurar exteriormente la Presencia transcendente que brilla como la luz de la Gracia en el interior de la conciencia, generaron una doctrina de las artes como *theatrum sacrum*. No se trata de *representación* en el sentido empirista del reflejo realista, sino de *poner en escena* los rastros fugitivos de la Presencia. Este poner en escena implica no sólo lo definido de la forma, en el sentido del dibujo wölffliniano, sino también su labilidad y porosidad, sus intersticios y átomos en que la forma toca tangencialmente otras formas, como espacios que contienen la Presencia. Acá es fundamental pensar la cuestión de la forma. Luhman recuerda que no vemos la causa de la luz, el Sol, sino cosas en la luz. De la misma manera, no leemos letras sino, con el auxilio del alfabeto, palabras; y, si queremos leer el alfabeto mismo, tendremos que ordenarlo alfabéticamente. La coordinación de elementos produce la forma, pero el medio mismo de soporte o de coordinación de la forma generalmente no llama la atención. En la representación del XVII, vemos cosas en la luz y también vemos la Luz; leemos palabras, significantes, pero también la substancia de las letras y la substancia de los sonidos. Para usar una expresión de Hans Ulrich Gumbrecht, la representación es un dispositivo de producción de presencia o un dispositivo teológico-político de producción de la Presencia divina en las instituciones portuguesas metropolitanas y coloniales[9]. Los grandes tópicos del momento como el "sueño de la vida" y el "teatro

9 Ver su texto *Production of Presence: What Meaning Cannot Convey*.

del mundo" son, en este caso, una especie de escena o teoría ficticia de esa iluminación generalizada del pensamiento por la Luz, como una alegoría o diagrama del pensamiento de la ficción.

En este caso, el cuerpo místico y glorioso de Cristo es irrepresentable, o sólo se presenta en figuraciones alusivas que lo profetizan y confirman como substancia espiritual que atraviesa los objetos representados sin confundirse con ellos. Como idea de Dios, Cristo está absolutamente fuera del tiempo y, sin embargo, participa del tiempo con su acto directivo. La principal finalidad de la representación del XVII es justamente escenificar esa participación de todos los tiempos en la Presencia. Como ocurre en la figuración de la gestualidad dramática de los santos, como se ve en Bernini, en las iglesias de Puebla, de Querétaro, de Bahia y de Minas Gerais, la representación escenifica el momento de la *conformatio*, la *conformación*, el momento de la producción de un cierto afecto en el destinatario. Le Brun, en *L'expréssion des passions*, un grupo de conferencias que hizo en Versailles en 1668, señala que el fin de la representación es figurar los movimientos del alma a través de las actitudes de los cuerpos para que, viendo las imágenes pintadas y esculpidas, el espectador ejercite la imaginación, produciendo en sí mismo la presencia de un afecto cuya forma es la más semejante posible a la forma del afecto representado en el cuerpo esculpido o pintado del santo. El momento representado como *conformación* es justamente el del instante inefable del contacto con Cristo o de la recepción de la Gracia, que los teólogos llaman *conformación afectiva*, subrayando su carácter pasional. Como se sabe, en el siglo XVII, el afecto era diferente de la acción. Esto es evidente en el poema de John Donne, en que el personaje dice a Dios que nunca podrá ser libre y casto a menos que Dios lo violente: *never shall be free/ Nor ever chaste, except you ravish mee. Estar enamorado* entonces significa dejar que otra voluntad actúe sobre el cuerpo, produciendo en él la presencia de su fuerza. Acá, en una clave neoplatónico-agustiniana, tanto lo discursivo como lo plástico son figuraciones de la infusión mística de la Luz y, conforme el modelo de la Eucaristía, figuraciones de la incorporación de la luz natural de la Gracia por los cuerpos operados como dispositivos de producción de la presencia[10].

[10] Ver: Giovanni Careri, "El Artista", en: *El hombre barroco (Villari, Rosario y otros)*, p. 335.

Al mismo tiempo que intensifica la carne y sus signos de posición, la representación evidencia que el sentido está más allá y que sólo es legítimo cuando está encarnado políticamente como participación del cuerpo individual en el cuerpo místico de la comunidad. Esto debe resultar obvio, porque el cuerpo nunca puede presentar un grado cero de sí mismo, ya que es siempre un objeto semiótico; su representación, según esa metafísica de la luz, es homóloga, por lo tanto, a la de la figura del "cuerpo místico" definido en los tratados de los juristas contrarreformistas, como *De legibus* y *Defensio fidei*, de Suárez. Según el derecho canónico portugués, los cuerpos individuales se integran en la voluntad unificada del cuerpo místico del Estado definido por la doctrina del pacto de sujeción. Establecido como *quasi alienatio* de la comunidad, que transfiere el poder al rey, define las tres facultades que entonces constituyen al ser humano —memoria, voluntad, intelecto— como súbditas o subordinadas a algo más. El cuerpo sólo es visible y decible cuando participa, subordinándose en la integración del "bien común" del Estado. No hay ninguna noción de subjetividad psicológica como la conocemos hoy; por eso, la posición del yo en esas prácticas es inmediatamente la de una subordinación de la voluntad, de la memoria y del intelecto como libre albedrío, algo que puede parecer paradójico, pues es una forma de libertad definida como subordinación. Subordinación de los apetitos a la unidad estoica de la *tranquilidad del alma* dada a ver o leer en los signos espectaculares de la luz; subordinación de la *tranquilidad del alma* a la concordia en relación con todos a quienes les es dada a ver en el espectáculo; por consiguiente, subordinación a la paz individual y colectiva, en concordancia con la subordinación de las partes y del todo al Dictado divino actualizado por la Iglesia y por la Corona. Acá, la intensa sensorialidad de las metáforas evidencia justamente la presencia de Dios que legitima la representación. La sensorialidad es un diagrama del sentido general de esa integración ofrecida al destinatario como criterio evaluativo del efecto. Evidentemente, estoy pensando en el destinatario implícito y formalizado en la variación elocutiva del estilo en una época en la cual no había "opinión pública". Se trata, entonces, de un destinatario compuesto como un *testimonio de la representación, en la representación, por la representación y como representación.*

Según la *Ética Nicomaquea*, las pasiones del cuerpo son aplicadas o racionalmente construidas aun cuando son irracionales, teoría que aparece luego en el título del tratado que el oratoriano Jean-François Senault le dedica a Richelieu en el siglo XVII: *De l'usage des passions*. La mecánica de las pasiones es aplicada según preceptos retóricos y jurídicos, y el efecto resultante fija la fracción de segundo en que una acción deforma un gesto produciendo un afecto, como una instantánea que congela el movimiento que fue seleccionado en un elenco prefijado de gestos. Ya que es construido como varias pasiones sucesivas o simultáneas, el cuerpo aparece de formas diversas, según el régimen aplicado. Cuando hay simultaneidad de pasiones, inmediatamente hay subordinación de los *páthe* y *éthe*, pasiones y caracteres secundarios en relación con un carácter o pasión principales. Me interesa la *estase*, es decir, el momento de la pasión o de su surgimiento instantáneo, fijados en la representación como representación. En el cuerpo efectuado por estas pasiones se lee, o se ve también, la representación del proceso productor del efecto, es decir, la presencia de un mecanismo óptico que recicla los tópicos del *ut pictura poiesis* horaciano y que hace que el destinatario discreto se acuerde del elenco de acciones y de la selección hecha por el juicio del autor de la representación.

Por esto, con autores como Norbert Elias, Michel De Certeau, Pierre Bourdieu, Louis Marin y Roger Chartier, podemos entender por el término *representación* en el marco del siglo XVII básicamente las siguientes cuatro cosas:

1. El uso de imágenes exteriores en el lugar de las imágenes de la substancia espiritual del alma participada en la substancia metafísica de Dios;
2. La apariencia o la presencia de la ausencia de esa substancia que es producida en la substitución;
3. La forma retórica de la presencia de esa ausencia;
4. La posición jerárquica escenificada en esa forma, es decir, los conflictos de las representaciones o de la historia.

En todos los casos, la representación teatraliza la memoria de usos autorizados que, a su vez, la autorizan. En todos los casos, las pasiones nunca son expresivas o psicológicas, sino retóricas, consecuencias de una racionalidad formalizada en una técnica objetivamente precisa y creada para producir efectos. No se trata nunca de expresar conceptos, sino de teatralizarlos. El artificio moviliza varios saberes (retórica, dialéctica, arte combinatorio, ética, teología), y los subordina a la noción generalizada de *ordo*, orden, o *ratio*, razón, figurada en las representaciones de la "política católica" portuguesa como presencia de la luz natural de la Gracia innata.

Recordemos nuevamente la escultura religiosa. En ella, las torsiones del cuerpo, ordenado dramáticamente como una *figura serpentinata*, son realizadas según el cálculo exacto de una acción aplicada como deformación que representa una pasión cualquiera del alma. *Acción, deformación, pasión*: la escultura religiosa ejemplifica la *conformatio*, el momento del contacto del cuerpo del santo con el cuerpo místico de Cristo; las varias posiciones posibles de dedos, manos, piernas, pies, ojos, boca, etc. componen, *en el estilo mismo*, el lugar de la observación del destinatario que recibe el efecto. La escultura prevé la distancia exacta; en el espacio de la iglesia, el espectador deberá ocupar la misma posición calculada para ser persuadido de la presencia de la luz de la Gracia y ser edificado con ella, en ella y por ella. Las letras que hoy son clasificadas como "barrocas" ordenan la forma de manera equivalente a la *conformatio*. Hoy, los efectos de sus agudezas generalmente son tenidos como afectados, incongruentes y herméticos; o como originales y ejemplos de ruptura estética. Podemos afirmar que el fundamento del proceso de su producción, en la época misma de su producción, no era afectado, incongruente, hermético, original o de ruptura, porque era, ante todo, un fundamento técnico, especificado y regulado en varias prácticas incluidas en sistemas de representación. Por ejemplo, encontramos varios poemas atribuidos a Gregório de Mattos e Guerra que figuran el cuerpo femenino y el acto sexual por medio de metáforas y alegorías náuticas. ¿Cómo leerlos? Hoy, la relación entre *cuerpo*, *sexo*, *barco* e *instrumentos de navegación* no es inmediatamente evidente, aunque sí es claro que el poeta extrae los términos que constituyen las imágenes de los poemas de las prácticas comerciales, náuticas y militares de su tiempo, aplicando a ellas una de las tres analogías escolásticas, *atribución*, *proporción*, *proporcionalidad*. Cuando tales imágenes poéticas son cruzadas con la representación de otros campos semánticos contemporáneos, como el de la navegación, es posible explicitar la naturaleza de la ligación de los términos metafóricos. Con lo anterior, también podemos explicitar que, en la sociedad portuguesa del siglo XVII, la agudeza de los estilos era un proceso retórico generalizado, e implicaba una concepción providencialista de la historia presente en todas las prácticas de la representación. Era justamente la capacidad de determinar la estructura, la función y el valor de las relaciones predeterminadas de cambio simbólico lo que se representaba en el uso de metáforas agudas, incongruentes y herméticas, como un patrón socialmente compartido.

Es preciso recordar dos cosas más: primero, que la libertad del proceso de transferencia metafórica presente en las agudezas está siempre restringido por los esquemas retóricos aplicados por los autores como límites convencionales de la invención poética y por los condicionamientos sociales de los usos; segundo, que nuestra lectura de los discursos coloniales es anacrónica si no consideramos que sus imágenes son producidas como una ligación aguda de conceptos de una experiencia o de un conocimiento socialmente compartido por los sujetos de enunciación y sus destinatarios, como ocurre con los poemas que asocian sexo y léxico náutico, aunque no lo sean por los autores y oyentes/lectores contemporáneos. En otras palabras, se trata de una experiencia o un conocimiento de modelos que funcionaban como cribas de la representación, definiendo lo que era el evento visible y decible, representable e interpretable, y, principalmente, los modos autorizados de representarlo e interpretarlo. Es fundamental, por esto, recordar una vez más que los varios estilos de los textos generan destinatarios implícitos específicos, organizándolos por medio de prescripciones que los figuran como aptos para recibir el sentido de la experiencia representada. Como ya dije, se trata de un sentido particular, históricamente especificable, y que debemos reconstruir para evitar lecturas anacrónicas.

Bibliografía

Botero, Giovanni. *Della ragione di Stato*. Roma: Donizelli, 1997. Impreso.

Careri, Giovanni. "El artista", en: Villari, Rosario et ál. Impreso.

Donne, John. *The Complete Poetry and Selected Prose of John Donne*. New York: Modern Library Classics, 1994. Impreso.

Guerra, Gregório de Matos e. *Obra Completa de Gregório de Matos e Guerra (Crônica do Viver Baiano Seiscentista)*. Salvador: Janaína, 1968. Impreso.

Gumbrecht, Hans Ulrich. *Making Sense in Life and Literature*. Minneapolis: University of Minnesota Press, 1992. Impreso.

—. *Production of Presence: What Meaning Cannot Convey*. Stanford: Stanford University Press, 2004. Impreso.

Kantorowicz, Ernst. *Selected Studies*. New York: J.J. Augustin Publisher, 1965. Impreso.

Klein, Robert. *La forme et l'intelligible*. Paris: Gallimard, 1970. Impreso.

Koselleck, Reinhardt. *Le futur passé. Contribution à la sémantique des temps historiques*. Paris: EHESS, 1990. Impreso.

Le Brun, Charles. *L'expression des passions & autres conferences. Correspondance*. Paris: Maisonneuve et Larose, 1994. Impreso.

Oliveira, Manuel Botelho de. *Musica do Parnaso*. Cotia: Atelié Editorial, 2005. Impreso.

Ripa, Cesare. *Iconología*. Siena: Mateo Florini, 1613. Impreso.

Santo Tomás de Aquino. *Summa Theologiae*.

Senault, Jean-François. *De l'usage des passions*. Tours: Arthème Fayard, 1987. Impreso.

Suárez, Francisco. *Defensio fidei catholicae et apostolicae: adversus anglicanae sectae errores*. Nápoles: Ex typis Fibrenianis, 1872. Impreso.

Tesauro, Emanuele. *Il Cannocchiale Aristotelico*. 5. ed. Torino: Zavatta,1670. Impreso.

Vieira, Antônio. *Historia do futuro*. Lisboa: Imprensa Nacional-Casa da Moeda, 1982. Impreso.

Villari, Rosario et ál. *El hombre barroco*. Madrid: Alianza, 1993. Impreso.

Nuevas subjetividades, nuevos discursos críticos

Notas sobre la crítica biográfica[1]

Eneida Maria de Souza[2]

Las actuales tendencias de la crítica literaria brasileña que están dirigidas hacia los estudios literarios, la crítica biográfica y los estudios culturales merecen un tratamiento cuidadoso por parte de nuestros intérpretes. Ante la apertura teórica instaurada por los acercamientos contemporáneos, los límites entre los territorios disciplinares se han hecho más tenues, provocando el cuestionamiento de los lugares productores de saber, así como de los conceptos operativos responsables por la producción de paradigmas y de metodologías críticas. La crítica biográfica, por su naturaleza compuesta, que engloba la relación compleja entre obra y autor, posibilita la interpretación de la literatura más allá de sus límites intrínsecos y excluyentes, por medio de la construcción de puentes metafóricos entre la realidad y la ficción.

La fascinación que envuelve hoy a la invención de biografías literarias se justifica por la naturaleza creativa de los procedimientos analíticos y, en especial, la articulación entre vida y obra, volviendo infinito

1 Este texto apareció como un capítulo en: Souza, Eneida Maria de. *Critica Cult*. Belo Horizonte: Editora UFMG, 2002. Traducción de María Cándida Ferreira de Almeida.

2 Profesora emérita de la Universidade Federal de Minas Gerais, autora de *Crítica Cult* (2002), *Tempo de pós-crítica* (2007) y *O século de Borges* (2009), entre otros.

el ejercicio ficcional del texto de la literatura gracias a la apertura de puertas que lo transcienden. La crítica biográfica, al elegir tanto la producción ficcional como la producción documental del autor —correspondencia, testimonio, ensayo, crítica—, desplaza el lugar exclusivo de la literatura como *corpus* de análisis y expande el haz de posibles relaciones culturales. Los límites provocados por la lectura de naturaleza exclusivamente textual, cuyo foco se reduce a la materia literaria y a su especificidad, son reformulados en favor del ejercicio de ficcionalización de la crítica, en el cual el sujeto teórico mismo se inscribe como actor en el discurso y como personaje de una narrativa en construcción. La proliferación de prácticas discursivas consideradas "extrínsecas" a la literatura, como la cultura de masas, las biografías, los acontecimientos de lo cotidiano, además de la imposición de leyes regidas por el mercado, representan una de las marcas de la posmodernidad, que trae a la discusión actual la democratización de los discursos y la ruptura de los límites entre la llamada alta literatura y la cultura de masas. En oposición a aquellos que consideran que la literatura es la gran ausente del debate crítico contemporáneo, este texto, sin privilegiarla, discute su no lugar discursivo y su movilidad, que la hace capaz de promover la apertura de una red interdisciplinar.

En ese sentido, son infundadas las acusaciones hechas a los estudios culturales de dejar de lado a la literatura como objeto de investigación, de relegarla a un segundo plano y sustituirla por otros discursos y otros intereses político-culturales. La amplitud asumida por la literatura —o por la obra de ficción— posibilita una apertura textual más grande e independiente que el criterio de valor exclusivista y cerrado asumido por la crítica literaria más tradicional. Por ello, no cabe la menor duda de que el momento actual de la crítica, en virtud de esta diferencia de posiciones y de la convulsión de los lugares supuestamente detentadores de saberes particularizados, produce un cierto radicalismo y enfrenta actitudes exacerbadas que hablan tanto de la aceptación como de la negación de la interdisciplinariedad.

Entre las particularidades de la crítica biográfica, es posible enumerar algunas tendencias defendidas por autores nacionales y extranjeros:

a) La construcción canónica del escritor, por medio del examen de los rituales de consagración de su imagen, de los protocolos de inserción cultural en la vida literaria de su época y de los procesos relativos a la publicación, divulgación y estudio de su obra. Merece especial atención el estudio de Maria Helena Werneck, *O homem encadernado*, en el cual la figura canónica de Machado de Assis es analizada por medio de sus biografías, considerando los factores que contribuyen a la idealización o la distorsión imaginaria del autor.

b) La reconstitución de ambientes literarios y de la vida intelectual del escritor, su linaje y su inserción en la poética y en el pensamiento cultural de la época.

c) El acto de la escritura como narración de la memoria del otro (Ricardo Piglia), en la medida en que el ausentarse actúa como presencia, y la experiencia del escritor cuenta menos que aquella vivida y experimentada por el otro.

d) La caracterización de la biografía como *biografema* (Roland Barthes), concepto que da cuenta de la construcción de una imagen fragmentada del sujeto, una vez que no se cree más en los estereotipos de la totalidad, ni en el relato de vida como registro de fidelidad y autocontrol.

e) La eliminación de la distancia entre los polos formadores del pensamiento binario, o sea, las categorías referentes al exterior/interior, a la causa/efecto, al anterior/posterior, por medio de la utilización de la categoría espacial de superficie, inmune a la verticalidad (que presupone una mirada analítica en profundidad) y a un sentido definido de origen (Jacques Derrida, Gilles Deleuze).

f) La ampliación de las categorías de *texto*, de *narrativa* y de la *literatura* misma, al considerar el alto grado de interrelación y de contaminación de los discursos entre sí. Este es un procedimiento común al lenguaje operativo de las ciencias humanas, incluyendo allí la teoría de la literatura, la historia, la semiología, la antropología y el psicoanálisis.

A continuación, me detengo un poco en el análisis de cada uno de estos puntos.

Sin la intención de delimitar el carácter abarcador de los ítems expuestos, me extenderé un poco sobre el libro de Maria Helena Werneck,

O homem encadernado, con el objetivo de aclarar mejor el procedimiento biográfico de la crítica a partir de un ejemplo específico. En su examen de las biografías machadianas se hacen evidentes los parámetros que rigen la crítica literaria de cada época, razón por la cual el libro se vuelve una excelente contribución para el estudio de la crítica literaria brasileña. Como ejemplo de la manera contrapuntística de expresar las diferentes vías del método biográfico, la autora compara el método objetivo y documental de la obra de Jean-Michel Massa, *A juventude de Machado de Assis*, con la crítica de fuentes, por medio de la cual la escritura del autor es medida con el rigor de un bibliotecario o un copista. Del otro lado del estante, la ensayista toma del libro de Alain Borer —*Rimbaud en Abisinia*— una forma diferente de hacer biografía que va más allá del modelo tradicional y que procura vivir lo que el poeta "había dejado de hacer". La visita a los lugares frecuentados por Rimbaud descarta la intención de búsqueda de las fuentes y de pruebas comprobatorias de la "verdad documental" del biografiado. En ese proceso de escritura, sujetos fracturados comparten la construcción de biografías y se diseminan en el tachón de las firmas y en el carácter "barajado" de los textos.

Analizar la fantasía retórica del "hombre encuadernado" y el rebuscamiento de las elocuencias honorarias a que fue sometido, así como desvincular la imagen de Machado de Assis de los cristalizados estereotipos y frases hechas, constituyen algunos de los objetivos de este ensayo biográfico. Al elegir el "Machado de Assis" retratado por Lucia Miguel Pereira, Werneck reconoce en la escritura de la biógrafa grados de semejanza con los principios que rigen la biografía contemporánea por la fusión del género novelesco con la historia de vida, sin la atribución de un mayor peso al registro de los hechos. Se enfatiza además la particular sensibilidad de la mujer-biógrafa, atenta a la escucha de los pequeños y tal vez insignificantes momentos vividos por el escritor. Sin dejarse seducir por el polvo de los archivos, por la tentación de la observación microscópica o por la fantasía encubridora del sujeto que escribe, la mirada oblicua de Werneck, además de ampliar el horizonte de la crítica biográfica, imprime su marca en el cuerpo textual de las biografías de Machado de Assis.

Los principios básicos de la crítica biográfica resultan también en la producción de un saber narrativo, engendrado por la conjunción de la teoría y la ficción, y por el carácter documental y simbólico del objeto de estudio. El saber narrativo, al retirar del discurso crítico el envoltorio de la ciencia, se distingue de esta última a través de una actitud adversa a la demostración absoluta, al concentrarse en la permanente construcción del objeto de análisis y en los pequeños relatos que componen la narrativa literaria y cultural. La forma ensayística, al inscribirse bajo el signo de lo precario y de lo inacabado, se ajusta a la reflexión narrativa que juega con los intervalos y los lapsos del saber, permitiendo el gesto de borrar y de tachar textos que se sobreponen, algo que ha sido postulado por Jean François Lyotard. La desmitificación de las metanarrativas legitimadoras de la ciencia y de la integridad ilusoria del sujeto encuentra en Lyotard uno de sus más grandes defensores, al lado de Roland Barthes, al optar por los fragmentos de biografías que él denomina *biografemas*. El crítico destaca además el saber de la escritura como enunciación, poniéndolo en disputa con el discurso de la ciencia, de la misma forma en que Lyotard se vale de la metáfora del relato como respuesta a la inoperancia de los grandes textos, circunscritos a proyectos de naturaleza totalitaria y globalizante. El saber narrativo de los pequeños relatos no actuará, con todo, como fuerza legitimadora absoluta. A través del pluralismo irreductible de los "juegos de lenguaje", Lyotard insiste en el carácter local y parcial de los discursos, los compromisos y las legitimaciones.

Ampliando la red de metáforas en torno del saber narrativo, vale la pena recordar también el tratamiento singular que Ricardo Piglia proporciona a la relación entre la creación literaria y el género policíaco. Predomina en sus escritos la articulación ingeniosa entre crítica y ficción, política y ficción, teoría y ficción, siempre mediada por la metáfora del relato policial que termina constituyéndose en un relato *parapolicial*. Esas instancias discursivas se ficcionalizan mediante el entrecruzamiento de narrativas propias del universo político, literario o histórico, configurados a través de crímenes y complots organizados, criminales y detectives, impresiones digitales y marcas autorales reflejadas a manera de espejo en las figuras del autor y del crítico, en las citas robadas y en los textos clandestinos. La novela policial es, para Piglia, la "gran forma ficcional de la crítica literaria" (Crítica 15). Lo extraliterario, lo histórico, lo personal, la voz de los otros, empiezan a hacer parte de la literatura gracias al estatuto ambiguo y polivalente del género mismo. Así, lo policiaco y lo biográfico compartirían una cierta apertura hacia lo exterior que permite pensar en nuevas relaciones entre la literatura y la vida misma.

Los estudios pioneros de la historia de las mentalidades y de las metahistorias utilizan también la narrativa en general como modo de contar los acontecimientos, recurso ampliamente derivado del género constituyente de la novela y la literatura en general. Este cambio de perspectiva frente al objeto histórico permite el cuestionamiento de los antiguos enfoques analíticos, centrados en las fechas impuestas por el discurso oficial, en los grandes acontecimientos o en el énfasis en los nombres consagrados por la mitología política. Escenas domésticas y aparentemente inexpresivas para la elucidación de los hechos históricos pasan a componer el cuadro de las pequeñas narrativas, igualmente responsables por la construcción del sentido subliminar de la historia. La literatura, rica en escenas de esa naturaleza y pródiga en el arte de las subjetividades, es convocada a servir de corpus analítico para el discurso histórico, lo que contribuye tanto a la dilución de fronteras disciplinares como a la exploración de narrativas ficcionales con valor enunciativo y como procedimiento de escritura. El objeto literario deja de ser privilegio de la crítica y se expande hacia otras áreas, en una demostración de que la literatura se está liberando de las amarras de un espacio en el que estaba confinada: el ámbito de las *belles lettres*.

El "saber dramático" propio de la literatura, según la concepción de Roland Barthes, suplanta al epistemológico, al operar en los intersticios de la ciencia y promover la teatralización de subjetividades. Además de valerse del psicoanálisis lacaniano y de la semiología para reflexionar sobre la categoría del sujeto crítico, Barthes recurre al teatro brechtiano para reforzar el grado de alejamiento y simulación de ese sujeto-autor en la escena enunciativa. La distancia teórica entre el artículo de Barthes de 1968, "La muerte del autor", y su propuesta posterior de la "teatralización de subjetividades" de un sujeto que narra se justifica por la presencia del autor, ya no como una figura ausente del texto, sino en la condición de actor y de representante del intelectual en el medio académico y social. En la obra tardía de Barthes se preserva, por lo tanto, el concepto de autor, pero siempre como actor en el escenario discursivo. Su rol se define como aquello que sobrepasa los límites del texto y alcanza el territorio biográfico, histórico y cultural.

Para Barthes, la figura del escritor sustituye a la del autor a partir del momento en que asume una identidad mitológica, fantasmal y mediática. Este personaje, construido tanto por el escritor como por los lectores, desempeña varios roles de acuerdo con las imágenes, las poses y las representaciones colectivas que cada época propone a sus intérpretes de la literatura. Cada escritor, por tanto, construye su biografía con base en la red imaginaria tejida con miras al lugar a ser ocupado en la posteridad: o el del ausente o el de muerto, pues también la muerte cultiva sus teatros, como el payaso y el dandy. El estatuto fantasmático del escritor es, para Barthes, su aspecto misterioso e inalcanzable, principalmente, al ser descubierto *in fraganti* en situaciones cotidianas (Gide comiendo delicadamente una pera, al mismo tiempo que leía un libro de Brassiere Lutetia en París), lo que sugiere una región de sombra que se instala en los intervalos e intersticios de la vida y de la obra del escritor.

El autor, al ser visto como modelo por el otro y contribuir en su deseo de tornarse escritor, atrae mucho más por su postura, por su gesto mundano de personaje en el medio de los mortales, su diario íntimo o, como lo entendía Barthes, "el escritor menos su obra". La figura del autor cede lugar a la creación de la imagen del escritor y del intelectual, entidades que se caracterizan no sólo por la firma de una obra, sino que se integran al escenario literario y cultural recompuesto por la crítica biográfica.

La enunciación crítico-biográfica de los teóricos vinculados a los estudios culturales, al igual que a los estudios literarios e históricos, reivindica, entre otros derechos, el de una política de identidad relacionada con la posición del sujeto frente al objeto, lo que implica el rol contradictorio del autor al reconocer tanto la construcción precaria de sí como sujeto, como la necesidad de asumirse como ciudadano. El carácter heterogéneo de las prácticas discursivas exige la inserción del componente biográfico como respuesta a los procedimientos analíticos anteriormente impuestos por la objetividad y por el distanciamiento excesivo del sujeto de enunciación. El acercamiento histórico a personajes canonizados por la tradición intenta igualmente señalar detalles biográficos, hasta entonces vistos como insignificantes o censurables, con el objetivo de reformular el perfil de la persona elegida como objeto de análisis. Frente a esa demanda de orden cultural y político, el texto teórico y reflexivo se mantiene en el límite *entre* la confesión naturalizada de la experiencia del autor y su reelaboración imaginaria, polos que se asocian y simultáneamente chocan en el acto de la escritura. Es necesario, por lo tanto, que el gesto de recreación de personajes históricos o literarios reciba, al mismo tiempo, tratamiento distanciado por parte del crítico y una aproximación interpretativa, relacionada con mayor o menor grado de inserción en el sujeto y en el discurso escrito. Esa inserción del intelectual en el texto por él firmado da cuenta, de cierta forma, de una apertura enunciativa que considera que el sujeto se posiciona como individuo y como el representante de determinado grupo. Tal posicionamiento contemporáneo es visible en los trabajos de Homi Bhabha, en su ensayo "The Commitment to Theory"; José Murilo de Carvalho, en "Os bordados de João Candido"; y Anthony Appiah, en *In my Father's House: Africa in the Philosophy of Culture*.

Siguiendo a estos autores, es posible notar que la concepción del texto biográfico como objeto de análisis por la crítica opera aún en torno de dos ejes teóricos: en primer lugar, la mimetización y deconstrucción de los modelos canónicos de la historiografía literaria; por otro lado, la lectura crítica del acercamiento biográfico tradicional. En cuanto al primer eje, es posible establecer lazos de amistad literaria entre los autores, sustituyendo la tradicional metáfora familiar, que correspondería a la construcción de modelos literarios a partir de los conceptos de influencia y de tradición cultural, herencia recibida por el autor de forma pasiva y conforme a las exigencias de una crítica por lo general de carácter historicista. La relación de amistad implica una elección de sus precursores hecha por el escritor, a la manera de la fórmula consagrada por Borges, lo que ocasiona la formación de un círculo imaginario de amigos reunidos por intereses comunes, de compañeros que se unen por la formación de un vínculo nacido de la región fantasmática de la literatura. El contacto literario entre escritores distanciados en el tiempo, y participantes de la misma cofradía, permite que se hagan aproximaciones entre sus textos, estableciendo haces de relaciones que son independientes de causas fácticas, pero que se explican por poéticas semejantes o diferentes de vida y de arte.

El lazo de sangre, componente utilizado por el estudio de las genealogías literarias —extensamente explorado por la crítica comparatista tradicional—, funciona muchas veces como imposición frente a la vocación literaria, que suele ser interpretada como continuidad de la tradición familiar y como refuerzo de un poder patriarcal que también se ejerce en el ámbito de la literatura. La metáfora familiar no se restringe al núcleo particular de cada escritor, pero se difunde en las relaciones entre literaturas nacionales y extranjeras, una vez que la imagen paterna adquiere dimensiones alegóricas de carácter más incluyente. No es difícil identificar las metáforas utilizadas por la crítica relativas al grado de filiación de literaturas periféricas cuando son asociadas a las de la metrópolis, sea a través de la metáfora arbórea, la "literatura latinoamericana como rama pobre de la metropolitana" (tópico muy presente en la obra de Antonio Candido), sea a través de la imagen paterna, traída por el discurso colonizador, visiblemente contaminada por la ideología bíblica, centrada en la jerarquía y en la diferencia.

No se debe abandonar, con todo, el grado de deconstrucción de los cánones oficiales proporcionado por la construcción teórica-ficcional de encuentros imaginarios entre escritores que, en la vida real, nunca se conocieron, sea por obstáculos de orden temporal o por falta de oportunidad. Esto resulta en el establecimiento de nuevos linajes literarios que amplían el concepto bastante restringido de familia. Esa aproximación, que se vale tanto de coincidencias ideológicas entre autores como de experiencias biográficas comunes, puede ser hecha por la crítica a partir de libertades interpretativas, de redes de asociaciones que se componen de elementos ficcionales, teóricos y biográficos. La literatura ya nos dio muy bellos ejemplos de esos encuentros imaginarios, sea a través de la lectura ficcional de un escritor en relación con otro —como ocurre en *Em Liberdade* de Silviano Santiago; *O Ano da Morte de Ricardo Reis* de Saramago; *La muerte de Virgilio* de Herman Broch; y "Jorge Luis Borges: el autor de Fernando Pessoa", de Emir Rodríguez Monegal, para citar apenas algunos—, sea por medio de autobiografías ficcionales, en las cuales se despliegan los juegos de dobles y de identidades simuladas, junto con la construcción simbólica de la historia de las generaciones literarias.

En cuanto al segundo eje, relativo a la relectura del acercamiento biográfico tradicional, se procede a la destitución de la práctica hermenéutica de análisis textual, que buscaba el desciframiento del sentido oculto y del origen del texto a partir de la relación naturalista y causal entre vida y obra. La teoría deconstructivista de Jacques Derrida y el concepto de arqueología de Michel Foucault constituyen la "condición de conocimiento" del texto documental, biográfico y ficcional, al preconizar el deslizamiento de los discursos entre sí y el lugar intermedio ocupado por la crítica biográfica: entre la teoría y la ficción, entre el documento y la literatura. La arqueología no se interesa más por la búsqueda de objetos escondidos detrás de los discursos, sino por el establecimiento de parámetros que demuestren el porqué de este o de aquel discurso en el interior de las prácticas del saber. El origen, fantasma y vacío del análisis genealógico es entendido en su estatuto de invención y se libra de cualquier ilusión de principio fundador o de autenticidad fáctica. La invención pasa a ser tributaria de la fuerza de los discursos y de la retórica interpretativa.

Los hechos de la experiencia, al ser interpretados como metáforas y como componentes importantes para la construcción de biografías, se integran al texto ficcional bajo la forma de una representación de lo vivido. Los grandes temas existenciales de la literatura como el suicidio, la muerte o el amor guardan su naturaleza ficcional y se explayan en las páginas abiertas del espacio textual y en los intersticios creados por el juego ambivalente entre el arte y el referente biográfico. Al considerar la vida como texto, y a sus personajes como figuras de este escenario de representación, el ejercicio de la crítica biográfica ciertamente responderá por la necesidad de diálogo entre la teoría literaria, la crítica cultural y la literatura comparada, destacando el poder ficcional de la teoría y la fuerza teórica implícita en toda ficción.

Bibliografía

Appiah, Anthony. *In my Father's House: Africa in the Philosophy of Culture*. New York: Oxford University Press, 1992. Impreso.

Barthes, Roland. *Sade, Fourier, Loyola*. Paris: Seuil, 1980. Impreso.

—. *Roland Barthes par Roland Barthes*. Paris: Seuil, 1980. Impreso.

—. *Le grain de la voix*. Paris: Seuil, 1981. Impreso.

—. *Le bruissement de la langue*. Paris: Seuil, 1984. Impreso.

—. *Essais critiques*. Paris: Seuil, 1991. Impreso.

Bhabha, Homi. *The Location of Culture*. New York: Routledge, 1994. Impreso.

Broch, Herman. *A morte de Virgílio*. São Paulo: ARX, 2001. Impreso.

Candido, Antonio. *A educação pela noite & outros ensaios*. São Paulo: Ática, 1989.

Carvalho, José Murilo de. "Os bordados de João Candido". *História, Ciências-Saude-Manguinhos*. 2.2 (1995): 68-84. Digital. 08/02/2001.

Derrida, Jacques. *Posições*. Belo Horizonte: Auténtica, 2001. Impreso.

—. *Gramatologia*. São Paulo: EDUSP, 1973. Impreso.

Foucault, Michel. *A arqueologia do saber*. Rio de Janeiro: Forense Universitária, 1987. Impreso.

—. *As palavras e as coisas*. São Paulo: Martins Fontes, 2000. Impreso.

Lyotard, Jean-François. *A condição pós-moderna*. São Paulo: José Olympio, 2002. Impreso.

Werneck, Maria Helena. *O homem encadernado: Machado de Assis na escrita das biografias*. Rio de Janeiro: EDURJ, 1996. Impreso.

Piglia, Ricardo y León Rozitchner. *Tres propuestas para el próximo milenio (y cinco dificultades)* y *Mi Buenos Aires querida*. Fondo de Cultura Económica: Buenos Aires, 2001. Impreso.

—. *Crítica y ficción*. Barcelona: Anagrama, 2001. Impreso.

Rodríguez Monegal, Emir. "Jorge Luis Borges: el autor de Fernando Pessoa". *Vuelta* 9.105 (1985): 15-18. Impreso.

Santiago, Silviano *Em liberdade*. Rio de Janeiro: Rocco, 1994. Impreso.

Saramago, José. *O ano da morte de Ricardo Reis*. Lisboa: Caminho, 1998. Impreso.

Los herederos de Werther se volverán gerentes: la literatura de autoayuda y la construcción del nuevo discurso amoroso*

Eduardo Leal Cunha[1]

El amor está en crisis. Por lo menos esta parece ser la opinión de los especialistas que se vuelcan sobre las experiencias amorosas en la contemporaneidad y apuntan hacia la falencia del discurso romántico, cuya matriz puede ser localizada principalmente en la literatura amorosa europea, y cuyo héroe ejemplar aún es el joven suicida perdidamente enamorado descrito por Goethe en *Las penas del joven Werther*.

Nuestro argumento, sin embargo, es que tal crisis, o la insistencia en la incapacidad del discurso romántico de dar cuenta de las formas contemporáneas del encuentro sexo-afectivo, encubre el hecho de que en verdad un nuevo discurso amoroso ya se establece como hegemónico, vinculándose no sólo a la delimitación de las formas posibles de la vivencia amorosa actual, sino a los propios modos de subjetivación. En este nuevo discurso amoroso, el modelo ya no sería la literatura romántica cuyo ápice ocurre a finales del siglo XIX y cuya matriz se configura por el acoplamiento entre la mística cristiana y el amor cortés, sino

* Traducción de María Cándida Ferreira de Almeida.

[1] Psicoanalista, autor de *Indivíduo singular plural. A identidade em questão*. Rio de Janeiro: 7 Letras, 2009 y *O adultério em dez lições*. Río de Janeiro: Planeta, 2004.

por un conjunto de prácticas discursivas en el centro de las cuales está lo que se acostumbra llamar literatura de autoayuda.

En estas nuevas prácticas discursivas (en que el amor-pasión aún está en el centro de la escena, con un vocabulario que todavía sobrevive) están en juego nuevos valores y, por lo tanto, una nueva moral afectiva, la cual se vincula con modos particulares de relación consigo mismo y con el otro que son característicos del mundo contemporáneo. En este mundo, el héroe de las aventuras y desventuras amorosas ya no es el soñador que nada quiere saber del comercio sino, por el contrario, un joven emprendedor sexual, interesado en la mejor gestión posible de sus capitales afectivos, con los ojos dirigidos hacia las mejores prácticas y a los mejores resultados a corto, mediano y largo plazo. Este nuevo héroe no está presente en novelas o textos imaginativos, sino en guías prácticas, bien ancladas en la ciencia y en el buen sentido común. Héroe, en fin, de los libros de autoayuda y de las guías prácticas para la cotidianidad, el éxito y la felicidad, en lo posible sin un maestro y en menos de diez lecciones.

Por eso, exploraremos elementos centrales de la literatura de autoayuda, procurando establecer su contrapunto con el discurso amoroso romántico, tal como fue descrito por Roland Barthes en sus *Fragmentos de un discurso amoroso,* en los cuales Werther es personaje recurrente. Para ello haremos un recorrido por momentos cruciales de la historia de tales prácticas discursivas, mostrando su relación con la experiencia moderna y el desarrollo de la técnica apoyada en lo que Horkheimer llama "razón instrumental", o refiriéndonos a lo que Anthony Giddens denomina "reflexividad", de modo que tendremos como desdoblamiento necesario de nuestra hipótesis la formulación de que la misma crítica académica y científica de las prácticas amorosas y sexuales se configuran como elementos que participan de ese nuevo discurso amoroso.

El amor en la berlina

Antes, sin embargo, es importante retomar, aunque brevemente, las principales lecturas del amor en la actualidad, considerando que la crítica al romanticismo contemporáneo, al que tal vez sea mejor describir como insistencia contemporánea en el modelo romántico del amor-pasión, puede ser organizada de modo didáctico en tres ejes principales.

En el primer eje, cuya matriz inicial se encuentra en los autores de la llamada teoría crítica y sus herederos, se preserva de cierto modo el romanticismo y un alto nivel de idealización de la experiencia amorosa, volviéndola un contrapunto utópico al dominio del capital y a la mercantilización del sexo y de las relaciones humanas. El segundo eje, el cual se reafirma en cierta medida como respuesta y rechazo a esta oposición, apunta precisamente hacia la apropiación del amor por la lógica del capital y por la inserción de la experiencia romántica en el circuito de los bienes de consumo. El tercer eje cuestiona la idealización misma del amor, refiriéndose negativamente al aprisionamiento de la experiencia subjetiva en el nivel individual, marcada por la interiorización y por un desplazamiento de la esfera pública[2].

No obstante en todos los tres ejes, en autores de todos estos distintos campos —como Elizabeth Badinter, Zygmunt Bauman, Eva Illouz y Jurandir Freire Costa— está presente, en la estela de la obra clásica de Christopher Lasch, la crítica a lo que este autor describió como *cultura del narcisismo* y un juicio bastante pesimista sobre las posibilidades afectivas del hombre contemporáneo. Es en las consideraciones sobre el amor y lo que lo define como experiencia privilegiada de la existencia humana que se encuentran los puntos principales de sus argumentos y también las principales diferencias entre ellos.

En el primer eje, la crítica al mundo contemporáneo asume un tono moral que condena nuestros modos de vivir, al volver imposible el genuino encuentro amoroso. El capital es el enemigo fundamental y la sociedad de consumo el campo de batalla en el cual el verdadero amor, signo privilegiado de la espontaneidad y del encuentro feliz con el otro, es abatido por la transformación de sus objetos —los enamorados y las relaciones afectivas— en mercancías. El amor romántico persiste e insiste, pero ya no encuentra lugar o posibilidad en un mundo dominado por el egoísmo. No importa si tal amor es en esencia siempre perfecto y destinado a conducir a una felicidad incomparable, como parece pensar Elizabeth Badinter, o marcado por antinomias y por su propia imposi-

[2] Evidentemente, ensayamos aquí una presentación didáctica que pretende resumir de modo bastante corto e inevitablemente superficial los elementos comunes a una serie de autores, lo que, sin embargo, no excluye la originalidad de cada uno de ellos ni niega su importancia para una lectura crítica de los fenómenos amorosos en la contemporaneidad.

bilidad, como reconoce Zigmunt Bauman. De cualquier modo, el encuentro amoroso se define como una forma ética superior de la relación con el otro, capaz de volvernos seres mejores y hacernos explorar nuestros propios límites subjetivos, pero que, sin embargo, hoy ya no es capaz de seducirnos, frente a una miríada de placeres inmediatos que nos hacen señas diariamente en un mundo en el cual la velocidad de las sensaciones venció la densidad de los afectos[3].

En el segundo eje, en el cual la propia oposición entre el amor y el capital aparece superada, el romanticismo ya no sobrevive; es reducido a su simulacro y quedaría ahora mejor en un *centro comercial* que en una habitación a media luz. Los rituales amorosos, que han perdido su valor simbólico, se encuentran transformados o reducidos a una serie de ritos de consumo, orientados no por los sentimientos íntimos y heroicos de amantes dispuestos a enfrentar al mundo, sino por las últimas tendencias de la moda, aquellas que deciden el regalo que se debe dar en el día de los enamorados o el restaurante al cual se ha de llevar a la amada en el día en que se pedirá su mano. El matrimonio, que antes podía ser tomado como momento crucial de una entrega definitiva, ya no es ni siquiera la coronación del modelo familiar como núcleo reproductivo de la sociedad y de los valores burgueses, sino apenas un evento micromediático, operado por profesionales —desde el que ofrece la ceremonia hasta el encargado de los banquetes— y regulado por las cámaras digitales de video y fotografía. Es decir, en relación con los críticos que miraban cómo el mercado sofocaba a los amantes, aquí se pretende identificar su capitulación feliz, haciendo que la dicotomía amor/capital sea superada y los rituales amorosos y de consumo se vuelvan equivalentes. Para estos autores, el romanticismo no es nada más que el empaque más adecuado para vender el amor y los productos de él derivados[4].

En el tercer eje, no se trata de condenar la sociedad contemporánea ni de simplemente reconocer su victoria sobre los ideales amorosos, pues son estos ideales los que son ahora tomados como blanco de la crítica. Se trata de anunciar en este caso la falencia definitiva del amor romántico,

[3] Un autor brasileño que trata de los efectos del capitalismo sobre la experiencia amorosa es André Lázaro, incluido en la bibliografía de este ensayo.

[4] Ver: *Consuming the Romantic Utopia: Love and the Cultural Contradictions of Capitalism* de Eva Illouz.

sobre todo de lo que se acostumbró llamar amor-pasión, no sólo porque este se reveló irreconciliable —a no ser al precio de su sumisión— con los modos contemporáneos de vivir y con los valores que los rigen, sino en función de su propia constitución, de una genealogía en la cual se hilan la mística cristiana, la supervalorización de la sexualidad, los temas de la sociedad cortesana, los valores de la burguesía ascendente del siglo XIX y la ideología individualista, desdoblada en la decadencia del espacio público y en la reducción del hombre a la propia interioridad. Para los críticos del amor-pasión, este no sólo se encuentra fuera de lugar en el mundo contemporáneo, pues ya no dispone de las instancias de garantía y representación que le daban soporte —como el poder religioso y la moralidad pequeñoburguesa que eran las anclas esenciales para la familia nuclear y el matrimonio bendecido por Dios—, sino que se trata de una forma de la experiencia sexo-afectiva condenada desde siempre por paradojas, marcada inevitablemente por la melancólica exaltación de una sexualidad eternamente insatisfecha, que es, en realidad, el reflejo de una sumisión a la moral de la renuncia y del sacrificio[5].

Esto no quiere decir que no exista más fe en el amor. Aún se encuentra de algún modo presente, sea por la afirmación de su potencia frente a la mercantilización, sea por el puro y simple reconocimiento de que las transformaciones envuelven no sólo efectos negativos, sino también positivos.

Por un lado, en Niklas Luhman encontramos el amor pensado en su dimensión de práctica social, como establecimiento de un lazo singular entre dos individuos de modo que un régimen también particular de cambios puede establecer un lugar en el cual la afirmación de la singularidad radical de cada uno se haga compatible con el reconocimiento de la diferencia encarnada en el otro. Por otro, con la noción de *relación pura*, Anthony Giddens aborda las posibilidades —y positividades— de las relaciones afectivas en la medida en que estos no se encuentran ya definidos por las instituciones sociales y pasan a ser administrados a nivel individual por las gratificaciones obtenidas por cada uno de los miembros de la pareja en un contexto de más libertad y menor certeza.

5 Para una lectura crítica del amor romántico, centrada en la crítica a la idealización de la pasión y a la supervaloración del sexual que serían correlatos de la hipertrofia de la esfera privada, recomendamos *Sem fraude nem favor* de Jurandir F. Costa.

Al tomar cierta distancia en relación con estos autores y sus formulaciones, sin embargo, nos parece que en todos ellos, aunque tal vez de modo menos aparente en Giddens, el discurso romántico permanece como interlocutor privilegiado en el campo del amor y como fórmula hegemónica de enunciación de la experiencia amorosa, aun cuando, como apunta el sociólogo británico, tal experiencia se haya transformado de modo bastante significativo, o que, como propone Jurandir F. Costa, tal discurso se revele ineficaz en la descripción de las formas hoy posibles de encuentro con el otro, haciendo necesaria la invención de nuevas maneras de amar.

Es decir, en líneas generales los diversos autores parecen conciliar el diagnóstico de una dificultad en admitir un lugar para el amor romántico en la actualidad y la afirmación de la permanencia del modelo romántico como referencia necesaria del *verdadero* amor aun hoy en día. Lo que nos parece esencial, más que el juicio o la condena, bien sea de la pasión amorosa o de un mundo actual que la volvería imposible, es percibir que en realidad el discurso amoroso en boga hoy es otro y a pesar de incorporar la parte más grande del vocabulario y asimismo de la sintaxis romántica, se estructura en nuevos términos, a partir de otras matrices que ya no serían las mismas del romanticismo europeo que ya estaban bien delineadas en la obra de Freire Costa: la mística cristiana de la amistad; el éxtasis religioso; la literatura de las sociedades de corte; la moralidad pequeñoburguesa, centrada en la heteronormatividad y materializada en el matrimonio indisoluble.

Amor, éxito y realización personal

Este nuevo discurso amoroso, por lo tanto, ya no encuentra sus fuentes de referencia en la literatura romántica, sino en otros lugares. Es en busca de ellos que nos volcamos sobre la literatura de autoayuda. En este sentido, se trata de articular, a las transformaciones en las formas de relacionamiento afectivo, la consolidación en la segunda mitad del siglo XX de un segmento editorial, o de una industria cultural, referida a un género discursivo y literario, la autoayuda (*self-help*), cuyos orígenes se remontan a mediados del siglo anterior.

En este nuevo discurso amoroso, en el cual la referencia propiamente literaria, cuya matriz (al menos la más conocida) se encuentra en la literatura romántica europea, y cuyo origen puede ser localizado en el mundo árabe medieval (Zeldin), cede lugar a otra matriz que yo denominaría *instrumental*. Las figuras de tal discurso no se dibujarían en las desventuras de un héroe apasionado, consagrado a una fantasía de compleción y de idealización del otro, cuyo ejemplo ideal sería Werther de Goethe, tal como lo exploró deliciosamente Barthes en sus *Fragmentos de un discurso amoroso*, sino en las estrategias gerenciales de un emprendedor orientado hacia el éxito y la realización personal.

En este sentido, nos dirigimos hacia la historia misma de la autoayuda, cuyo punto de origen se suele localizar, como anunciamos rápidamente, hacia 1859, con la publicación por Samuel Smiles de la obra titulada, no por casualidad, *Self-help*. Lo que encontrábamos entonces era básicamente una codificación del sentido común de la Inglaterra victoriana, con la valoración central del trabajo, la familia y las buenas costumbres, es decir, la divulgación y legitimación de las virtudes morales burguesas, presentadas como verdades sustentadas en la tradición[6].

De aquel primer momento hasta hoy, algunos elementos parecen permanecer, no obstante se haya alterado el equilibrio entre ellos de modo significativo: la presentación de una técnica para obtener el éxito material, esto es, riqueza y poder; una idea de lo que es la realización personal, que al menos en principio no se reduciría a la riqueza y al poder; la descripción de los medios para alcanzar tal realización; la referencia a una dimensión transcendente en la cual se ligarían el éxito material, la realización personal y el orden moral del universo.

Hablamos de alteración en el equilibro o peso de esos tres elementos porque si bien en los textos iniciales como el de Smiles, el "orden moral del universo" estaba en primer plano y la realización personal se vinculaba a la inserción en la comunidad y a la sumisión a los valores de la tradición, siendo el éxito material la consecuencia necesaria de lo anterior, hoy en día las técnicas y ejercicios dispuestos en los manuales de crecimiento personal se enfocan básicamente en el éxito material, tomado como índice privilegiado de la realización personal y como condición necesaria y suficiente para el reconocimiento social. En cuanto

6 Ver *Sucesos que no ocorren por acaso* de Ângelo Bosco.

a la transcendencia, en el mundo contemporáneo ha desaparecido progresivamente la mediación del código moral y de las instituciones religiosas y lo que vemos ahora es la relación directa y el ajuste personal de cuentas del sujeto con su dimensión espiritual interiorizada e individual, es decir, consigo mismo.

Además, es importante registrar el realce dado, a partir del inicio del siglo XX, a la idea de personalidad, que sustituye la de carácter. Tal realce es correlato de transformaciones en las relaciones de trabajo, vinculadas con la consolidación de las grandes corporaciones marcadas por el ambiente competitivo y por el trabajo burocrático, y también se vincula con la "inclusión de un nuevo elemento: una perspectiva terapéutica" (Bosco 10). A partir de los años treinta, el énfasis en la personalidad individual y en la posibilidad de manipulación y gestión de esa personalidad gana fuerza con la cultura del "hágalo usted mismo" y el crecimiento del mercado de los *how-to-do books*. En tales libros, podemos identificar la consolidación de tres valores que, a partir de ese momento, nos parecen indisociables de la autoayuda y asimismo de la idea de realización personal. Además, estos valores radicalizan la perspectiva de una racionalización e instrumentalización de la relación consigo mismo. Se trata de la *independencia*, el *conocimiento técnico* y la *eficacia*. Es importante percibir el alto nivel de segmentación de este tipo de literatura, que puede ser tomado tanto como reflejo de la propia especialización de las ciencias aplicadas, como señal de la angustia del hombre moderno frente a la cantidad de información y experiencias a las cuales tiene acceso hoy por hoy. De paso, un título que cierta vez nos llamó atención: *Guía para que el joven hombre negro entienda a la joven mujer negra*.

Con esto también, específicamente en relación con la autoayuda, se tiene una ampliación del sentido de la administración de base científica que se puede referir tanto a la gestión de grandes corporaciones como al uso de los recursos financieros de la pareja o también de su capital afectivo e incluso al aprovechamiento máximo, sea para la administración de ganado en su crianza y procreación, sea para los amigos dentro de una red de relaciones sociales.

En el centro de este trayecto, desde la obra de Smiles hasta el siglo XXI, en Brasil, con el surgimiento de autores brasileños con altas ventas, se destaca la valorización del individuo, único responsable del éxito propio. Esto se configurará, además, como marca diferencial no sólo de los libros de autoayuda, sino de todo el universo que se dibuja en torno a estos individuos y que podría ser descrito, en el sentido foucaultiano, como una serie de dispositivos: cursos, tecnologías, movimientos intelectuales y empresariales, es decir, todo un vasto campo de prácticas discursivas, en el centro de las cuales está la afirmación radical del individualismo, como lo señala Francisco Rüdiger en su libro *Literatura de auto-ajuda e individualismo*. En este sentido, la literatura de autoayuda sería propiamente una invención moderna, vinculada a lo que Dumont denomina "ideología moderna", caracterizada por el posicionamiento del individuo, en cuanto valor, en el centro de la organización social.

Por consiguiente, las transformaciones por las cuales pasaron tales prácticas discursivas pueden ser articuladas con el trayecto propio de la modernidad, rumbo a lo que normalmente se define como posmodernidad o modernidad tardía. De esa forma, a lo largo de los últimos ciento cincuenta años, se notan algunos desplazamientos importantes en relación con este eje fundador de la autoayuda representado por la obra de Smiles. Aquí nos interesa resaltar dos de estos desplazamientos: en primer lugar, aquel que se refiere al tipo de autoridad que sustenta las verdades presentadas en los manuales; en segundo lugar, el que trata sobre el índice de éxito, es decir, sobre el objetivo del cumplimiento de las recomendaciones explicitadas en los manuales.

En relación con el primero, es visible la substitución de la autoridad religiosa o vinculada a la tradición y legitimada por la comunidad local, por una autoridad técnica, sustentada en un saber aparentemente desvinculado de cualquier valor moral, lo que puede ser asociado a lo que Giddens describe como sustitución de los contextos de confianza que marcaban las sociedades tradicionales —entre los cuales están la tradición y los sistemas religiosos que señalaban los ideales y valores morales— por sistemas peritos fundados en el conocimiento técnico cuyo modelo será en última instancia el conocimiento científico orientado hacia la previsibilidad y el control.

Así, a lo largo de estos casi dos siglos de historia, los autores privilegiados de tales manuales dejan de ser predominantemente los sacerdotes, pastores o líderes de la comunidad para ser, hoy en día, principalmente médicos, psicólogos y administradores, representantes de las diversas disciplinas científicas y, por tanto, portavoces de los sistemas peritos. En ese sentido, la literatura de autoayuda puede anunciarse como destino inevitable del actuar mismo del científico, pues la racionalidad instrumental llevada a su consecuencia no es más que la reducción de la ciencia a la técnica y, más aun, la única técnica que puede ser mediatizada, es decir, circular en el mercado, en forma de mercancía, accesible a un número cada vez mayor de consumidores[7].

Se encuentra allí el punto de partida para una hipótesis de trabajo: la consolidación de la autoayuda sirve como evidencia de la apropiación de la reflexión moral por los saberes especializados, cuyo correlato en el campo de la semántica amorosa será precisamente la substitución de la retórica del sentimiento amoroso por la *retórica de la eficacia afectiva*.

Uno de los factores correlacionados con tal apropiación será la ya referida mudanza en el eje orientador de tales discursos, ya no volcados hacia la virtud regulada por los lazos sociales y por la inserción en la comunidad, ni por ideales transcendentes vinculados a esta comunidad, sino dirigidos al proyecto de autoconstrucción individual, de modo independiente de la comunidad, lo que se materializa en las imágenes de la realización y del desarrollo personales y, en especial, en la figura del "ganador".

De ese modo, tales representantes de los sistemas peritos, los autores potenciales de los libros de autoayuda, superponen en realidad dos diferentes identidades y distintos posicionamientos en el cuerpo social. Encarnan, al mismo tiempo, al especialista, portador de un discurso de verdad pretendidamente neutro (el discurso científico), que es además neutral en términos morales; y, paradójicamente, el ejemplo moral, el ganador, la celebridad. Esto nos hace pensar en la condensación, como índice de legitimación de estos discursos, de dos valores: uno científico y el otro propiamente mediático. Un ejemplo de tal figura en el Brasil es el médico Dráuzio Varela[8].

7 Sobre esto, en el campo de las psicoterapias y las terapias cognitivo-comportamentales, es fundamental ver la importancia que tienen los "ejercicios" y el "hágalo-usted-mismo", herramientas preferidas de los médicos en la actualidad y afirmadas como única posibilidad para hacer frente a las patologías contemporáneas como las depresiones, el pánico y la drogadicción.

8 Conocido internacionalmente por su trabajo junto a los presidiarios del "Carandiru" a través del libro que escribió y que dio origen al filme, Varela ha sido protagonista en el programa periodístico de entretenimiento *Fantástico*, que tiene una

El segundo eje de transformaciones de la autoayuda se refiere a los valores puestos en juego y colocados como ideales y metas a ser perseguidas por los lectores. Se trata aquí del núcleo propiamente ético de tales prácticas discursivas. Aquí se da el vaciamiento de las categorías ligadas a la vida social y la supervalorización de elementos marcados por dos características principales: la referencia al individuo en sí y su vinculación al valor de consumo. Podemos decir que, según estos manuales, no se trata ya de ser un trabajador honesto, buen cristiano, padre y jefe de familia, sino de ser el ganador independiente, envidiado y deseado por todos: con empresas, amigos y amantes. No se puede despreciar el lugar que el dinero y sus signos ocupan en el dibujo de ese ganador, de modo que él pueda ser reconocido inmediatamente por todos. Tal ganador es, en el fondo, el perfecto gestor de sí mismo, y lo que antes podía ser pensado como su carácter pasa a describirse como su personalidad. Esta queda al final reducida a la forma de un capital personal, cuyo valor será determinado por sus posibilidades mercantiles[9].

La reducción de la realización personal a la acumulación financiera que posibilita la movilidad social y la substitución de la dependencia y la contribución al bien común por la independencia e individualismo radicales evidentemente se articulan, en la historia de la autoayuda, con su crecimiento en los Estados Unidos, pero no se puede negar que, por su vinculación al liberalismo económico y al capitalismo tardío, tales valores se globalizan y pasan a integrar lo que Barthes llama *Doxa*, la gran consentida del pequeñoburgués, impactando así de modo universal sobre los modos posibles de relación del ser humano consigo mismo y con el otro.

Otro elemento que se debe destacar en una historia crítica de la literatura de autoayuda es su vinculación a la cultura de masas y a lo que,

---

de las más grandes audiencias de Brasil, en el cual daba consejos sobre vida saludable. Actualmente, además de libros que tratan temas como nuestra relación con la muerte, tiene una columna de consejos sobre salud en periódicos de gran circulación. Es importante notar que el Dr. Varela consigue conciliar, además del saber de especialista y la popularidad del personaje mediático, el valor moral del buen ejemplo, por su trabajo voluntario en poblaciones necesitadas.

9 Un desdoblamiento interesante de este raciocinio es que, convertido en objeto de consumo más que de cambio, el ganador termina por plantear su propia destrucción como horizonte y fin ineludible.

a partir de autores como Adorno, puede ser pensado en relación con el efecto apaciguador y normalizador de tal literatura, aproximándola tanto a la psicología popular como a las columnas de astrología de los periódicos de gran circulación. Este tipo de texto hace que incluso el conocimiento divulgado, establecido sobre la base de una autoridad supuestamente científica, sea en realidad del orden de lo que Adorno llama seudorracionalidad.

Finalmente, otra forma de condensación que podemos percibir en los autores de autoayuda o, de modo estructural, en la voz impersonal que vehicula sus mandamientos, y que se refiere a los dos ejes destacados por nosotros, es la interrelación entre la dimensión subjetiva, por no decir sentimental, y la dimensión gerencial, por no decir económica. Como se trata de la enunciación de una verdad sobre el individuo, cerrado en sí mismo y desvinculado de la red de lazos sociales, pero que es al mismo tiempo un objeto de consumo y recurso de capital, lo que tenemos a fin de cuentas como substituto del moralista o religioso es la figura híbrida del terapeuta-gerente, el cual encontrará, además, su realización máxima en la última tendencia de esta industria de crecimiento personal, el *coaching*.

En este trayecto histórico se definen entonces, en articulación con elementos centrales de los discursos de autoayuda, algunas marcas diferenciales de la experiencia amorosa en la contemporaneidad, tales como el vínculo entre satisfacción amorosa y realización personal, la asociación entre la toma de decisiones en la vida afectiva y la realización de un proyecto de vida en principio absolutamente individual, la búsqueda de criterios objetivos que funden tales decisiones, la libertad de elegir en el mercado de opciones sexo-afectivas de aquello a que contribuirá para beneficio del individuo en su red social y en particular en el mercado de cambios eróticos y, por fin, la racionalización de las relaciones amorosas que pasan a ser regidas ya no por valores abstractos y estrictamente subjetivos, sino por parámetros pretendidamente objetivos y pragmáticos.

Dicho esto, se impone de modo necesario una nueva serie de preguntas, siendo la primera de ellas si tal transformación de los modos de regulación y experiencia de los lazos afectivos implicará la producción de una nueva semántica amorosa, capaz de fundar la comunicación entre los dos miembros del par amoroso, al mismo tiempo que consolida la constitución y el reconocimiento mutuo de ese par, o si el discurso romántico aún puede dar cuenta de la enunciación de esa nueva forma de amar. Lo que nos llevará a su vez a nuevas cuestiones, que van desde la constitución de una nueva semántica o discurso amoroso hasta el impacto que tal transformación en los modos de enunciación del lazo afectivo con el otro tiene sobre las maneras posibles de vivir este lazo o, incluso, sobre el modo como nuevas formas de regulación de los relacionamientos afectivos, y, por lo tanto, de la relación con el otro, impactan sobre los modos y procesos de subjetivación.

En referencia específicamente a la semántica amorosa en el mundo contemporáneo es preciso considerar que si en términos generales el romanticismo fue el responsable final por la propia demarcación de lo que es el amor, o de lo que esperamos que él sea, la transformación de tal semántica puede producir tanto la negación de la posibilidad misma del amor, como la producción de otro tipo de "verdad" para el amor, lo cual hace preciso reconocer que esta nueva verdad no necesariamente será capaz de dar cuenta del mismo tipo de experiencia puesta en juego por el amor romántico. Explicitando un poco más las cosas, en caso de que esta nueva semántica se produzca, como sospechamos, en proximidad a los valores materializados en la literatura de autoayuda y operando una reducción radical de la esfera subjetiva del individuo en objeto de consumo, debemos preguntarnos cuál es el impacto que esto tiene sobre nuestras posibilidades de enunciación de los efectos producidos en nosotros por el enfrentamiento con el cuerpo del otro; en especial, debemos pensar en qué medida, en este nuevo discurso amoroso, el otro se ve reducido a un objeto accesorio, opcional, en el proyecto de mejoramiento de mi personalidad, o, pura y simplemente, en términos psicoanalíticos, en objeto de mi gozo narcisista.

Figuras del nuevo discurso amoroso

A partir de estas preguntas, presentaremos muy rápidamente tres posibles *figuras*[10] de este nuevo discurso amoroso a las cuales pueden

[10] En sus *Fragmentos,* Barthes define las figuras como "olas de lenguaje" o también "trozos de discurso", que capturan al amante mismo en movimiento, o inmovili-

ser referidas los movimientos presentes en la literatura de autoayuda: en primer lugar la figura del *organismo apasionado*, correspondiente al proceso de apagamiento de la dimensión imaginaria en beneficio de la enunciación objetivizante de la experiencia subjetiva; en segundo lugar, la *DR*, la "discusión sobre la relación", en la cual asume el primer plano la idea de una negociación emocional, correlacionada con la racionalización de los afectos y con la combinación de la semántica amorosa con el lenguaje técnico-administrativo; finalmente, la figura del *sexo puro*, vinculada de modo absolutamente paradójico a la deserotización de los cuerpos y, en el plano de las relaciones sociales en lo cotidiano, a la creciente ritualización de los contactos corporales y de los dominios y espacios del encuentro amoroso.

Dado que una de las marcas de los discursos de autoayuda es su vínculo con los sistemas peritos —los saberes especializados apoyados en el discurso científico—, esta literatura producirá, por consiguiente, una lectura del fenómeno amoroso a partir de la ciencia. Esto traerá, entre otras implicaciones, el posicionamiento, en primer plano, en lugar de un cuerpo erótico de sesgo transgresivo, o de la *carne* cristiana, destinada al pecado, a un *organismo* a partir del cual la experiencia del enamoramiento se enunciará predominantemente en el lenguaje de las llamadas ciencias naturales o biológicas. En relación necesaria con la medicalización de la moral, el organismo apasionado pone nuevamente en escena, ahora a partir del rebajamiento del amor al plano de los neurotransmisores, una naturaleza esencial al amor de la cual no hay cómo escapar, pero cuya verdad ya no se encuentra en una lógica de la creación divina y de la reproducción de la especie, sino en algún lugar concreto —y, por tanto, futuramente pasible de manipulación y control— entre el cerebro y el gen.

Tal figura se insinúa, por ejemplo, en la comparación entre los fragmentos que citamos a continuación: el primero, tomado de los *Fragmentos*, de Barthes, el segundo, de *Viva mejor, en el amor y en el sexo*, organizado por la doctora Sylvie Angel. Ambos intentan una descripción del encuentro amoroso:

---

zado. "Las figuras se destacan según podamos reconocer, en el discurso que está pasando, alguna cosa que fue leída, oída experimentada. La figura es delineada (como un signo) y memorable (como una imagen)" (XVIII).

> En la calma amorosa de sus brazos: además del emparejamiento, hay este otro abrazo, que es un enlazamiento inmóvil: estamos encantados, embrujados: estamos en el sueño, sin dormir; estamos en la voluptuosidad infantil del adormecer: es el momento de las historias contadas, el momento de la voz, que me hipnotiza, me aturde, es el retorno a la madre. En ese incesto renovado, todo queda entonces en suspenso: el tiempo, la ley, el entredicho: nada se agota, nada se quiere: todos los deseos son abolidos porque parecen definitivamente satisfechos. (*Fragmentos* 7)
>
> Señales: el encuentro es facilitado por la emisión sensorial que el organismo es capaz de decodificar. Esto es posible gracias a la creación de un medio sensorial intersubjetivo, rico en informaciones biológicas y emocionales, intercambiadas entre los organismos y estimulantes a ambos. Es de este modo que un individuo se une a otro. (Angel 19)

Por otro lado, la afirmación de los sistemas peritos como campos privilegiados de producción de la verdad sobre el amor y la consecuente configuración de los límites y modos posibles de la experiencia amorosa —sea en el plano intrasubjetivo, de los sentimientos y emociones, sea en el plano intersubjetivo, de los relacionamientos e intercambios sexo-afectivos— se articula con la prevalencia de la razón instrumental y a lo que se puede llamar de modo preciso racionalización de los afectos. Una figura contemporánea en la cual tal instrumentalización afectiva aparece de modo curioso es la discusión sobre la relación, conocida en el Brasil como DR, exactamente aquella que substituirá otra figura que en el romanticismo marcaba el valor y lugar del exceso de lenguaje y de un imaginario que envolvía el encuentro de los amantes: la "escena de celos".

Pues mientras: "Ninguna escena tiene un sentido, ninguna progresa para un esclarecimiento o una transformación" (Barthes, *Fragmentos* 55), la DR es precisamente la búsqueda de un resultado efectivo; por ejemplo, frente a la confrontación con un tercero, no parte de la protesta, como ocurre en la escena de celos, sino que coloca a los amantes frente a la necesidad de *negociar* los términos y condiciones de su amor y asimismo, eventualmente, de arreglar un lugar para aquel tercero, o tercera, en los planos de la casa. Al final, el buen administrador es el gerente creativo y *las parejas inteligentes se enriquecen juntos*. Al carácter explosivo de la escena, se opone el tono reivindicatorio y pragmático de la DR. Por eso, su lugar no es el ambiente público del bar o del restaurante, en el cual la mujer se vuelve inconveniente (como lo ha descrito Eduardo Cunha en su libro *O adultério em dez lições*), sino el sofá, delante de la televisión, en el espacio estricto de la vida privada y de la sociedad amorosa, en el cual la mujer, aunque represente un pequeño drama, se presenta como compañera comprometida con los resultados esperados y dispuesta a negociar la mejor manera para alcanzar el éxito de la pareja.

En este contexto, en el cual el sujeto amoroso es reducido al "organismo enamorado", orientado hacia la racionalización de sus afectos y hacia la negociación de sus relaciones, surge una tercera figura, heredera directa de la liberación sexual, rápidamente incorporada a la lógica gerencial de la eficacia afectiva: el sexo puro. Afirmación de la independencia del acto sexual en relación al sentimiento amoroso, él es también el reconocimiento de los límites de este sentimiento y del valor inevitablemente restringido del compañero en el universo prácticamente infinito de intercambios sexuales y afectivos. Así, delante de la falencia del *uno*, y del fin de la esperanza en un único amor que dé cuenta de todas las carencias hasta el fin de la vida, se abre, con el sexo puro y con la posibilidad de encuentros estrictamente sexuales, en los cuales el sentimiento o una virtual relación están en principio excluidos, un espacio para la permanente exploración del mercado de objetivos amorosos sin con eso comprometer el lazo —y el contrato— emocional con un compañero que me garantice seguridad y confiabilidad en los procesos y resultados.

En este sentido, es curioso percibir cómo incluso ciertos trazos que aparecen con valor negativo en la genealogía del amor romántico, como la frialdad, la sensualidad, la frivolidad y el cálculo que marcarían el amor en las sociedades de corte descritas por Norbert Elias (citado en Costa 64) y que parecen, por ejemplo, en la novela *Las amistades peligrosas* de Chordelos de Laclos, publicado en 1782, son tomadas con un signo positivo en una nueva moral sexual que pretende, en el mundo contemporáneo, instaurar una praxis sexual independiente del orden de los sentimientos, y, por tanto, del amor. Es curioso percibir, aún, que tal independencia sexual, que valoriza el pragmatismo y afirma la superficialidad de las experiencias eróticas, hace parte en verdad del nuevo discurso amoroso en la medida misma en que la eficacia afectiva depende también de que la experiencia amorosa no se deje contaminar por la necesidad sexual, cada vez más rebajada al plano del organismo.

Bibliografía

Adorno, Theodor. *As estrelas descem á terra: la coluna de astrologia de Los Angeles Times. Um estudo sobre superstiçao secundária*. São Paulo: UNESP, 2008. Impreso.

Angel, Sylvie. *Viva melhor no amor e no sexo*. São Paulo: Larouse del Brasil, 2004. Impreso.

Badinter, Elisabeth. *L'un est l'autre. Des relations entre hommes et femmes*. Paris: Odile Jacob, 1986. Impreso.

Barthes, Roland. *Fragmentos de um discurso amoroso*. São Paulo: Martins Fontes, 2003. Impreso.

—. *Roland Barthes por Roland Barthes*. São Paulo: Cultrix, 1977. Impreso.

Bauman, Zygmunt. *Amor líquido*. Rio de Janeiro: Zahar, 2004. Impreso.

Bosco, Ângelo. *Sucesos que no ocorren por acaso*. Disertación de Mestrado. Instituto de Filosofia y Ciencias Humanas. Universidad Estadual de Campinas, 2001. Impreso.

Costa, Jurandir F. *Sem fraude nem favor*. Rio de Janeiro: Rocco, 1998. Impreso.

Cunha, Eduardo L. *O adultério em dez lições*. São Paulo: Planeta, 2004. Impreso.

Dumont, Louis. *Individualismo: uma perspectiva antropológica da ideologia moderna*. Rio de Janeiro: Rocco, 2000. Impreso.

Giddens, Anthony. *As conseqüências da modernidade*. São Paulo: UNESP, 1991. Impreso.

—. *Transformaçoes da intimidade*. São Paulo: UNESP, 1993. Impreso.

Goethe, Johan. *Os sofrimentos do jovem Werther*. São Paulo: Martins Editora, 2007. Impreso.

Illouz, Eva. *Consuming the Romantic Utopia: Love and the Cultural Contradictions of Capitalism*. California and Berkeley/London: University of California Press, 1996. Impreso.

Lázaro, André. *Amor. Do mito ao mercado*. Petrópolis: Vozes, 1996. Impreso.

Luhman, Niklas. *Love as Pasion: The Codification of Intimacy*. Stanford: Stanford UniversityPress, 1998. Impreso.

Rudiger, Francisco. *Literatura de auto-aiuda e individualismo*. Porto Alegre: UFRGS, 1996. Impreso.

Zeldin, Theodore. *Uma história íntima da humanidade*. Rio de Janeiro: BelstBolso, 2009. Impreso.

Homosexualidades y delirios de amor perfecto: pasajes multiformes*

Állex Leilla[1]

Silêncio de resposta e sangue ainda
Os vidros soltos sobre a cara
Mesmo sem saber que retornamos
Saibamos que o espelho que desaba
Fere e confunde nuestra cara[2]
Ana Cristina César

El tema de la homosexualidad aparece en la producción de Caio Fernando Abreu (1948-1996) desde su primer libro. También aparecen, ya sea entrelazados con este tema, ya sea de manera aislada, los temas de la locura y de la búsqueda de un gran y perfecto amor. La presencia constante de ese entrelazamiento no significa, ni la reducción de los personajes a un único universo sexual, ni una única vertiente o problematización

* Traducción de María Cándida Ferreira de Almeida.

1 Állex Leilla (Alessandra Leila Borges Gomes) es doctora en Estudios Literarios – Literatura Comparada, por la Universidade Federal de Minas Gerais (UFMG); profesora de Literatura Portuguesa en la Universidade Estadual de Feira de Santana (UEFS). Como autora de ficciones publicó los libros *Urbanos* (cuentos), *Obscuros* (cuentos), *Henrique* (novela) y *O sol que a chuva apagou* (novela).

2 *Silencio de respuesta y sangre aún/ Los vidrios sueltos sobre la cara/ Igual sin saber que retornamos/ Sepamos que el espejo que colapsa/ Hiere y confunde nuestra cara.* (Nuestra traducción.)

para los temas de la locura y del amor ya que, al final, existen tanto personajes heterosexuales, como homo y bisexuales en sus textos, así como una constante dialéctica entre razón y sinrazón, entre amar y no amar. Es importante recalcar que en la maraña de construcciones y escenificaciones de sexualidades, el abordaje de este autor siempre apunta hacia la diversidad. En ese sentido, se puede hablar no de una homosexualidad —o una vertiente literaria homoerótica—, sino de homosexualidades, o sea, diversidad de discursos y prácticas homoeróticas.

Dentro de esta diversidad se puede describir una serie para los personajes más románticos del autor, que buscan una fusión entre amor y sexo. Muchas veces, estos personajes culminan aislados y a veces locos, cargados por una grave dificultad de comunicación con el otro. Se trata de narrativas que engloban historias en las cuales no todos los sujetos son locos ni explícitamente homosexuales, pero traen deseos o experiencias homoeróticas o incluso referencias a íconos de la cultura *gay*. Es el caso de los cuentos "Meio silêncio" (*Inventário do irremediável*), "Eles", "Iniciação", "Cavalo branco no escuro", "Uns sábados, uns agostos", "Do outro lado da tarde" y "O ovo apunhalado" (*O ovo apunhalado*), "Uma estória de borboletas" (*Pedras de Calcutá*), "Além do ponto", "Eu, tu, ele" y "Luz e sombra" (*Morangos mofados*), "Dodecaedro", "O marinheiro", *y* "Pela noite" (*Triângulo de las águas*), "Dama da noite" y "Os dragões..." (*Os dragões não conhecem o Paraíso*).

En común, todas esas historias poseen, además de una naturaleza romántica-exaltada de sus personajes que apuesta por el mito del amor perfecto como una respuesta a la existencia misma, una atmósfera urbana. Aunque estos personajes permanezcan en ambientes cerrados, los apartamentos o habitaciones de Abreu están marcados por un carácter urbano: ruidos de carros, de vecinos, ventanas que dan hacia ilimitados techos, marcas del ritmo frenético de la supervivencia urbana dispersa en la cocina, en la sala, en el baño. Aquí y allí surge el recuerdo de una plaza, un árbol, un cielo, un bar, playas donde era posible ser más libre, más limpio, feliz.

Hay también una rarefacción que contamina los gestos y hablas de los personajes, como si les faltase energía tanto para modificar lo que les extrae, poco a poco, el oxígeno, como para seguir sobreviviendo dentro de la insuficiencia. Una especie de "intentamos tanto y resultó nada" y "ahora da igual" traspasa casi todos los gestos de sus personajes.

A veces, tal atmósfera se vuelve explícita en el discurso de ciertos personajes, como ocurre en "Os sobreviventes" (*Morangos mofados*). En este cuento, un matrimonio intenta, entre una borrachera y la inminente partida de uno de ellos para Sri Lanka, reconstituir un sentido para sus existencias, marcadas por la experimentación con los modos de vida alternativos que fueron puestos en circulación por el movimiento de la contracultura.

La narración plurívoca de "Os sobreviventes" reafirma algunos de los valores de la época de la contracultura vivida por el autor, como la creencia en la amistad y la reafirmación, a cualquier precio, de la sexualidad. El flujo del personaje que narra y actúa es constantemente interrumpido por las frases irónicas de la amiga con quien comparte la escena. Tales frases revelan un retroceso cultural. Los cuestionamientos de los valores a través de la exposición de algunos fracasos demuestran el deseo de no aceptar la disolución de los años 1960-1970 promovida por los años ochenta. La década de los ochenta representa el nudo en el pecho de los personajes: "Pero yo reaccioné, yo desanudé, y ¿dónde estaba la causa, dónde la lucha, dónde el potencial creativo? Mato, no mato, aturdo mi sed con las lesbianas del Ferro's Bar o me emborracho solita los sábados esperando que el teléfono suene, y nunca suena" (Abreu, *Morangos* 18).

Las referencias a la cultura *pop* y de masa, al movimiento *hippie*, a artistas, sitios y escritores considerados *underground*, a textos divisores de épocas, entrecortadas por el habla del personaje que hace emerger la decadencia de su generación, funcionan también como una desjerarquización de valores, al poner en la misma balanza a Angela Ro Ro y a Chopin, fotonovelas italianas con Michela Roc y la literatura de Virginia Woolf, Carlos Castañeda con Freud, Jean-Paul Sartre con Oshun, Rimbaud y Marx[3]. La explicitación de tentativas de experimentar otros modos de vida y el gusto constante por el fracaso ("el moho" que traspasa todas las historias de *Morangos mofados*) también son visibles en cuentos que no traen, necesariamente, experiencias homo-

3 En esta frase se mezclan personajes de la "alta cultura" con figuras de la cultura popular ampliamente conocidas en el Brasil. Angela Ro Ro es una famosa cantante carioca. Michela Roc es una modelo italiana famosa por su aparición en fotonovelas. Finalmente, Oshum es una diosa en la religión yoruba, que hace parte de las prácticas religiosas afrobrasileñas. (Nota del traductor.)

sexuales, como "Pela paisagem de uma grande dor", "Os companheiros" (*Morangos mofados*), "Loucura, chiclete & som", "Basura e purpurina", "Anotaçoes sobre um amor urbano" (*Ovelhas negras*). Sin embargo, es en "Dama da noite" que el gusto por el moho encuentra una síntesis aguda y aterradora, manifestada a través de la ironía y amargura del protagonista. Su discurso se materializa en una casa nocturna, frente a un "*garoto* de programa"[4]. El cuento dirige su artillería tanto contra la generación del autor, derrotada y perdida, como contra la siguiente, que ya nació sin derecho al sueño de libertad política, cultural, social y sexual, que un día fue cultivado por la contracultura: "Nosotros tuvimos un momento en que parecía que todo iba salir bien. Iba a funcionar, iba a funcionar, ¿sabe cuándo va a funcionar? Para ustedes, ni eso. Nosotros tuvimos la ilusión, pero ustedes llegaron después de que mataron nuestra ilusión. Estaba todo muerto cuando usted nació, *boy*, y yo ya era una puta vieja" (Abreu, *Os dragões* 93).

Analistas crueles de sí mismos, de sus amigos, de su tiempo y de las otras generaciones que los rodean, intentando reducirlas a rótulos simplistas, tanto la dama de la noche como el personaje de "Os sobreviventes" poseen una mirada ácida, que hace evidente la encrucijada a la que se llegó después de la revolución de los años 1960-1970. El discurso ataca la masificación y artificialización de los comportamientos, el consumo exagerado, la depreciación de ciertos valores queridos por la generación de la contracultura, en favor de una búsqueda de satisfacción inmediata. Ambos personajes terminan optando por el riesgo de lanzarse en la búsqueda de un amor perfecto, en un tiempo dominado por la amenaza del sida (los ochenta), antes de rendirse al tiempo del simulacro[5] y la plastificación de las relaciones: "Entonces yo tengo pena. Creo que soy mejor, sólo porque cogí la cosa viva" (*Os dragões* 94)[6].

4 En Brasil, la expresión "garoto/a de programa" sirve para referirse a personas que ejercen la prostitución. (Nota de la traducción.)

5 Se toma, aquí, simulacro conforme Caio Fernando Abreu lo entendía: "[...] esa sexualidad postsida, que denomino cibernética: teléfono, internet, todas esas cosas [...]. Es como si el hombre hubiera llegado a la conclusión de que la integración amorosa y sexual fuera realmente imposible. Entonces vamos a vivir el simulacro, lo que, particularmente, no acepto y no me gusta" (Bessa, "Língua" 3).

6 Expresión que en el texto quiere decir vivir de manera intensa, y creer vivamente en, la situación revolucionaria de los años sesenta y setenta. (Nota de la traducción.)

La dama de la noche usa algunas de las señales del nuevo tiempo, circula por el mundo nocturno de los bares, conversa con personas desconocidas, se viste como los demás, acepta y paga las ofertas de sexo fácil, pero está excluida de ese mundo, *fuera del movimiento de la rueda imparable* del sistema, y sólo consigue mantener viva la esperanza de encontrar su pareja ideal. Ese sueño es el último reducto que no fue destruido por la estandarización de esta *rueda*, que la excluye justamente porque ella sabe todo sobre lo que significa estar inmersa en ella: una convención sucia y pequeña, en la cual sólo se permite la entrada de aquellos que comparten una cierta inocencia; no saber que la rueda del sistema modela, homogeniza, excluye.

Anarquía e ironía son las armas de esos personajes que, así, exceden la creencia de que pueden ascender a la realidad criticada: "Es por él que yo vengo aquí, *boy*, casi todas las noches. No por usted, por otros como usted. Para él, me guardo. Se reía de mí, pero yo estoy aquí parada, borracha, idiota y ridícula, sólo porque en medio de toda esa basura busco el Verdadero Amor. Cuidado conmigo: un día voy y lo encuentro" (*Os dragões* 97-98).

En sintonía con la creencia de ser diferente y, por eso mismo, merecer una suerte mejor —encontrando el verdadero amor y diferenciándose de la rueda inmediatista donde amor y consumo no se distinguen—, el personaje de "Os sobreviventes" también revela una tendencia a la mitificación de sí misma cuando, al recordar las experiencias por las que pasaron (ella, el amigo que está por irse y toda su generación), lucha por aceptar los hechos presentes (la soledad, la supervivencia diaria, el nudo en la garganta, la falta de sentido, la disolución de la realidad), enfatizando que, un día, fueron diferentes, creyeron, llegaron cerca o, para usar una expresión de "la dama de la noche", *cogieron la cosa viva*. Irónica y amargamente, ella también grita: "Éramos diferentes, ay cómo éramos diferentes, éramos mejores, éramos más, éramos superiores, éramos elegidos, éramos vagamente sagrados, pero a fin de cuentas las puntas de mis pezones no endurecieron y tu polla no se levantó, demasiada cultura mata nuestro cuerpo, querida" (*Morangos* 16).

La mitificación de sí mismo dificulta la digestión del "moho" o la aceptación del "gusto desagradable proveniente del resquicio de esas esperanzas que envejecieron, se estropearon", conforme lo define Victor

Hugo Adler Pereira (1999), en su análisis acerca del *desbunde*[7] cultural en el Brasil. Al realzar la creencia de que su generación merecía haber encontrado la felicidad porque eran seres diferentes, tanto "la dama de la noche" como el personaje de "Os sobreviventes" muestran las diferencias que existen entre el autor y una de las corrientes del pensamiento de los años sesenta que, según el mismo Adler, demostraba simpatía o adhesión a diferentes formas de pensamiento místico, generando una especie de *collage* híbrido. Por tener coraje, por saber usar elementos de una cierta cultura que osaba atacar los modelos y la racionalización de los modos de vida tradicionales en occidente, por tener capacidad móvil de agregar a ese pensamiento cuestionador otras contribuciones de corrientes esotéricas o míticas, los personajes parecen creer que la suma de esas experimentaciones debería, obligatoriamente, representar un cambio significativo en sus destinos, lejos de la pequeñez y disolución en que viven. Tal creencia encuentra en la realidad un contradiscurso difícil de ser superado: si son tan perfectos, ¿por qué son infelices? Si fueron tan revolucionarios, ¿por qué no cambiaron el mundo? Son preguntas que trazan otras líneas dentro del paisaje de rebeldía y espíritu de revolución que domina a algunos de los personajes de Abreu.

Preguntas agudas, ecos que desestabilizan el constante deseo de elevación de la diferencia a partir de una automitificación del sujeto. Ese contradiscurso puede llevarnos a la letra de la canción "I know it's over", de la banda inglesa The Smiths. Lanzada en 1985, en el álbum *The queen is dead* (reseñando por Caio Fernando Abreu en la revista *Istoé*), "I know it's over" trae el mismo gusto amargo de los personajes de Abreu sin, entretanto, evidenciar las marcas-recuerdos de las tentativas de modos de vida alternativos de la contracultura. Quien escribe la letra es Morrissey, artista 11 años más joven que nuestro autor y que, por lo tanto, no pasó directamente por el movimiento cultural descrito por el autor gaucho. Entretanto, de forma parecida, la letra de Morrissey hace circular en Inglaterra, en 1985 (tres años después del lanzamiento de *Morangos mofados* en Brasil), cuestiones que redireccionan ciertas miradas automistificadoras:

[7] Jerga brasileña para el deslumbramiento y la locura que caracterizaron a la contracultura brasileña de los años sesenta. (Nota de la traducción.)

If you're so funny – then why are you on your own tonight?
And if you're so clever – then why are you on your own tonight?
If you're so very entertaining – then why are you on your own tonight?
If you're so very good-looking – why do you sleep alone tonight?
I know: 'cause tonight is just like any other night
That's why you're on your own tonight
With your triumphs and your charms[8]. (Morrisey 1985)

La belleza, la inteligencia, la irreverencia, todas las armas y todo el encanto señalados no son suficientes para traer a esos sujetos lo que más buscan: la posibilidad de vivir un amor real. La letra de Morrissey es aquí tomada como un suplemento irónico para lo dicho por "la dama de la noche". La canción termina con una sentencia que también asombra a los personajes de los cuentos de Abreu: *Love is natural and real – but not for such as you and I, my love*[9]. Está en sintonía, también, con el análisis hecho por el autor, en entrevista a Marcelo Secron Bessa, del proceso de destacarse del paisaje, creyéndose distinto de la mayoría que lo compone, pero, al mismo tiempo, dejarse llevar por la incorporación de mitos tan comunes a aquel paisaje: "Si el otro es real, si uno no se está relacionando con una fantasía, comienza el conflicto. Muchas veces me pregunto si el amor realmente existe o si fue una invención de nuestra sed humana. Es como un complejo de cenicienta, para no sentirnos tan sin sentido" (Bessa, "Quero" *s/p*).

Entretanto, el paisaje formado por esas narrativas no redujo la producción de Abreu a un centro único: su obra no se centra exclusivamente en la no-realización de las relaciones amorosas entre personas del mismo sexo y en la expulsión de esos sujetos del plano de la razón (orden) socialmente establecida. Existen encuentros felices, como en el cuento "Aqueles dois" (*Morangos mofados*), en el cual dos colegas descubren uno en el otro la posibilidad del amor, huyendo de la atmósfera

8 "Si eres tan gracioso, ¿entonces por qué estás solo esta noche? / Y si eres tan listo, ¿entonces por qué estás solo esta noche? / Si eres tan divertido, ¿entonces por qué estás solo esta noche? / Si eres tan guapo, ¿entonces por qué duermes solo esta noche? / Yo lo sé: porque esta noche es como cualquier otra noche / Por eso estás solo esta noche / Con tus triunfos y tus encantos".

9 "El amor es natural y real, pero no para personas como tú y yo, mi amor".

árida y mezquina de la repartición pública donde trabajaban y donde pasan a ser mal vistos, por representar un cierto poder que los demás colegas no consiguen activar ni soportar. En "Pela noite" (*Triângulo das águas*), el encuentro de dos personajes lleva a la discusión de la problemática de las identidades fijas, en un debate exhaustivo que sólo termina cuando ambos aceptan negociarlas a través de una entrega más allá de la dimensión carnal. "Transformações" (*Morangos mofados*) trata tanto de la ausencia como de la llegada del amor, levantando todas las dificultades trabadas en el interior del sujeto antes de, finalmente, entregarse al otro. O, incluso en "Pequeno monstro" (*Os dragões não conhecem o paraíso*), el paso hacia la pubertad de un niño es marcada por el descubrimiento de la sexualidad y el placer, estimulados por su primo mayor.

En la mayoría de los cuentos de Abreu, buscar y no encontrar un amor verdadero, o vivir buscando posibilidades de amor, es una línea constante, pero que puede ser interrumpida por otras líneas que la atraviesan, revelando atajos o fugas. El juego de bifurcar, producir fugas y multiplicar es, por ello, más fuerte que la centralización de un único tema o la sumisión del autor a una única línea o dirección de lectura. Sin embargo, se percibe un contradiscurso recurrente que apunta hacia la idea de que el mito del amor es una respuesta a las disoluciones reductoras de lo cotidiano, pues los personajes proyectan en esa búsqueda el deseo de sobrevivir a la repetición de los días vacíos e inútiles a los que están condenados. La apuesta por el amor verdadero aliada con el fracaso de alcanzar ese objetivo puede ser leída como una necesidad de rechazar los ecos que la vivencia de un mito trae a un grupo o sociedad. No concretar lo que se busca, no alcanzar victoria en la búsqueda, es exponer lo que ella tiene de ilusoria, de aprisionadora.

En *Mitos del individualismo moderno*, Ian Watt define el mito como el significado simbólico de procesos análogos de la vida inconsciente del ser humano (228). Para él, los mitos modernos son diferentes de los primitivos porque revelan una "ausencia de solidaridad con el otro". Esto hace que los cuatro mitos que analiza —Robinson Crusoe, Fausto, Quijote y Don Juan, todos derivados de la transición del sistema social e intelectual de la Edad Media hacia el sistema dominado por el pensamiento individualista moderno— sólo puedan ser cultivados de manera individual y no generalizada, a pesar de permanecer en la memoria como símbolos emblemáticos de la contradicción existente entre los individuos y la sociedad occidental.

El mito de la eterna búsqueda de la pareja perfecta es antiguo, y hay ejemplos de este en la más antigua literatura occidental. En los cuentos de Abreu, este mito puede significar tanto un refuerzo de esa necesidad humana, que puede notarse a partir de la repetición, como también una crítica a esa proyección simbólica. Existen, por lo tanto, dos fuerzas en acción: la de la comprensión y actualización del mito, y la del repudio y crítica al estancamiento que este mismo mito puede representar. Esta última fuerza que opera en sus textos ofrece una línea de fuga que permite a los personajes salir de la esfera doblemente aprisionadora del mito, compuesta por la idea de origen y repetición. Así, ellos no son modelos de seres contemporáneos que viven en búsqueda de la realización amorosa. No son modelos de cosa alguna. Son seres singulares en andanzas que pueden traer posibilidades e imposibilidades. Huyen de lo que Deleuze llama "la estructura siempre circular del mito", es decir, algo que lo vuelve "realmente la narrativa de una fundación" (260).

A pesar de que son románticos —en el sentido de perseguir y creer en el sentido existencial promovido por el encuentro del amor-Eros o amor-pasión—, los personajes de Abreu ponen en escena sexualidades que transitan entre una carencia total del otro, marcada, muchas veces, por ausencia o suspensión temporal de las relaciones amorosas o puramente sexuales, y otra carencia resultante de una dolorosa percepción que puntúa las relaciones sexuales: la de que la fusión entre amor y sexo, así como el saciar del deseo, jamás se completa. Es lo que se lee en las palabras de varios de sus personajes: "Esa sed, nadie la mata. El sexo está en la cabeza: usted no lo va a conseguir nunca. El sexo está sólo en la imaginación. Usted goza con aquello que imagina que le da gozo, no con la persona real, ¿entendió?" (Abreu, *Os dragões* 96); o "Ahora ahora ahora voy a ser feliz, yo repetía: ahora ahora ahora. [...] Todo se pudría más y más, sin que yo lo percibiera, dolido por lo imposible que era tenerlo" (*Os dragões* 154).

Dentro de la incorporación del mito de la pareja perfecta, existen movimientos de negación, de afirmación y de concientización. El gran encuentro con el otro, príncipe encantado, descifrador del *yo*, compañero, alma gemela, par idóneo, a veces se acerca a la realización, como en "Transformações", y a veces se deshace debido a un error fatal de percepción del sujeto-protagonista, como en el cuento "Os dragões não conhecem o paraíso". Otras veces es la muerte o la enfermedad quien separa a la pareja y deshace la posibilidad de la realización, como en "Pela noite" (cuando Santiago pierde en un accidente automovilístico a su pareja, con quien vivía feliz hace años) o en "Linda, uma história horrível" (que tiene un personaje que descubre que está enfermo, vuelve a la tierra natal, y se encuentra con su madre que recuerda la relación estable vivida por él y un amigo, *chico fino*, de quien ella gustaba mucho), o incluso en la novela *Onde andará Dulce Veiga* y en el cuento "Depois de agosto", en los cuales la realización amorosa es obstruida por causa del sida.

Pero, a veces, los personajes consiguen sobrepasar las prohibiciones y los obstáculos y materializan el encuentro, como en "Meio silêncio" y "Aqueles dois". Ambos traen, no un final feliz como en los cuentos de hadas, sino un final abierto a las posibilidades del baile amoroso. La herida de la espera es, entonces, temporalmente sanada y suspendida para regresar después en otros paisajes, otras zonas de luz y sombra, muchas veces acompañada de la sensación de paralización y de una dura ironía nacidas de la consciencia de que el sujeto está viviendo en la expectativa de un sueño imposible, una espera vana. La línea de la ironía circula, entonces, paralela a la del romanticismo, contraponiéndole una mirada crítica. Surge entonces una risa destrozada que nos lleva, nuevamente, a la tragicidad irónica de Morrissey, en "Last night I Dreamt that Somebody Loved Me" (del álbum *Strangeways, Here We Come*, 1986):

> Last night I dreamt that somebody loved me
> No hope, no harm – just another false alarm
> Last night I felt real arms around me
> No hope, no harm – just another false alarm
> So, tell me how long before the last one?
> And tell me how long before the right one?
> The story is old – I know but it goes on and goes on...[10]

[10] "Anoche soñé que alguien me amaba / sin esperanza, sin daño, sólo otra falsa alarma / Anoche sentí brazos reales rodeándome / sin esperanza, sin daño, sólo otra falsa alarma / Entonces, ¿dime cuánto tiempo antes de la última? / ¿Y dime cuánto tiempo antes de la correcta? / La historia es vieja, lo sé pero sigue y sigue..." (Nuestra traducción.)

Herida-historia que circula. Historia antigua que regresa. Línea de continuidad quebrada, entre tanto, por la consciencia de la repetición. Tal consciencia, al analizar de forma irónica la cárcel circular de la espera, ya está ofreciendo una línea de fuga a esa cárcel. La herida pasa a ser vivida de manera consciente, no ingenua o meramente repetidora. Caio Fernando Abreu habló sobre esa consciencia de la "herida" en una entrevista concedida a Marcelo Bessa. Cuando le preguntan sobre la frecuencia con que sus personajes buscan en el sexo la promesa del amor, él contesta:

> Los personajes quieren la fusión de las dos cosas, sexo y amor. La búsqueda del amor, de la sexualidad, de la realización de la satisfacción sexual es una cosa relacionada con la idea de Dios, con la idea de la Unidad Original, de la comodidad que uno sentía en el útero materno, inmerso en el líquido amniótico, donde todos los deseos eran inmediatamente satisfechos, a través de la placenta. [...] Entonces el ser humano está eternamente en búsqueda de esa comodidad, de ese paraíso perdido: Dios, el útero materno o el otro. Sólo que Dios es una abstracción, el útero materno es una cosa biológica de donde usted vino, y el otro es real. Y existen diferencias con el otro: sociales, afectivas. (Bessa, "Quero" *s/p*)

Parece claro así, explicado por el autor. Entretanto, esa génesis trazada para los conflictos que ponen una barrera entre el sujeto y el ser amado no está tan bien delineada en los cuentos. Si para la temática de la locura los roces entre el individuo y las fuerzas que se apoderan o reprimen sus tendencias son dramatizados, en su mayoría, de manera inequívoca, para las historias homoeróticas existen líneas que llevan a la problematización de discursos homosexuales que están en guerra unos con otros ("Pela noite"); a la denuncia de la discriminación y exclusión de la diferencia ("A quem interessar possa", "Uma estória de borboletas"); a la vivencia del amor homosexual a través de experiencias místicas y esotéricas ("Retratos", "Iniciação", "Eles"); al muro de la incomunicabilidad ("Luz e sombra"); a la dificultad de percibir en el otro la oportunidad de la entrega y la expresión concretiza del amor ("Natureza viva", "Uma história confusa"); a la pérdida de la inocencia; al descubrimiento del deseo y a la necesidad de identificación ("Pequeno monstro"); a la represión de la diferencia a través de la violencia y la destrucción del otro ("Caçada", "O afogado"); a la metaforización del amor a través del cultivo de seres mágicos e inaccesibles ("O marinheiro", "Os dragões..."); y al pánico frente al descubrimiento de la propia sexualidad que culmina con el asesinato del otro, representante de ese espejo, de esa revelación ("Uma praiazinha de areia bem clara..."). Hay, en fin, toda una distribución de problemáticas que identifican, mezclan y dispersan la materialización de cuestiones ligadas al deseo homosexual y sus posibilidades de experiencia. Se trata de un paisaje multiforme: un caleidoscopio repleto de imágenes con entradas y salidas, y una diversidad que no busca la división binaria del universo de los afectos y comportamientos en heterosexuales y homosexuales, sino que, al contrario, hace circular fragmentos de una multiplicidad de afectos y deseos, *performances* y problemas, no restringidas solamente al mundo masculino homosexual.

En la opinión de René Schérer, en *Deleuze e a questão homossexual – uma via não platônica da verdade*, "la homosexualidad no tiene ya la necesidad de ser explicativamente estructurada, ella es máquina ante el deseo polimorfo" (137). Esa concepción de la homosexualidad como polimorfa, y ya no nominadora de una representación fija, permite leer la constante búsqueda del amor y de su fusión con el sexo en los textos de Abreu también como un mecanismo de revisión de algunas cuestiones complejas del universo masculino; por ejemplo, la cuestión de la promiscuidad y de la rápida disolución de las relaciones amorosas y sexuales, generalmente asociadas a los modos de vida homosexuales masculinos.

Muchos análisis se mueven por el deseo de ver una "naturalización" de los comportamientos promiscuos masculinos que, cuando están aliados a las prácticas homoeróticas, redundan en el imaginario de un paisaje permisivo y totalmente libre, más allá de las prohibiciones verificadas en el mundo heterosexual, en que la figura de la mujer pondría límites al deseo del hombre. Sin querer entrar en el mérito de la discusión que diferencia deseo masculino y deseo femenino en relación con sus prácticas sexuales, interesa percibir aquí cómo los personajes de Abreu relativizan ese juego binario, apostando por otros juegos y abriendo otras discusiones acerca de las construcciones homoeróticas. En vez de escribir cuentos en los cuales se vuelven recurrentes las deambulaciones en torno de guetos y de una supuesta promiscuidad homosexual, Abreu crea personajes que son incurables románticos en busca de un gran amor, aquel capaz de unir la satisfacción sexual con la fantasía de plenitud.

Negar la proliferación de imágenes estereotipadas es cortar una línea de fácil codificación, y permitir que las imágenes no escenifiquen figuras de lo obvio, de lo esperado, de todo aquello que es facilitado por un imaginario reductor. A la imagen del homosexual ávido y fútil, del *marica* estereotipado, los textos de Abreu contraponen sujetos que huyen de esas reducciones, que se desdoblan en seres locos y románticos, carentes y aislados, fluidos e incomunicables, densos e irónicos, cifrados y urbanos, espontáneos y desesperados. Se trata de seres que, dolidos de tanta espera por el amor, desarrollan medios de supervivencia a esa espera activando la necesidad de manipular y encausar, sea como sea, sus propios destinos.

En relación con la promiscuidad, que está relacionada con una serie de factores culturales que vuelven aceptable o incluso "natural" en la *performance* masculina la existencia de una búsqueda desenfrenada por la mayor variedad de amantes posible, se puede decir que esta no es objeto de reflexión directa en los cuentos de Abreu. Debemos recordar que lo que llamamos "promiscuidad" siempre ha hecho parte de un comportamiento heterosexual masculino, pues la variación y cambio de parejas equivale, según normas sociales codificadas en un "sentido común", a la comprobación de la virilidad del hombre. Esto contribuye al mito del macho, aun hoy bastante cultivado, incluso con la revolución sexual y la conquista de los derechos de la mujer. No es en vano que el número de mujeres asesinadas por sus maridos o parejas que tiene como causa principal la infidelidad femenina continúe siendo alarmante. Tal número indica aún una permisividad frente a la conducta masculina, en detrimento del derecho de la mujer de también ejercer esa libertad de elección y variación.

Una primera conclusión que se puede sacar de esto sería que, dado que los homosexuales masculinos son personas formadas dentro de los mismos presupuestos culturales que los heterosexuales masculinos, su supuesta promiscuidad es, al final, un trazo que normaliza el comportamiento masculino, sea cual sea su orientación sexual. Decir que los *gays* son más promiscuos sería, entonces, no considerar las implicaciones de esa realidad, naturalizando (aun más) ese comportamiento, exactamente como ocurre con las mujeres que intentan romper las prohibiciones que normativizan el comportamiento sexual femenino y adoptan, también, la cantidad como orientadora de sus prácticas sexuales para ser, por lo tanto, discriminadas como prostitutas o fáciles, entre otros nombres reductores que les son atribuidos. Para João Silvério Trevisan, la adopción de la cantidad como orientadora de las prácticas homoeróticas no puede ser vista como trazo definidor de la conducta homosexual. Entre tanto, sí es preciso admitir su existencia: "Si no es justo generalizar la promiscuidad como una característica homosexual, se puede admitir que ella existe con mucha intensidad entre los homosexuales masculinos, en la medida en que hay menos barreras para que los machos se 'experimenten' entre sí, una vez superada la interdicción" (Trevisan 193). Trevisan, en todo caso, no niega que en esa inconstancia de parejas esté acoplada la "ilusión del encuentro: sin nunca componer una definición genérica, la 'infidelidad' homosexual masculina puede relevar, más que solucionar, esa búsqueda fálica donde los hombres parecen condenados a vagar, en búsqueda de sangre nueva" (193).

Caio Fernando Abreu no desconocía el peligro de esas definiciones restrictivas y, excepto por las discusiones existentes en "Pela Noite" —en el cual cantidad, inconstancia e infidelidad, entre tantos otros asuntos relativos a las relaciones homoeróticas, son también discutidos—, sus textos no se interesan por la materialización de esas cuestiones. Al abordar lo cotidiano de las prácticas sexuales de sus personajes, el autor prefiere afrontar la cuestión de la represión homofóbica, que, en el cuento "Caçada" (del libro *Pedras de Calcutá*), actúa violentamente sobre un personaje, asesinado por el propio amante, o en "Terça-feira gorda", en el cual una pareja homosexual es perseguida por un grupo después de haber sido sorprendida en la playa, o también en "Pela noite", cuando el personaje Pérsio confiesa a su amante que realiza la rutina de buscar en la calle un prostituto que le satisfaga el deseo, con roles y precios definidos, y sin promesa alguna de amor o compromiso.

Es evidente que en los cuentos anteriormente citados existe una cierta promiscuidad, sin ser, a pesar de todo, el único centro de la narración. Esta se configura mucho más como un posible —no el único— ritual de coqueteo y consumación del deseo. Es decir, se presume que el personaje de "Caçada" acostumbraba frecuentar clubes nocturnos, analizar las ofertas y salir de allá con compañía para una noche. Se presume que los dos jóvenes de "Terça-feira gorda" estaban en el baile de carnaval, buscando también jugar ese juego. Pero no hay, en ninguna de esas historias, la existencia de un mapa único para esas prácticas, que permita decodificar una única forma de cómo son vividas o actuadas por los personajes. Del mismo modo que pueden encontrarse en un gueto, los jóvenes pueden optar por un cine, una obra de teatro, una pizzería. En ese sentido, la distribución que los textos de Abreu hacen del deseo y las prácticas homosexuales tiende a privilegiar mucho más la manifestación y la complejidad de experiencias singulares, que la construcción de verdades o causas, definiciones o características. Nuestro autor manifestó en más de una entrevista el miedo de ser enmarcado y reducido como autor *gay*. Tal vez esa sea una de las razones biográficas que contribuyeron para un cierto cuidado con la construcción y espacialización de la temática homoerótica en su obra.

El choque que se da en "Pela noite" entre los personajes Pérsio y Santiago muestra bien la complejidad con que el autor lidia con el deseo homosexual. Para Marcelo Secron Bessa, Pérsio representa el antihomosexual, pues carga con discursos relacionados con la anomalía, la exclusión y la culpa. La otra mitad de Pérsio es Santiago, que constituye el antídoto para esa homofobia. Santiago es una salida a los discursos binarios que permean las hablas del primer personaje. Él se aleja de la paranoia y aversión de Pérsio a la condición de homosexual. Dice "no" a la idea del amigo que entiende el deseo homoerótico como perversión o crimen. Dice "no" también al juego de las representaciones que oponen las dualidades masculino/femenino, seductor/seducido, señor/esclavo, victimario/víctima, poder/sumisión. Santiago no comparte esa comprensión de la condición homosexual expuesta por Pérsio y se constituye como el opuesto de todo ese juego disuelto:

> [...] incluso porque Santiago no se ve participando de un delito o crimen. Él simplemente intenta transcodificar lo que siente bajo otra óptica, un nuevo lenguaje, que no pasa por la "perversión" consumida por Pérsio. Al hacer eso, rompe con la "tragicidad" que la igualdad de cuerpos establece y abandona el personaje que le sería impuesto en esa tragedia. (Bessa, *Histórias* 67)

El discurso irónico y elocuente de Pérsio puede ser leído, no sólo como la incorporación de esas representaciones binarias, sino, también, en su materialidad, en la violencia con que viste la máscara de *desviado*, de *loca*[11] *mala y sucia*, del ser *perverso* y no confiable. Esta es una máscara ofrecida por la cultura dominante, que sólo admite al homosexual cuando está insertado en esos estereotipos —del enfermo, del promiscuo, siempre despojado de su potencia— para componer un papel uniforme y estable. Al vestir esa máscara y gozar con ella, Pérsio se impone tanto a nivel profesional —él es crítico de teatro y escribe para un gran periódico—, como en los guetos, codificando y despreciando los tipos y solicitaciones de los *gays de guardia* que se aproximan a él en los bares y clubes nocturnos, cuando no tiene ganas de corresponder. El discurso de Santiago, al contrario, es de una serenidad desconcertante para Pérsio. Santiago no odia las "mamás y papás y sus chiquillos monstruos" que aparentan ser una familia feliz, los domingos, en las pizzerías; no se adentra en relaciones con roles previamente establecidos; no cree en la "maldición" de la condición homosexual o de sus prácticas "sucias" y perversas, destinadas a la fugacidad, como quiere su compañero; no ve el universo como un lugar malo, donde se debe circular constantemente en posición de autodefensa. Él apuesta por la sinceridad, por la esperanza, por el respeto al otro. Se trata de un personaje que abandona el estereotipo, descarta las máscaras, los escudos, no tiene miedo de parecer ridículo o ingenuo cuando declara que sí, cree en el amor, y que sí, es feliz.

Este texto no incluye la temática de la locura. Es uno de los casos en los que ese entrelazamiento desaparece, justamente para dar un mayor espacio a la fricción entre los discursos arriba citados. Además de la dimensión dada por la lectura de Bessa —de discutir el estereotipo, la exclusión, la complicidad, el proceso de identificación y nombramiento de identidades sexuales—, se puede leer también la escenificación de la violencia de esos discursos binarios, a través de las expresiones y palabras que restringen la libre actuación de los individuos y los ponen en roles estancados, dentro de los cuales sólo les restaría reactualizar el viejo juego de poder. En ese sentido, además de lo que denuncia, "Pela noite" es un espacio de circulación de ese juego, pues pone, desde el

11 En el original *bicha*, jerga para referirse de manera despectiva al homosexual masculino. (Nota de la traducción.)

inicio, algunos de los rituales de coqueteo entre dos hombres: el reencuentro de los personajes en un sauna *gay*; el llamado a usar máscaras y nombres que no son los suyos; la deambulación por bares y clubes nocturnos *gays*; un cierto fingimiento en relación con la realidad cotidiana vivida por ellos. Es una narrativa delicada, en un universo en que, según Bessa —en el ensayo "Língua na bota e un pontapé na cara: a masculinizaçao da homossexualidade"—, las imágenes y posturas cada vez más frecuentes percibidas en el universo homoerótico masculino *son de una masculinidad exacerbada*:

> Cualquiera que circule en esos espacios [el autor se refiere a guetos o lugares *gays*] o que tenga contacto, por ejemplo, con algunos videos eróticos, periódicos o revistas *gays* (porno o no) percibirá la enorme afluencia de músculos en exceso y de una estética estereotipadamente viril, traducida en comportamientos, actitudes y ropas y que tiene sus íconos (y objetos de deseo) principales en soldados, jugadores de fútbol, militares, operarios, conductores de camiones y toda una variedad de ya conocidas y clásicas subespecies del macho. (Bessa, "Lingua" 3, mi agregado)

La poca representación de ese universo, o su rarefacción, en los textos de Abreu constituye, no una censura, sino un desplazamiento de ángulo de visión que posibilita otras imágenes de la *performance* homosexual masculina. De esa forma, el autor demuestra un gran cuidado por no contraponer las nociones de virilidad, agresividad, dominio, etc. —lo que Marcelo Bessa llama la *híper-masculinidad*—, a las ya erradicadas nociones del *gay* como sensible, inteligente, delicado, etc. —o una *híper-feminidad*—. El abordaje trae una voluntad política que redistribuye las imágenes homoeróticas superando el estereotipo de marica afeminado o del *barbie* (*gay* híper-macho, musculoso). Cuestiona los mecanismos de poder que construyen la oposición, al igual que su necesidad de imponer, a todo el mundo, esos modelos de identidad: "Aprender a cuestionar los modelos que nos han ofrecido como *masculino y femenino* es un paso para destituirlos de la desigual relación de poder. Y creer en la posible existencia del plural, es decir, en *masculinidades y feminidades*, también no jerárquicas, es ciertamente otro buen camino" (Bessa, "Lingua" 5).

"Otros caminos" no significa la unión de los dos opuestos, sino su suspensión. Es por eso que los paisajes de Abreu son plurales, mutantes. No caben en los carriles de un tranvía ("Sargento García" 86), porque pueden traer luna llena y encuentros ("Meio silêncio", "Terça feira gorda", "Aqueles dois"), lluvias interminables y ojos nublados por la búsqueda ("Além do ponto", "Uma história confusa", "Bem longe de Marienbad"), cielo nublado y nubes inmóviles ("Luz e sombra", "O marinheiro", "A outra voz"), y mañanas claras de recomienzo ("Pela noite", *Onde andará Dulce Veiga*, "Depois de agosto").

De esa forma, se puede leer el entrelazamiento de los temas de la locura, de la homosexualidad y de la búsqueda del amor verdadero en los cuentos de Caio Fernando Abreu, como una resistencia doblemente representada: primero, resistencia contra la inserción del sujeto en el juego de la racionalidad y sensibilidad dominantes; segundo, contra la intervención y normativización del deseo y de la vivencia sexual del individuo, y su consecuente estereotipia. Por eso, comprendemos la condición de doble exclusión de sus personajes —cuando son locos y homosexuales, por ejemplo— como una afirmación ambivalente de esa resistencia, que precisa cuestionar y transgredir el concepto de razón, desordenando la lógica establecida y deambulando por otros espacios de estructuración de la lógica. Y comprendemos la apuesta por presentar otras formas de vivencia del deseo homosexual como una opción por la complejidad de las relaciones humanas.

Los deseos y prácticas homosexuales pueden parecer plasmados en nuevas relaciones con la razón (la sinrazón de la que nos habla Foucault, hecha de relaciones discontinuas, imágenes fragmentadas y obscuras, de des-represión y borraduras) o con la vivencia del mito del amor (la posibilidad o no de la realización amorosa, el sentido o verdad que la fusión entre amor y sexo puede traer a los sujetos). Al final, lo que hace fluir las líneas que forman y de-forman los paisajes de Abreu es la voluntad de poder ser señor de sí mismos que anima y orienta a los personajes. Fragmentados, dispersos, múltiples, esos paisajes chocan contra los mecanismos de control que están en todos los niveles de las relaciones humanas, produciendo otros fragmentos que accionan otras voluntades, otras miradas y, en últimas, otras continuidades y discontinuidades de *performances*. El universo de este autor queda, así, poblado por una maraña de historias que muestran contenidos y vacíos, zambullidas y fluctuaciones. Que no se intente desenmarañarlos, para que el viaje no se vuelva previsible o tedioso. Es mejor perderse en la fruición de los paisajes y mezclarse, también, en sus dibujos multiformes.

Bibliografía

Abreu, Caio Fernando. *Inventário do irremediável.* Porto Alegre: Movimento, 1970. Impreso.

—. *Morangos mofados.* São Paulo: Brasiliense, 1982. Impreso.

—. *O ovo apunhalado.* Rio de Janeiro: Salamandra, 1975. Impreso.

—. *Onde andará Dulce Veiga: um romance b.* São Paulo: Companhia das Letras, 1990. Impreso.

—. *Os dragões não conhecem o paraíso.* São Paulo: Companhia das Letras, 1988. Impreso.

—. *Ovelhas negras.* Porto Alegre: Sulinas, 1995. Impreso.

—. *Pedras de Calcutá.* São Paulo: Alfa-Omega, 1977. Impreso.

—. *Triângulo das águas: noturnos.* Rio de Janeiro: Nova Fronteira, 1983. Impreso.

Bessa, Marcelo Secron. *Histórias positivas: a literatura (des)construindo a AIDS.* Rio de Janeiro: Record, 1997. Impreso.

—. "Língua na bota e um pontapé na cara: a masculinização da homossexualidade". Mensaje al autor. Correo electrónico, 10/11/1998.

—. "Quero brincar livre nos campos do Senhor". Entrevista con Fernando Caio Abreu. Porto Alegre, 24 de septiembre de 1995. Correspondencia al autor.

Deleuze, Gilles. "Platão e o simulacro". *Lógica do sentido.* Trad. Luiz Roberto Salinas Fortes. São Paulo: Perspectiva, 1974. Impreso.

Foucault, Michel. *História da loucura na idade clássica.* Trad. José Teixeira Coelho Netto. São Paulo: Perspectiva, 1993. Impreso.

Pereira, Victor Hugo Adler. "Marcas no corpo, no texto e na cena de Caio Fernando". I Encuentro de Investigadores de Literatura y Homoerotismo. Universidad Federal Fluminense. Río de Janeiro. 1999. Ponencia. Mensaje al autor. Correo electrónico, 06/09/1999.

Schérer, René. "Deleuze e a questão homossexual. Uma via não platônica da verdade". Trad. Eliana Aguiar. *Revista Lugar Comum. Estudios de Medios, Cultura y Democracia* 7 (1999): 136-163. Impreso.

Trevisan, João Silvério. *Seis balas num buraco só: a crise do masculino.* Rio de Janeiro: Record, 1999. Impreso.

Watt, Ian. *Mitos do individualismo moderno.* Trad. Mario Pontes. Rio de Janeiro: Jorge Zahar Editor, 1996. Impreso.

La irrupción de la cultura: otras voces, otros ámbitos

La emergencia de la cultura y de la crítica cultural*

Eneida Leal Cunha[1]

1

Como estrategia para definir y relacionar algunas cuestiones sobre la crítica cultural o los estudios culturales en el ámbito de las letras en Brasil, vale la pena recuperar, preliminarmente, los significados de diccionario de la palabra "emergencia", puesta en énfasis en el título de esta reflexión. Citamos aquí el *Dicionário Houaiss para a língua portuguesa*: "acto de emerger, de salir a la superficie; situación grave, momento crítico, contingencia; dispositivo de seguridad que debe ser accionado en situaciones difíciles; combinación inesperada de circunstancias imprevistas (o que de ellas resulta) y que exigen acción inmediata; lo que se vuelve claro y comprensible, lo que aparece, se expresa o se manifiesta en determinado momento" ("Emergencia"). Estos significados pueden volverse más densos si articulamos uno de ellos ("lo que se vuelve claro y comprensible, lo que aparece, se expresa o se manifiesta en determinado momento") con el uso del término "emergencia" que Michel Foucault críticamente recupera

* Traducción de María Cándida Ferreira de Almeida.

[1] Profesora titular de Literatura Brasileña de la Universidade Federal da Bahia, autora de *Estampas do imaginário* (2006) y *Leituras críticas de Silviano Santiago* (2008), entre otros.

al mapear, en la *Genealogía de la moral* y en otros trabajos sobre Nietzsche[2], las palabras a las cuales el filósofo recurre para rechazar la noción de *origen* (*Ursprung*), como lugar de la verdad y de la pureza, de la esencia exacta de alguna cosa, su forma inmóvil y anterior a todo lo que es externo o accidental, su identidad primera o su fundamento.

Como un buen discípulo del maestro que se declaraba más filólogo que filósofo, Foucault colecciona e interpreta los términos utilizados por Nietzsche para deconstruir la idea de origen. Proliferan, en la *Genealogía de la moral* y en otros trabajos, palabras como "comienzo" (*Geburt*), "proveniencia" (*Herkunft*), "emergencia" (*Entestehung*), cuya significación no es equivalente entre sí, en el sentido de que no son permutables, ni son sinónimos de la palabra *origen*.

Foucault constata así que el término "emergencia" aparece cuando Nietzsche se refiere al punto de surgimiento de un valor o de un concepto, que se produjo en un determinado estado de fuerzas; o a la entrada en escena de fuerzas reprimidas, confinadas al silencio de los bastidores. En esta perspectiva, la emergencia es siempre un lugar de enfrentamiento y de confrontación, de combate entre fuerzas dominantes y fuerzas dominadas, y, por tanto, no puede ser comprendida como el punto inaugural de alguna cosa ni como una continuidad, sino como efecto de desplazamientos, reposicionamientos o inversiones. Para Nietzsche, a cada momento de la historia, lo que es dominante fija un ritual, es decir, un conjunto de obligaciones, derechos, marcas y reglas, destinado a asegurar una atribución de sentido y de valor. Por esto, concluye Foucault, la historia de una palabra o de una cosa es la historia de las fuerzas que de ellas se apoderaran, es la historia de sus significaciones o de sus interpretaciones:

> El gran juego de la historia será de quien se apodere de las reglas, de quien tome el lugar de aquellos que las utilizan, de quien se disfrace para pervertirlas, utilizarlas al contrario e invertirlas, en oposición a aquellos que las habían impuesto; de quien, introduciéndose en el aparato complejo, lo hace funcionar de tal modo que los dominadores van a encontrarse dominados por sus propias reglas. ("Nietzsche" 25)

[2] Ver Foucault, Michel. "Nietzsche, a genealogia e a história". *A microfísica do poder*. Rio de Janeiro: GRAAL, 1979 (11-37).

2

Esta breve "definición de términos" parece aquí indispensable para atenuar lo que a primera vista podría ser considerado como una incongruencia en el título: ¿en qué sentido se puede tratar como una "emergencia" la avasalladora presencia de la cultura (o de la palabra cultura) en nuestros días?

La "cultura" nos suena hoy como una palabra esencial tanto para nuestras apuestas intelectuales como para los programas políticos de resistencia o de contestación, e incluso para la agenda de las inversiones económicas, cuando la industria cultural constituye una de las actividades más rentables en el mundo globalizado. Menos que esa especie de omnipresencia, la idea o el desafío de la emergencia de la cultura está en el hecho de que difícilmente se consigue decir con precisión lo que ella recubre, pues ya no somos capaces de enunciar un concepto de cultura que pueda abarcar todas sus dimensiones.

Por un lado, se encuentra con frecuencia, tanto en los manuales como en las postulaciones más complejas acerca de los estudios de la cultura, la advertencia reiterada, como una especie de alerta, sobre la necesidad de una comprensión clara de cultura; por otro, no nos sentimos con la voluntad para definirla o para elegir y adherirnos a una única definición propuesta. Es probable que esto ocurra porque, como sugiere Terry Eagleton, "estamos acorralados" (49) entre nociones demasiado amplias —como el ejemplo de "la cultura como todo un modo de vida", que viene del campo antropológico—, o nociones demasiado estrechas y excluyentes, como "lo mejor que fue pensado y dicho por la humanidad", conforme postulaba Matthew Arnold (en *Culture and Anarchy*, 1869), quien recomendaba la distribución democrática de la alta cultura como antídoto para las tensiones sociales.

Nuestra pregunta actual tal vez no sea, hoy en día, proveer un concepto plausible y aceptable de cultura. Ya aprendimos que definir o conceptualizar alguna cosa corresponde siempre a un acto de restricción, a un gesto (intelectual, interpretativo) que la separa de aquello (que juzgamos) que ella no es.

Como alternativa a la delimitación de la cultura en una definición, se puede usar una estrategia inversa a partir de un desplazamiento de la cuestión misma. Es decir, se puede reconocer que nuestro problema principal no es decir lo que la cultura *es*, sino buscar, identificar y comprender los significados, los sentidos y los valores que históricamente fueron atribuidos a la palabra cultura —sus diferentes emergencias en circunstancias históricas específicas— y, después de esto, evaluar cuáles de esos significados aún tienen fuerza en nuestros días, para quién resultan válidas esas definiciones y cómo se da el enfrentamiento entre esas diferentes apropiaciones de la palabra (y de la propia cultura).

Para dar cuenta de esta maniobra con brevedad, es valiosa la contribución de Eagleton (20-47) al retomar a uno de los más agudos pensadores de la cultura en el siglo XX, el británico Raymond Williams, que señaló los tres principales sentidos modernos que fueron atribuidos a la palabra, exponiendo las fuerzas que se usaron, en cada contexto histórico-social (y cultural, podríamos sumar) para imponer diferentes significaciones, valores y, consecuentemente, prescripciones y reglas (76-82).

La primera emergencia moderna de la palabra se da en la Ilustración, en el siglo XVIII, cuando la noción de cultura prácticamente equivale a la de civilización y de civilidad, designando el proceso general de progreso intelectual, espiritual y material de la humanidad. En este contexto de profundas transformaciones sociales que da inicio a la vida moderna, la palabra *cultura* hablaba de la vida urbana, de las políticas cívicas, pero también de la tecnología, el progreso e, incluso, de los buenos modales, siempre con el sentido de avance en relación con algo anterior. Esta definición sobrepasa, por lo tanto, la dimensión individual, requiere condiciones sociales, tiene una dimensión política, e incluye al Estado. La cultura (o la civilización) en ese momento corresponde a la vida tal como es vivida socialmente por los europeos, sobre todo en Francia. Es a partir de esa comprensión de cultura como civilización que también se afirma la noción de "barbarie", relativa a los otros, a los no europeos, que deberán alcanzar la cultura o, mejor, deberán ser conducidos hasta ella: deberán ser colonizados[3].

Caracterizada de esta forma breve, la comprensión iluminista puede parecer muy distante de nosotros, pero el hecho es que persiste en varias dimensiones de la vida social hasta el presente. Permanece, por ejemplo, en gran parte de los valores que organizan nuestro sistema de educación, o en la idea de "formación" (*Bildung*) como perfeccionamiento

[3] A propósito de la familiaridad —que no es sólo etimológica— entre cultura y colonización, ver el libro de Alfredo Bosi *Dialética da colonização.*

espiritual, a través del compartir un acopio de conocimientos, experiencias y valores consagrados como el ápice de la condición humana o lo mejor que la humanidad habría producido. De esa concepción de cultura se derivan innumerables expresiones del sentido común, como aquellas que designan un individuo o a un grupo social como "inculto".

De manera casi simultánea a la Ilustración, emerge de Alemania una comprensión diversa de la cultura que privilegiará, no la universalidad de los valores que consolidan la civilización, sino aquello que puede constituir la singularidad de un pueblo. Fundada en el idealismo alemán y fuertemente articulada con el proceso de unificación de los Estados nacionales modernos, la palabra *cultura* significaba entonces el modo de vida característico de un pueblo, su singularidad expresada concretamente en lo cotidiano, en formas específicas como las costumbres, los valores y, especialmente, una lengua. Estos valores se proyectaban hacia el pasado, por medio de un acervo de memorias compartidas y de la narrativa mítica de un origen común. Tal noción romántica y, a su modo, popular de la cultura hará fortuna al largo del siglo XIX como expresión del "espíritu de un pueblo"; de alguna forma también llega a nuestro presente, ya sea como cultura nacional o nacionalidad, ya sea, en tiempos más recientes, como especificidad de la memoria cultural y de las demandas de segmentos internos de un mismo Estado nacional, y aun en las reivindicaciones de la diversidad y el pluralismo culturales. Es de esta segunda significación histórica que deriva la posibilidad de declinar la palabra y concebir la cultura en plural: culturas.

La tercera variante de la significación de la palabra *cultura* emerge en el siglo XIX por su reducción gradual, pero altamente exitosa, al dominio de las artes. Como consecuencia, la cultura es confinada a una pequeña y privilegiada fracción de la sociedad —a las personas "cultivadas" o cultas— y se transforma, como demostró Bourdieu, en factor de distinción social. En esta perspectiva, la idea de cultura es simultáneamente intensificada por el prestigio (en un proceso que lleva a una "sacralización" de las artes o de la dimensión estética), pero también es de cierta forma empobrecida (por su carácter irrevocablemente excluyente y antidemocrático). En esta noción de cultura, que prevalece en lo que se acostumbró designar como alta modernidad y se articula con la intransigente reivindicación de la autonomía estética, se puede percibir el creciente alejamiento entre la *Cultura* con "C" mayúscula y la hermenéutica laica o la experiencia cotidiana común a la mayoría, como también el alejamiento de la *Cultura* en relación con la dimensión política y con las disputas que hacen parte de una sociedad.

Si bien la presentación de los tres principales ejes de significación de la palabra *cultura* que prevalecieron en la modernidad occidental termina por establecer una cierta cronología o secuencia, no es difícil reconocer en nuestro entorno la persistencia y coexistencia de todos estos sentidos hasta la actualidad, a veces como simple continuidad, y en otras ocasiones como ruptura, diferencia y tensión.

3

En el mundo contemporáneo, la noción de cultura ya no está provista de la seguridad y de la legitimidad que le atribuyeron —en diferentes circunstancias históricas y en correlación de fuerzas diversas— el emprendimiento iluminista-civilizador, el Estado nacional moderno y, en el último caso, las élites letradas. Por esta razón la cultura, en nuestro tiempo, se convirtió en un territorio especialmente marcado por la inestabilidad, el conflicto y la disputa.

Regresando a las ponderaciones iniciales sobre la "emergencia", es preciso identificar las fuerzas que salieron de los bastidores y empezaron a disputar la significación del concepto mismo de *cultura*. Para efectos de este ensayo, se puede abordar esta disputa privilegiando dos vertientes de significación de la cultura que atraviesan nuestra área disciplinaria, la de las letras, con una historia de larga duración.

La primera de ellas —el vínculo mutuamente legitimador entre literatura y nacionalidad— está relacionada con el proceso de unificación o de constitución de los Estados modernos, sustentados por la idea de cultura como singularidad y patrimonio de un pueblo. Para comprender la fuerte y resistente articulación que se estableció entre cultura y nacionalidad, vale la pena recordar algunas postulaciones de autores que responden más recientemente a la pregunta planteada por Ernest Renan en 1882: "¿Qué es una nación?"[4].

[4] La pregunta es el título de la conferencia dada por el historiador Ernest Renan en 1882 y que se convirtió en un texto de referencia en los estudios sobre el concepto de nación.

Nación y cultura no son entidades independientes y paralelas, así como no es la nación la que produce la cultura, sino todo lo contrario. Para Benedict Anderson, la nación misma es un artefacto, una construcción cultural, que se hace a través de una formulación narrativa capaz de articular pasado, presente y futuro en un todo percibido como estable y homogéneo, que posibilita la experiencia de pertenencia común necesaria para la constitución de "una comunidad imaginada". La contribución de Anderson desplaza la "nación y la consciencia nacional" del campo de las ideologías y de las ciencias políticas, donde por largo tiempo estuvieron confinadas, para aproximarlas al de los grandes sistemas culturales anteriores a la modernidad, como las comunidades religiosas y los reinos dinásticos, a partir de los cuales (y contra los cuales) la Nación moderna pudo existir.

Para Étienne Balibar, la construcción de una nación o la nacionalización de una sociedad exige la "producción del pueblo", es decir, la producción de un efecto de unidad que permitirá a la población de un territorio delimitado percibirse como "un pueblo", entidad que se convierte en la base y el origen del poder político en el Estado nacional; así mismo, exige también la "fabricación de una etnicidad ficticia", pues ninguna nación tiene originalmente una base étnica única:

> [...] a medida que las formaciones sociales se nacionalizan, las poblaciones que ellas incluyen [...] son "etnicizadas", es decir representadas en el pasado y en el futuro como si formasen una comunidad natural, dotada de una identidad de origen, de cultura, de intereses, que transcienden los individuos y las condiciones sociales. (Balibar 130)[5]

La duradera articulación, y casi diríamos equivalencia, entre cultura y nación se reafirma a partir de un proceso paradójico que tuvo el poder de naturalizar lo que es estrictamente una construcción cultural. En este sentido, es significativo el uso frecuente de referentes biológicos

[5] En el original: "[...] à mesure que les formations sociales se nationalisent, les populations qu'elles incluent [...] sont 'ethnicisées', c'est-à-dire representées dans le passé ou dans l'avenir comme si elles formaient une communauté naturelle, possedant par elle-même une identité d'origine, de culture, d'intérêts, qui transcende les individus et les conditions sociales".

—la infancia, la juventud, la madurez— para dar cuenta de los caminos de la nacionalidad, como podemos leer, en relación con la nación brasilera, ya en José de Alencar. En su prefacio "Bendición paterna"[6], este autor demuestra una sorprendente lucidez acerca de la necesidad cultural —y literaria— de "fabricación" de un pueblo brasileño y de una "comunidad imaginada".

A partir de los Estados nacionales modernos, por lo tanto, la idea de cultura pasa a equivaler a la de identidad nacional. Esto quiere decir que la significación de cultura se reafirma como aquello que unifica un pueblo (y que lo singulariza) y, simultáneamente, aquello que este pueblo produce, a nivel simbólico, constituyendo una especie de círculo o de circulación incesante entre los dos términos: cultura y nacionalidad.

4

Lo que está en el centro de los debates y de las disputas contemporáneas sobre la cultura es justamente la idea de una identidad estable y homogénea bajo los auspicios de un Estado nacional. Esta discusión ocurre en dos planos. En el primero de ellos, el plano de las subjetividades, esta discusión surge por la crisis y la crítica a la noción de sujeto que emergió con el cristianismo y que atraviesa toda la modernidad —el sujeto como esencia, interioridad estable, pre-existente, consciencia de sí— y la consecuente percepción de la identidad o de la subjetividad como una producción socialmente sancionada. En segundo lugar, en el plano social, el concepto de cultura se replantea a partir de una percepción del poder de coerción, de la capacidad de borrar y de homogeneizar, propia de los discursos de la nacionalidad o de las culturas nacionales, como construcciones hegemónicas que reprimen las perspectivas identitarias y las demandas culturales de los que están en condición subalterna.

Las demandas del presente en torno a la cultura emergen principalmente en el interior de la propia comunidad nacional como expresión de vivencias minoritarias, con la salvedad, indispensable, de que el uso de la noción de "minoría" aquí no tiene significación cuantitativa, pues

[6] Prefacio a la novela *Sonhos d'ouro* [*Sueños de oro*], de 1872.

son minoritarios los segmentos de la población alejados de las estructuras y las relaciones de poder, especialmente del poder de legitimación de sus referencias culturales —o su memoria cultural—, y del poder de producir autorrepresentaciones que propicien conflicto a la comunidad nacional imaginada. Sin embargo —y tal vez este sea el gran hilo de lo que hoy se denomina "crítica cultural"—, es posible que los discursos de la nacionalidad cultural sean siempre ambiguos o ambivalentes en sus estrategias de inclusión y de exclusión.

Si consideramos ahora, de manera específica, el caso brasileño, vemos cómo contra la pedagogía de la homogénea comunidad imaginada y, principalmente, contra la pregonada convivencia armoniosa de la diversidad que sería peculiar al Brasil y a su cultura, se levantan hoy, por ejemplo, las voces afrodescendientes y las relecturas de la historia y de la cultura nacional emprendidas por las mujeres, como evaluaciones contemporáneas deconstructoras, que apelan a una idea de cultura que originalmente, cuando se contraponía al universalismo de la civilización, tuvo considerable potencial revolucionario.

Otro foco de perturbación y cambio de las significaciones históricas que han estado ausentes de la palabra *cultura* resulta también familiar al campo de los estudios literarios, pues ocurre en el ámbito de la segunda vertiente de significación de la cultura que atraviesa el área de las Letras. Se trata de la crítica contemporánea al confinamiento de la cultura o del valor cultural a la esfera letrada o erudita, a la equivalencia entre cultura y artes canónicas, como la literatura, y de la paralela separación entre cultura y lo que Edward Said y Stuart Hall designaron la "mundanidad" (202). O lo que el crítico Silviano Santiago denomina, de forma provocadora, el combate entre la cultura de la minoría y la cultura de la mayoría, popular, masiva, industrializada (11-23).

Tenemos que reconocer que la pregonada disolución de las fronteras entre la "alta cultura" (de la minoría) y la "baja cultura" (de la mayoría) es muy relativa, y efectivamente sólo ocurrió en el plano del diagnóstico intelectual de los tránsitos y de las contaminaciones que entre ellas se producen. Desde el punto de vista del valor cultural, la jerarquía prevalece y se manifiesta en diversos planos de la vida social, pese a la enorme influencia contemporánea de los medios masivos.

Sabemos que el cine, y más aún la telenovela, no son equivalentes hoy a la novela; que la fotografía no tiene el mismo prestigio o valor social (ni el mismo valor de mercado) que la pintura; que un recital de Beethoven es aún considerado mucho más "cultural" que un grupo de samba o un concierto de rock. Pero existen jerarquizaciones más sutiles (y más perversas) que actúan sobre nosotros con grande eficacia: no pensamos, por ejemplo, que un lector de *O Cortiço*[7], de Aluísio de Azevedo, corra el riesgo de volverse racista, pero nos preocupamos seria y honestamente con el poder alienante que la televisión puede tener sobre su público. Esto señala que, además de la jerarquía de los lenguajes o de las formas de expresión culturales, introducimos también una jerarquización de los diferentes públicos o esferas de recepción.

La emergencia del campo que hoy se denomina crítica cultural, estudios de la cultura o, con más frecuencia, estudios culturales se da justamente en el contexto de la convivencia y el combate entre la diversidad del universo social y la diferencia de las dimensiones o significaciones de la cultura. O, dicho de otro modo y casi como un desafío que se impone: la emergencia de la cultura como objeto de inquietud y de reflexión, en todos los territorios del conocimiento —no sólo en las Letras—, surge en consonancia, en absoluta sincronía, con nuestra presente dificultad de enunciar con seguridad, y de manera satisfactoria, lo que entendemos por cultura.

Pero la emergencia y la importancia que vienen conquistando los estudios de la cultura son también sincrónicas con la percepción de que es en esta dimensión de la vida social que se organizan las significaciones y los valores, que se ejerce la hegemonía y que se estructuran, legitiman y diseminan las exclusiones. Como simultáneamente están también en los dominios de la cultura las reivindicaciones más contundentes que se hacen actualmente sobre derechos, reconocimiento y ciudadanía.

Por estas razones, voces autorizadas dentro del campo de la crítica de la cultura o de los estudios culturales —como Stuart Hall, Fredric Jameson o Homi Bhabha— vienen señalando cómo el elemento más relevante e indispensable en esta tarea intelectual y académica contemporánea es la articulación entre *rigor teórico y responsabilidad política. Rigor teórico* para dar cuenta de lo que aún no sabemos pero también para desplazar los saberes sedimentados que se interponen, como di-

[7] Novela de corte naturalista, publicada en 1890.

ficultad u obstáculo, a la comprensión amplia de las expresiones de la vida contemporánea; y *responsabilidad política*, una vez que es clara la implicación entre las disputas actuales a propósito de la cultura y la emergencia, en el centro de las discusiones contemporáneas, de segmentos, valores y objetos relegados antes al silencio o al anonimato.

En muchos espacios se exponen perspectivas que provienen, marcadamente, del saber producido hoy en el ámbito de ese campo emergente, institucionalmente difuso y políticamente disputado, que es la crítica cultural: la relación entre cultura y poder, el escrutinio de las políticas del valor, la potencia fundacional de las construcciones discursivas, la articulación entre continuidades y discontinuidades, el juego entre repetición y diferencias, la no jerarquización de los discursos o de los productos culturales y, en especial, una perspectiva teórico-crítica sobre las identidades, sean ellas locales, nacionales o "minoritarias", que no pueden concebirse hoy como estables, íntegras o unívocas.

5

En las dos últimas décadas del siglo XX, en el campo de los estudios literarios, la emergencia de la crítica cultural introdujo un número imprevisto de nuevos problemas y perspectivas de reflexión, los cuales pueden situarse en dos grandes órdenes de confrontación con la tradición, en especial con la tradición representada por la alta modernidad estética. En primer lugar, los debates en torno a la comprensión de lo que sería la literatura misma y de las implicaciones de la prominencia del valor estético en el campo literario; en este ámbito, tal vez sea aún de Silviano Santiago el diagnóstico más sucinto y cabal al notar, en lo que él denomina el "pasaje del siglo XX hacia su fin" en su ensayo "Democratização no Brasil- 1979-1981(Cultura *versus* Arte)", el declive de la especificidad y del valor de "intransitividad" que había sido conquistado por lo literario.

En segundo lugar, y como inevitable consecuencia, el debate acerca de los límites, y de la competencia, de los estudiosos de la literatura y de su territorio disciplinar instituido. De manera inicial, frente a esta pregunta, se puede verificar en el área de las letras una significativa expansión del dominio de objetos de estudio que estarían más allá de las fronteras de lo estrictamente literario, de los cánones literarios e incluso del "objeto- literatura", al igual que la proliferación de los abordajes interdisciplinarios. En el caso brasileño, como saldos más significativos se tienen, además de la contextualización histórica y política cada vez mayor de los análisis, el interés creciente por la música popular como la expresión más notable de la cultura de la mayoría en el Brasil, la preocupación por otros lenguajes masivos y la explosión de los abordajes que privilegian y problematizan las perspectivas y construcciones identitarias.

Pasadas tres décadas de la irrupción de los estudios sobre la cultura, sin embargo, se puede reconocer en el campo de las letras una especie de retorno a la literatura, lo que está lejos de significar una neutralización de los efectos de la crítica cultural; este retorno tendría, indudablemente, un carácter conservador. La emergencia de la cultura y de la crítica cultural, como fuerza temporal, político-social y académico-intelectual, afecta indeleblemente el campo de las letras, afección cuyo mejor efecto es aquel detectado por Nietzsche y Foucault: la instauración de nuevos sistemas de significación y de valor, que pueden revitalizar tanto al campo literario como sus abordajes, al religarlos y vincularlos con otras dimensiones de la sensibilidad, de la vida social y de la producción discursiva.

Bibliografía

Anderson, Benedict. *Comunidades imaginadas*. Trad. Denise Bottman. São Paulo: Companhia das Letras, 2008. Impreso.

Balibar, Ètienne. "La forme nation: historie et idéologie". *Race, nation et classe: les identités ambiguës*. Paris: La Découverte, 1988. Impreso

Bosi, Alfredo. *Dialética da colonização*. São Paulo: Companhia das Letras, 1992. Impreso.

Bourdieu, Pierre. *A Distinção: crítica social do julgamento*. Porto Alegre: Editora Zouk, 2007. Impreso.

Eagleton, Terry. "A cultura em crise". *A idéia de cultura*. Lisboa: Temas e Debates, 2002. Impreso.

"Emergencia". *Dicionário Houaiss para a Língua Portuguesa*. 1era ed. 2001. Impreso.

Foucault, Michel. "Nietzsche, a genealogia e a história". *A microfísica do poder*. Rio de Janeiro: Graal, 1979. Impreso.

Hall, Stuart. "Estudos culturais e seu legado teórico". *Da diáspora: identidades e mediações culturais*. Belo Horizonte: UFMG, 2003. Impreso.

Santiago, Silviano. "Democratização no Brasil 1979-1981 (Cultura *versus* Arte)". *Declínio da Arte e Ascensão da Cultura*. Florianópolis: ABRALIC/Letras Contemporâneas, 1998. Impreso.

Renan, Ernest. "O que é uma nação?". En: Rouanet, Maria Helena. (Org.) *Nacionalidade em Questão. Cadernos da Pós/Letras,* n.° 19 (1997). Impreso.

Williams, Raymond. *Keywords*. Londres: Fontana Press, 1976. Impreso.

Antropofagia: noticias actuales[*]

María Cándida Ferreira de Almeida[1]
Hermes da Fonseca[2]
Regina Motta[3]

> La masa, mi estimado, ha de llegar a la galleta fina que yo fabrico. [...] Descreer de la capacidad de comprensión de la masa es descreer del propio progreso revolucionario. Es pactar con la actitud de complot de la industria capitalista, denunciada por la tecnocracia, la cual guarda en los cajones de las burras las invenciones más preciosas y necesarias al desarrollo de la humanidad, porque conviene a los intereses de grupo que la masa patine en los procesos atrasados de producción.
>
> Oswald de Andrade

Oswald de Andrade planteó, en 1928, la antropofagia como concepto en la escena cultural brasileña, creando una propuesta que crearía una apertura para pensar diferentes tipos de relaciones interculturales.

* Traducción de María Cándida Ferreira de Almeida.

1 Profesora de la Universidad de los Andes, autora de *Tornar-se outro: o topos canibal da literatura brasileira*, entre otros.

2 Magíster en derecho, con la tesis *O direito sonâmbulo: possibilidades emancipatórias do jurídico insurgente do cotidiano*, Universidade Federal de Santa Catarina, 2007.

3 Profesora de la Universidade Federal de Minas Gerais, autora *de Cultura da conexão: novos formatos para a produção de conhecimento* (2010) y *A épica eletrônica de Glauber* (2001).

Su seducción y uso sin reglas, su violencia, su carácter salvaje y la provocación que el término carga han garantizado su permanencia como presencia conceptual en los más variados discursos, sean ellos políticos, artísticos o científicos.

La "actitud antropofágica" propuesta por Oswald de Andrade encontró espacio privilegiado para su desarrollo en los estudios comparados en la literatura (Perrone-Moisés), en la historia del arte, y en las ciencias sociales y humanas; este texto busca re-presentar una sistematización de las formulaciones que dan consistencia y supervivencia, dentro de la crítica, al concepto de antropofagia más allá del marco modernista. La antropofagia como tema no fue una propuesta exclusiva de Oswald de Andrade, como puede advertirse en muchos trabajos de teoría y crítica literaria que le dieron visibilidad a este concepto, gracias a constantes referencias al canibalismo en la literatura brasileña como índice de identidades anteriores al "Manifiesto Antropófago"[4]. Sin embargo, el discurso oswaldiano fue el que le dio más visibilidad dentro de la crítica y, por ello, se consolida como el marco principal de esta cuestión.

La actitud antropofágica

Como afirma Oswald, uno de los más radicales teóricos de inicio del siglo XX: "Sólo la antropofagia nos une. Socialmente, económicamente, culturalmente"; con esa percepción, promueve dos golpes simultáneos: rehabilita lo primitivo y el valor cardinal de la vida como devoración y, con ello, transforma nuestro atraso en un logro, afirmando la positividad del "estado de barbarie". La antropofagia reconoce como condición para la afirmación de esa alteridad la valorización de toda y cualquier diferencia, en una operación crítica en la cual la destrucción es parte de la producción de lo nuevo. Al darles la espalda a las imposiciones

[4] De estos trabajos, destacamos los libros de Zilá Bernd, *Literatura e identidade nacional* (1992), la tesis de doctorado de Eneida Leal Cunha, "Estampas do imaginário: literatura, cultura, história e identidade" (1992, revisada y publicada en 2006), su artículo "A Antropofagia, antes e depois de Oswald" (1995) y la tesis de doctorado de María Cándida de Almeida, "Tornar-se outro: o topos canibal da literatura brasileira" (1999, también publicada en el 2002).

y determinaciones del orden y la razón modernos, Oswald asume más visiblemente que cualquiera de sus contemporáneos una postura anti-jerárquica, que trae dos consecuencias para el plano de la historia de las ideas. El bárbaro no evoluciona para convertirse en civilizado; es más, el (buen) salvaje que se cree o que aspira a ser civilizado, y que habita la superficie del *hombre cordial* brasileño, o del intelectual obsesionado por la copia y mimesis de los modales civilizados, disfraza el malestar de un alma reprimida, bárbara y vengativa. Silviano Santiago, por ejemplo, define el concepto de "retórica de la comparación" en la Introducción de *Intérpretes do Brasil* (XV-XLVIII), y allí señala que el bárbaro que se come al civilizado transforma ambos términos: el primero será un "bárbaro tecnificado" y el segundo, el civilizado, se verá obligado a reconocerse en la expresión de la cultura que él explota, con la existencia de un Otro legítimo, autónomo y, por ello mismo, amenazador.

En la teoría de la antropofagia, el conflicto es establecido como única expresión posible de ese encuentro, en principio deseado, pero que implica una lucha por la dominación. La condición de la autonomía pretendida frente al Otro sólo se constituye en la operación del reconocimiento de esta heteronomía, representada por la confrontación y captura del enemigo, y por el ritual antropofágico. La venganza por los parientes muertos y devorados por los enemigos es también garantía de la preservación de la memoria, de los ritos y de los valores culturales de la sociedad.

Benedito Nunes llama la atención respecto al hecho complejo de la antropofagia como símbolo de devoración que es al mismo tiempo metáfora, diagnóstico y terapéutica; estos elementos pueden ser aplicados como sucedáneo verbal de la agresión física a un enemigo de muchas caras, inmaterial y proteico. La metáfora, inspirada en la ceremonia guerrera de inmolación del enemigo, se refiere a todo aquello que deberíamos asimilar, rechazar o superar para constituir nuestra autonomía intelectual; el diagnóstico permite desmontar el aparato simbólico de dominación heredado por la colonización y perennizado por la mentalidad dependiente de las ideas exógenas. La terapéutica, según Nunes, sería la reacción violenta y sistemática contra los mecanismos sociales y políticos, hábitos intelectuales y manifestaciones artísticas que perpetúan el trauma represivo, cuyo mejor ejemplo sería, según el crítico, la catequesis jesuítica. Así define Nunes este concepto de "terapéutica":

> En ese combate por la sátira y por la crítica, la terapéutica emplearía el mismo instinto antropofágico otrora reprimido, y ahora liberado en una catarsis imaginaria del espíritu nacional. Remedio drástico y salvador, serviría de tónico reconstituyente para la convalecencia intelectual del país y como vitamina activadora de su desarrollo futuro. (16)

Siguiendo la línea retomada por el canibalismo anterior a Oswald, pero siempre tributaria de las aseveraciones del poeta-político Lucia Helena, en *Uma literatura antropofágica*, produjo una reflexión (iluminadora para muchos y reprochable para otros) que, de cualquier forma, se convirtió en un marco de referencia para los estudios literarios brasileños. En este trabajo la investigadora realizó lo que se clasificó como una "lectura antropofágica", configurando la antropofagia como estrategia discursiva. Trabajando con autores como Gregório de Mattos y Augusto dos Anjos, además de los clásicos antropófagos modernistas Oswald y Mário de Andrade, Lucia Helena propuso la antropofagia como el método más adecuado para las peculiaridades de la literatura brasileña, incluso en sus diferentes fases pre-oswaldianas. Ya no buscaba comprender más la dependencia que los autores pudieran tener de otras literaturas, sino su esfuerzo de autonomía frente a otras culturas. Para alcanzar su objetivo, Helena eligió abordar la parodia como vehículo de esa descolonización, señalando la participación de estos autores en lo que ella llama una "crítica corrosiva del pensamiento y del procedimiento estético de una época" (*literatura* 47).

Si bien la fecundidad de la *actitud antropofágica* en el Brasil fomentó la formación de toda una vertiente de pensamiento/acción a lo largo del siglo XX, no fueron pocas las críticas que se le hicieron, especialmente desde todas las posturas criticadas por el "pensar caníbal", incluyendo el academicismo, el eurocentrismo, el mesianismo y el irracionalismo. Una de las críticas más contundentes provino de Roberto Schwarz, autor que cuestionó profundamente el modelo crítico de la tradición antropofágica. Este crítico se posicionó principalmente en contra del *Movimiento Tropicalista*. Según Caetano Veloso, sin embargo: "[...] su reducción de la 'alegoría' tropicalista[5] al choque entre lo

[5] El Tropicalismo, Tropicália o Movimiento Tropicalista son los distintos rótulos de un movimiento musical brasileño desarrollado a partir de los años sesenta, cuya

arcaico y lo moderno, aunque revelase aspectos hasta entonces impensados, resultaba finalmente empobrecedora" (450).

Para Schwarz, no obstante, la antropofagia "romántica" de los años veinte ya no tenía el mismo poder crítico ante la cultura de masas de los años ochenta, momento en el cual la *actitud antropofágica* no pasa de ser una "coartada desastrosa y burda", en un momento avasallador en que la intervención social frente a las ambigüedades culturales requiere lucidez. Pero es en la secuencia de esa crítica que Schwarz alcanza el culmen de su provocación: "¿Cómo no notar que el sujeto de la Antropofagia —semejante, en ese punto, al nacionalismo— es *el brasileño en general*, sin especificación de clase? O ¿que la analogía con el proceso digestivo no esclarece nada de la política y de la estética del proceso cultural contemporáneo?" (38).

Aunque las provocaciones de Schwarz sean poco válidas, el autor —quien parece referirse solo a *Macunaíma* de Mário de Andrade, figura muy reivindicada por los antropófagos— no llega a considerar que Oswald de Andrade, a lo largo de su obra, nunca dejó de pensar el país en función de sus variados tiempos históricos y de grupos sociales silenciados a lo largo de un amplio periodo temporal. No solamente la trilogía *Marco Zero* —en la que algunos intentan reprimir la vertiente antropofágica por causa de la afiliación del autor al Partido Comunista Brasileño (PCB), ocurrida entre 1931 y 1933— demuestra esa afirmación; ya en la *Revista de Antropofagia*, Oswald, en respuesta al escritor Alceu Amoroso Lima (cuyo seudónimo era Tristão de Athaíde 1893-1993), clasificará al Brasil como "un *grillo*[6] de seis millones de kilómetros, predispuesto en Tordesillas" (Schema 5). El "*grillo*" de Oswald demarca un esfuerzo-síntesis desesperado por comprender y transformar la realidad brasileña, como ocurrirá en *Marco Zero* (serie de textos publicada en pe-

intención de una renovación musical que fusionaba bossa-nova, rock'n roll, psicodelia, elementos de la música tradicional y el música pop alcanzó otros ámbitos de la cultura, tal como la poesía, el cine y la moda. Los nombres del movimiento incluyen Caetano Veloso, Gilberto Gil, Mutantes (grupo de rock brasileño), el artista plástico Helio Oiticica, Nara Leão, musa de la bossa nova; el maestro Rogerio Duprat y los poetas Torquato Neto y José Capinan.

6 Expresión dada a la ocupación ilegal de tierras porque los documentos que legitimaban estas tierras eran puestos en cajones con grillos para que parecieran antiguos.

riódicos a lo largo de la década de 1930) y en varias de sus obras teatrales, especialmente en la obra *El rey de la vela*. La alegoría del "grillo" alude, ya en aquella época, a la pérdida de legitimidad del Estado en la realidad brasileña; si las garantías mínimas de acceso a la tierra, por ejemplo, estaban vedadas para la gran mayoría de la población, esta tomaba posesión de la tierra a su modo y en contra del poder estatal. El "grillo" entonces, en aparente desacuerdo con la alegoría del *tamanduá-bandeira* [oso hormiguero], adoptado como símbolo de la *Revista de Antropofagia* en su segunda "dentición", expresa la defensa oswaldiana de un Brasil que se constituye y se comprende por medio de la superación de la dicotomía entre racionalismo e irracionalismo, y en insurgencia constante frente a los modelos preconcebidos que venían del exterior.

Antropofagia o canibalismo

A pesar de los muchos usos del concepto de antropofagia o canibalismo en la cultura brasileña, el dilema de ser o no antropófago/caníbal aún no está resuelto. Una de las primeras alternativas que se presentan para este dilema es justamente el del uso de una doble denominación aplicada al acto de devoración de la carne humana: *antropofagia* y *canibalismo*. Algunos autores trabajan con una distinción entre esas palabras, considerando la expresión *canibalismo* propia al acto de alimentarse de carne humana o, en la acepción de los biólogos, alimentarse de un ser igual en especie, mientras el uso de la palabra *antropofagia* estaría vinculada al concepto y al acto del ritual. Como el ritual es regido por normas culturales, está en el campo de las convenciones y, por lo tanto, de lo simbólico. Por ello, este término sería más adecuado para formar una serie de términos metafóricos a partir de la devoración de la carne humana. Con todo, en la vertiente de descalificación de una cultura frente a la otra, es común encontrar la antropofagia como la devoración de la carne humana y el canibalismo asociado con lo relativo a culturas indígenas, como un acto, no de civilidad y cultura, sino de ferocidad, barbarie y salvajismo[7].

[7] Ver: Vieira, Frei Domingos: *Grande dicionário português ou Tesouro da língua portuguesa*.

Podemos presentar la concepción de antropofagia como sinónimo de canibalismo, señalando, además, que es posible hacer distinciones entre el concepto de "canibalismo ritual" y el de "canibalismo por contingencia"[8]. Esta división binaria estaría mejor formulada si pensamos en una división entre discursos sobre la nacionalidad, identidad, y "brasileñidad" por un lado y discursos sobre la perversión por el otro. Más aún, en algunos casos sería pertinente escapar a la rigidez taxonómica, retomando ambos conceptos (identidad/perversión) de manera simultánea, como ocurre en la obra de João Gilberto Noll o, en el caso mexicano, con el trabajo del artista visual César Martínez. En todo caso, en los campos semánticos ligados estrictamente a fenómenos sociopolíticos y económicos, la imagen de la antropofagia termina teniendo una acepción invariablemente negativa ligada a la dominación, opresión y destrucción del otro, sea él partícipe de la misma cultura/nacionalidad o no. Esto nos lleva a una pregunta central: si lo anterior es cierto, ¿qué alimenta, dentro de la construcción cultural brasileña, la paradoja de una apología al canibalismo estético y, simultáneamente, un uso ligado con la denuncia de la violencia contra el otro?

Retomar esta discusión sólo tiene sentido si en el escrutinio de su uso apologético reflexionamos sobre el carácter de violencia de las relaciones sociales latinoamericanas, *locus* principal del uso de la antropofagia. ¿Por qué una imagen de destrucción es tomada alegremente, irónicamente, en los moldes oswaldianos? La validez del canibalismo está justamente en no ser un discurso conciliador, pues no podemos sublimar su aspecto negativo que arremete hacia el aniquilamiento del otro. Entre tanto, conceptos como mestizaje y sincretismo (de manera más directa) o hibridismo (un poco menos) refrendan estrategias que buscan la armonía entre los diversos grupos étnico-raciales puestos en convivencia en el contexto latinoamericano, aunque esta convivencia pacífica permanezca apenas en el plano simbólico y discursivo.

La propuesta de trazar un mapa del canibalismo y de realizar un balance desde la perspectiva actual implica evaluar cómo las producciones teórico-críticas más contemporáneas se han apropiado de las "poéticas antropofágicas". La experiencia cultural de la actualidad indica pun-

[8] Esta es una de las tesis del libro *Tornar-se outro: o topos canibal na literatura brasileira*. De María Cándida Ferreira de Almeida (2002).

tos de intersección entre la ciencia y las artes que caracterizan nuestra cultura como "mestiza" y "antropofágica". En esta perspectiva, delimitar el concepto de una poética antropofágica en los usos críticos sirve para discutir la inversión de los valores occidentales como una solución cultural encontrada por la teoría-crítica brasileña, que, derogando reglas y jerarquizaciones, pretende superar sus propios miedos y dificultades para imponerse como una singularidad. Comenzamos desprendiendo de la metáfora antropofágica sus múltiples facetas, que incluyen la expresión irónica de una poética nacionalista, el deseo de ruptura con los paradigmas occidentales y la transgresión estratégica que inventa una práctica política diferencial en el contexto de las relaciones transculturales. Además de fundamentarse en estos aspectos, la antropofagia abarca también la articulación entre un proyecto político de nación armónica y la realidad marcada por las nociones de violencia y destrucción. Oswald de Andrade señaló esta perspectiva en sus escritos y manifiestos, haciendo visible la relación en conflicto con respecto a una diferencia (interna y externa), aunque expresando los combates y tensiones propios del Brasil por medio de un discurso que puede apelar al humor y la broma.

En su formulación interna, la poética antropofágica puede recurrir a una proposición más específica, como la de Walter Moser, que se desprende de los diferentes pasos de los rituales indígenas de los tupinambá: "1. Agresión y muerte; 2. Incorporación; 3. Apropiación y asimilación; y 4. Producción" (54). Moser recuerda que, en estos rituales, la primera fase es de extrema violencia, pues presupone la completa destrucción del cuerpo de la víctima. Bajo la perspectiva literaria, el objeto "devorado" desaparecería. El crítico canadiense resalta que el acto caníbal no es una metáfora ni una representación de la devoración. En él ocurre la destrucción del cuerpo del otro, ahora metaforizado en producción estética-cultural del *otro*, que es devorada para volverse partícipe de la identidad del devorador. En el proceso descrito por Moser, las fases que se suceden a la destrucción son la incorporación y la asimilación y, al final, producen un nuevo "cuerpo". Tal como el guerrero, que recibía un nuevo nombre y obtenía una nueva identidad ante el grupo, el texto producido a partir de la incorporación de una obra anterior proporciona al *corpus* asimilado un estatuto distinto y presenta, él mismo, otra configuración en el escenario literario. Encontramos así un tejido de diálogos que surge en un movimiento bidirecional: rumbo al pasado, en la dirección señalada por el texto anterior que es devorado; y rumbo al futuro, propuesto por los textos comestibles que en una relación de fricción y tensión con el presente, bajo la óptica del lector, pueden producir nuevos textos/lecturas.

En sentido posmoderno, la "actitud antropofágica" de Oswald de Andrade constituyó una poética fundamentada en la "devoración crítica", transgresora en su concepción fundadora, cuya característica principal es servir como teoría que guía la búsqueda de una identidad cultural del país formulada ahora como diferencia, como límite, como frontera simbólica, como *entre-lugar*[9]. Esta formulación se hace perceptible especialmente a partir del modernismo, movimiento-vector de una recreación del país de manera antropofágica. Ante una perspectiva esteticista, centrada en la autonomía de la obra de arte y su carácter independiente de la realidad que la rodea, la poética antropofágica responde con un deseo por señalar e incluir lo particularmente brasileño, pensado y concebido a través de la creación artística.

La concepción de la antropofagia como *poética* está vinculada al hecho de que ella compone una teoría descriptiva que evidencia las diferencias y organiza las semejanzas. Es así que las líneas de fuerza de la poética antropofágica ofrecen un guion para los teóricos y críticos que echan mano de ella en su trabajo ya que, al agrupar estas líneas de fuerza, son propensos a abordar los productos estéticos bajo una perspectiva desterritorializadora, política, descentralizadora, diferencial, fragmentaria y plural, según las observaciones de Luis Carlos de Moraes Jr.[10]

La antropofagia, concepto concebido y desarrollado por Oswald de Andrade para pensar la realidad social y artística de América Latina, y que está presente en prácticamente toda la trayectoria intelectual del escritor, se configura así como una poética estético-político-filosófica. Además de ser una poética, la antropofagia surge como una marca permanente en los debates sobre la "brasileñidad", marcando posiciones "en el juego de luchas simbólicas por la legitimidad de pensamiento

9 Ver el ensayo "O entre-lugar do discurso latino-americano" de Silviano Santiago.

10 Ver su tesis doctoral: "O olho do ciclope: antropofagia cinematótica na literatura brasileira" (1997).

brasileño". Así pretende entender (en la perspectiva utilizada por Moraes Jr.) a nuestro pueblo y a nuestras subjetividades como herederos tanto de la tradición europea como de las otras razones vitalistas, no mesiánicas, de los indios americanos y de los negros africanos. Al postular que "solamente la antropofagia nos une", Oswald de Andrade lanzó el plan que indicaría la violencia implícita en la formación de nuestra identidad, señalando con una visión no necesariamente pacífica que expresase las innumerables diferencias y semejanzas existentes en el país.

Oswald de Andrade elaboró una síntesis de diversas ideas que —con los añadidos hechos por nosotros, sus sucesores— resultaron en la construcción de una poética que ya estaba insinuada en los rituales de devoración del enemigo practicados por los indígenas antropófagos. Tales rituales son reinterpretados bajo una óptica cultural, en un esfuerzo por crear un discurso antropofágico con vistas a la elaboración de un proyecto de nacionalidad que evidenciase los pormenores de la relación *colonizador vs. colonizado*. Destacamos también lo que en la antropofagia tenemos de más cruel/destructivo del colonizado y lo que responde al deseo de diferenciarse del otro colonial, presente en parte de la crítica brasileña. Así, la antropofagia nos permite pensar a un pueblo brasileño dotado con la capacidad de reorganizar y sintetizar de forma original las vertientes culturales asimétricas y divergentes mundiales, bajo un paradigma filosófico revolucionario, que prevé la fusión de la cultura europea con otros pensamientos puestos al margen.

Otro elemento a ser considerado es que las resonancias culturales y científicas presentes en la Antropofagia buscan solucionar dos grandes preguntas realizadas por la ruptura de una reproducción cultural pacífica en los inicios del siglo XX: la relación de los intelectuales brasileños con la cultura occidental y la permanente construcción de una identidad nacional. Los intelectuales locales frecuentemente buscan sobresalir a partir de "verdades" europeas consagradas como "universales". Nosotros (y nuestros intelectuales) no tenemos cómo huir del modelo de civilización propuesto por la Europa occidental que se expandió desde el siglo XVI, con poca resistencia, imponiendo lo que parecía ser un mundo "mejor" a partir de la expansión de lo que se consideraba una "civilización modelo". En Brasil, el aprecio a ese modelo sigue teniendo un lugar hegemónico en la cultura.

Dentro de ese imaginario, el "Manifiesto Antropófago" de Oswald de Andrade lanzó una idea que tuvo grandes desarrollos posteriores: una especie de contracanibalismo descolonizador, considerando que el proceso de colonización implica una violencia destructora. Este problema aparece en textos como *O entre-lugar do discurso latinoamericano* (1971) de Silviano Santiago. Para este crítico, el foco de la cuestión de la violencia en la colonización implica repensar el encuentro/desencuentro fundacional de Brasil entre el indio y el colonizador. Este encuentro/desencuentro puede ser constatado en la extrema crueldad del europeo durante el proceso de colonización, incluyendo la violencia física y la lógica brutal, fruto de la incapacidad de percibir los valores que no le resultaron útiles al colonizador en la apropiación material de la nueva tierra.

El dilema "devorar o ser devorado", como un movimiento que nos impulsó a la modernidad, confiere un substrato para la articulación de la poética antropofágica, al describir los impases ideológicos que entraron forzosamente en el proyecto de emancipación sociocultural del país. Una de las concepciones de la poética antropofágica, impulsada por la crítica Sheila Ortega[11], nos invita a pensar en cómo la imagen del indio que fue construida con el descubrimiento de América, consagrada en el imaginario universal, aunque recurrente, no es hegemónica. Así apela a una revisión de los prejuicios que motivan y perpetúan el desprecio a los pueblos nativos en la actualidad. Desde sus principios, la tierra brasileña ocuparía un lugar destacado en el imaginario occidental como un espacio, al mismo tiempo, paradisíaco y antropofágico, donde se conjugaría lo maravilloso y lo demoníaco.

Para comprender este espacio fundador de la antropofagia, Eneida Leal Cunha propuso retomar los textos coloniales como un "contrapunto" para el estudio de la identidad cultural, y así hacer un esfuerzo por trazar la fuerza de sus significaciones imaginarias constitutivas y la asimilación diferencial y correctiva del imaginario colonizador a través de las repeticiones operadas por los autores de la Colonia, lo que nos invitaría a examinar las emergencias del imaginario instituido[12].

[11] Ver su texto *Lygia Pape. Indigenismo e engajamento.*

[12] Ver *Estampas do imaginário: literatura, cultura, história e identidade.*

Otro elemento característico de la concepción de la poética antropofágica es su labor transdisciplinaria, que no sólo exige un diálogo fecundo con la antropología, la psicología, la religión, la historia y la sociología, sino que también ha creado un concepto altamente productivo, en especial para los estudios sobre música, artes plásticas, teatro, cine, arte-educación, crítica cultural.

Uno de los mejores resultados de esta invitación a atravesar disciplinas está en la obra de Eduardo Viveiros de Castro, cuyo ensayo "El mármol y la murta: la inconstancia de la alma salvaje" se convirtió en un texto de referencia tanto en el área de la antropología como en la de los estudios literarios. En el texto mencionado, el antropólogo analiza la construcción de la imagen del indio a través de obras como la del padre Antônio Vieira y la permanencia como estereotipo de esas imágenes en la cultura brasileña. Los estudios de Viveiros de Castro sobre antropofagia —en los cuales el concepto de *devenir* es comprendido como un elemento implícito en el concepto de canibalismo de las culturas amerindias— también han sido muy utilizados por investigadores que recurren a la antropofagia como concepto y como tema[13]. En ellos, lo antropofágico es considerado como un "proceso de depredación ontológica" propio de las cosmologías tupi. El acto caníbal, revestido de venganza, constituye, para Viveiros de Castro, una apuesta por el *devenir*; al capturar y devorar al enemigo, el guerrero tendría acceso a un estatuto divino que podría alcanzarse por medio de una "técnica" de ascensión, un medio privilegiado de "volverse dios", de "volverse otro".

Los usos del concepto

La poética antropofágica ha sido útil tanto al estudio de la poesía, como de la narrativa. Sin embargo, en su vertiente de crítica cultural, tanto literaria como musical y plástica, ha servido para deconstruir la idea de la formación de una identidad nacional en la literatura brasileña pensada únicamente a través del género novelesco por una filosofía logocéntrica y reductora.

[13] Ver Viveiros de Castro, Eduardo. *Araweté: Os deuses canibais.*

La poesía satírica atribuida a Gregório de Mattos, en lo que podría detectarse como "diferencia" en términos de la literatura brasileña, ha sido el foco principal de una polémica que se arrastra hace años dentro de la producción teórico-crítica sobre literatura brasileña, teniendo como principales protagonistas a Haroldo de Campos y a João Adolfo Hansen. A través de los análisis de los poemas satíricos es posible detectar los mecanismos antropofágicos, "plagiotrópicos" de traducción (y transculturación) de la tradición poética luso-española, además de los valores de sus aspectos sonoro, sintáctico y semántico. La recurrente fundamentación de la poética antropofágica en el sincretismo de lenguajes requiere una evaluación más cautelosa. Las influencias recibidas, digeridas y transformadas por la lengua contribuyeron significativamente para la formación del paradigma de lo que sería lo antropofágico. Se trata de elementos dispares, disonantes, de procedencias múltiples que componen un caleidoscopio cultural. Sin embargo, creemos que pueden ser considerados como vehículos de una poética antropofágica. Esto es especialmente cierto para aquellos trabajos que son fruto de un rompimiento consciente del realizador con los medios convencionales de producción, realización y distribución de la obra de arte.

Ya existe la convención de estudiar esta cuestión a través de la intertextualidad, del dialogismo, y de los juegos de palabras y tropos como elementos partícipes de la poética antropofágica. Sin embargo, debemos considerar la preeminencia de otros conceptos como "erudito", "popular" y "de masa", cuya delimitación como categorías fijas es constantemente demolida dentro de la poética antropofágica. Dentro de esta perspectiva es deseable establecer filiaciones entre el modernismo y la estética tropicalista[14], principalmente en aquella "Tropicália" que se constituye como una práctica experimentalista antropofágica que explora la relación interactiva entre lo local y lo global, lo tradicional y lo contemporáneo, y que apunta hacia la llamada "cultura de masas".

[14] Ver las siguientes tesis: Espírito Santo, Adriana Vilasboas do. *MPB e cultura Pop: a poética de Rita Lee*; Iorio, Fábio Mario. *Caras e Bocas: a trajetória poética de Caetano Veloso;* y Lago, Gilberto Pereira do. "Tropicália: artífice de um novo local da cultura: contribuição ao estudo da identidade cultural na contemporaneidade. (Todas las tesis citadas están disponibles en el Banco de Tesis de la Coordenação de Aperfeiçoamento de Pessoal de Nível Superior, Capes, en http://www.capes.gov.br/servicos/banco-de-teses).

Establecidas estas construcciones homogéneas, el movimiento tropicalista está visceralmente ligado a la poética antropofágica y a la crítica literaria cultural posmoderna. El experimentalismo del tropicalismo contribuye a debilitar la vieja concepción de influencia, desplazando el sentido de deuda, y utilizando, en cambio, el procedimiento antropofágico y la técnica de apropiación para construir su imaginario simbólico, que incluye la utilización de instrumentos musicales asociados al rock, ropas de la contracultura, y el acto de citar canciones enteras, al igual que metáforas del universo de la cultura de masas.

Ese discurso de la liberación de la influencia, y de un sentido de deuda, aparece en el libro *Verdade Tropical* (1997) de Caetano Veloso, en el cual el artista defiende el Tropicalismo como una absorción de toda y cualquier diferencia, siguiendo la orientación de Oswald de Andrade, de quien se presenta como heredero. Retomar la poética oswaldiana como procedimiento para la poesía brasileña contemporánea y el canibalismo como estrategia cultural (a los cuales recurren no solamente los intelectuales y los artistas, sino también los medios, importantes vehículos de formación cultural a partir del final de los años sesenta) le ha otorgado a la poética antropofágica un espacio determinante y permanente en la tentativa de producción de una singularidad estética brasileña.

En los estudios sobre teatro[15], la aproximación a la poética antropofágica (y al teatro de Oswald de Andrade) propone la consonancia de la creación teatral moderna, en lo que se refiere a la caracterización estética de ese arte, con las vanguardias históricas y tardías. Sin embargo, los vínculos entre teatro y antropofagia también enfatizan una postura específicamente sensible del teatro, y una hipertextualidad del presente con la obra, que hace de lo teatral un espacio en que se incita la operación de soportes simultáneos de expresión. Este modelo de análisis está inclinado, sobre todo, hacia las cuestiones de la estructura y de la ideología del texto, como elementos constitutivamente polémicos.

En el caso particular del teatro oswaldiano, y en la búsqueda por comprender la síntesis de lo "nuevo" europeo y de lo "nuestro" brasi-

[15] Ver las tesis: Duarte, Eduardo de Assis. *A Antropofagia encontra o marxismo: notas a propósito de O rei da vela, de Oswald de Andrade*. Y Souza, Walder Gervásio Virgulino de. *Roteiros de um teatro brasileño (e moderno): Alvaro Moreyra e os anos 20 no Rio de Janeiro*.

leño en sus obras, la recepción crítica muestra divergencias en cuanto a su valor artístico; por lo general, en estos abordajes se busca evaluar el significado de los ideales de las vanguardias modernistas para la sociedad brasileña. La adhesión de Oswald de Andrade al comunismo en la década de los treinta marcó especialmente su tentativa de renovación teatral en que se percibe el esfuerzo de actualización de los escenarios brasileños a la luz de las puestas en escena contemporáneas.

En el campo de la danza, Helena Katz también se apropia del concepto de antropofagia para pensar este arte en Brasil, pero lo hace ubicando el problema de la producción de una danza "en contexto oswaldiano". El aprendizaje de la danza es dominado por el "ballet importado, vía método Royal, escuela cubana o Escuela Bolshoi en el Brasil, y representa la coerción de una mercancía importada, ligada directamente a la fuente de su aprendizaje (Europa)" (*s/p*). Su pregunta es: ¿cómo promover "[...] la irrupción del principio del placer en los cuerpos en ellas entrenados?" (*s/p*). Katz sigue atacando la idea de que "todo aquello que está envuelto en una música compuesta por un compositor brasileño, en un escenario de autoría de artista brasileño, y siendo danzado por bailarines brasileños, es danza brasileña, pues revelará algo de poéticamente original y único, y ese algo es su brasileñidad" (*s/p*). Esta perspectiva sencillamente le trae a la danza "el desenmascaramiento de una 'geografía del nacimiento' como salida para componer la identidad de la obra". Para otros teóricos del baile, las danzas populares brasileñas, que estarían a salvo del imperialismo de la técnica del ballet, serían el lugar de salvaguardia última de la danza brasileña. El equívoco de esa formulación se da por cuenta de la ignorancia de que el cuerpo es cuerpo-medio, o sea, siempre porta signos no creados por él, previos a él, para ser leídos por otros. Por lo tanto, también el cuerpo de la danza popular no escapa a la acción, por ejemplo, de los medios de comunicación de masa. Carnaval, capoeira, hip-hop, nada permanece inmune a la contaminación. Ni hoy, ni en sus respectivos procesos de formación, en los cuales no se pueden ignorar las relaciones coloniales y mercantiles allí existentes:

> El cuerpo es extremadamente receptivo a la contaminación de lo concéntrico por lo excéntrico y viceversa, precisamente porque es un tránsito de flujos permanentes (cuerpo-medio). Allí está lo que nos

> permite proponer el cuerpo como quien mejor responde a la posibilidad de mezclar la selva con la escuela, como sugiere el "Manifiesto de la Poesía Pau-Brasil".
>
> La señal, por tanto, está en la capacidad de dejar de ontologizar el aspecto brasileño de la danza brasileña para entenderlo como mestizaje, como hibridación. El cuerpo que baila canibaliza todas las informaciones con las cuales tiene contacto continuado. Y, si las informaciones vienen ganando más velocidad de diseminación, es con ese nuevo trazo social que el cuerpo se constituye como cuerpo que danza. (Katz *s/p*)

Sin embargo, no todo en el concepto antropofágico es visto como ruptura: como hemos mencionado, autores como Roberto Schwarz ven en algunas de las propuestas de la antropofagia oswaldiana la manifestación de una estética neorromántica, así como el delineamiento de la crisis de la concepción humanista del sujeto moderno. A la preocupación de insertar a América del Sur en el escenario mundial, con una dicción propia, le sucedió la formación de una nacionalidad diferenciada. El deseo inicial del movimiento era traducir hacia adentro y hacia afuera las diferencias de cada pueblo en aquel comienzo de siglo XX. Habría aquí una diferencia marcada con el romanticismo: en la cultura brasileña de este periodo, la inserción de indios y negros en el campo simbólico de la nación no se hacía apenas como personajes, como ocurría en el romanticismo, sino también por sus signos y símbolos diferenciadores. La mitología indígena, la religión afrodescendiente, la música, comienzan a tener un lugar dentro de las reivindicaciones políticas de las poblaciones marginalizadas. El contexto social brasileño de la época se encuentra repleto de reivindicaciones de la población excluida del poder. Cuando los modernistas traen la cultura negra y la indígena al plano del lenguaje artístico, apenas si hacen eco a las cuestiones inexorables y hegemónicas del escenario político de su época.

En el arte y la literatura, los actos caníbales de "incorporar, procesar, transformar" recurrieron a la deformación caricatural, a la construcción de espacios sórdidos, a la asociación del hombre con animales y, por consiguiente, al canibalismo como lo describe Stélio Torquato Lima[16]. Como apelación a la forma, la poética antropofágica, como

[16] Ver su tesis de maestría, "As estranhas faces do homem só".

parte de una "estética de lo grotesco", o mejor, "de la contaminación", se convierte en elemento de la traducción artística de una relación violenta con la alteridad, de los actos de salvajismo propios de la colonización y de la barbarie propia de la historia de las relaciones interétnicas. Para eso, la antropofagia debería ser empleada, sólo en su sentido antropológico, como un ritual de absorción, asimilación de los valores externos y *devenir*, dentro de una concepción autoafirmativa, diferenciando las letras nacionales. Sin embargo, en las artes plásticas más recientes, el acto antropofágico (*comer/pensar*) suscita otro tipo de consideraciones relacionadas con la indigestión, la defecación, el vómito, la eyaculación y la salivación. Con este nuevo vocabulario, las lecturas más contemporáneas del fenómeno antropofágico sugieren nuevas apropiaciones y caminos.

La antropofagia, casi un siglo después de Oswald de Andrade, continúa recibiendo adiciones como la *antropoemia* de Waldo Motta (inspirado en Claude Lévi-Strauss), la *regurgitofagia* de Michel Melamed, la *digitofagia* de Ricardo Rosas o la *iconofagia* de Norval Baitello Junior —para citar apenas algunas propuestas que demuestran la fecundidad y continuidad de la metáfora—. Aunque las abundantes posibilidades de uso del sufijo *-fagia* (del griego *phageín*, "comer") en la composición de nuevos substantivos —forjando metáforas antitéticas al acto de comer— puedan sugerir un vaciamiento del sentido mismo de la antropofagia, esta aún se mantiene como un tipo de pensamiento que surge de la angustia de los márgenes, del desplazamiento, del "entre-lugar" hacia una *tercera orilla*. Veremos, a continuación, algunas de estas nuevas propuestas contemporáneas que dialogan con la antropofagia de los años veinte.

En lugar de la antropofagia, Waldo Motta propone el abandono, la experiencia de la *antropoemia* (del griego *emeîn*, vomitar), concepto que se remonta a las bases de la tradición occidental. Desde un contexto religioso y una poesía mística, el poeta afirma que Dios se confunde con lo excretado, es la propia síntesis de todo lo que comemos; al ser Dios el excremento, la lama que fecunda la tierra, todo lo que comemos es sagrado, pues proviene de Dios; según Waldo Motta, textualmente citado por Raul Antelo: "Es Dios lo que se come, en verdad, cuando nosotros comemos. Y cuando estamos defecando, defecamos Dios. Aquello allí es la materia prima que va a alimentar otras formas de vida, vegetales, animales, etc. En fin la cadena no se interrumpe. Entonces, Dios se confunde con lo escatológico, muchas veces" (*s/p*). Según Antelo, en Waldo Motta la experiencia antropoemética —horizonte entre naturaleza y cultura— es posible porque Dios se confunde con el excremento y la humanidad con su propia animalidad.

La coprofagia, cantada desde el *Manifiesto Coprofágico* [1977] de Glauco Mattoso, se remonta a la cuestión antropofágica de la apertura a la diferencia y del contraste ético (intrincado tema que ya abordamos tanto en la "baja" como la "alta" antropofagia), para proponer —ante la constatación de que la experiencia social ratifica, muchas veces, posicionamientos conservadores y defeca/desecha contenidos transformadores— la deglución de los residuos, de los discursos y propuestas descartados y de las "revoluciones fracasadas", como ya lo había sintetizado Oswald. Más que una contraposición a la antropofagia, la coprofagia surge como una radicalización del legado oswaldiano, defendiendo la devoración de los excrementos, ya que no podemos, como los bovinos, rumiarlos.

En atención a esa radicalización —que "desafina del coro de los conformes"— y reflexionando sobre las ontologías de lo brasileño, evocamos metafóricamente, en un desdoblamiento del "grillo" de Oswald, al escarabajo pelotero[17] para señalar nuestras prácticas sociales coprofágicas. Estas prácticas se han expandido con la miseria de un porcentaje cada vez mayor de la población, de una cantidad significativa de personas que, sin oportunidad de trabajo, sobrevive literalmente de residuos y de basura. La ontofagia del brasileño, al devorar el cuestionamiento sobre "¿quiénes somos nosotros?", propone no sólo el tradicional cuestionarse sobre la identidad, sino principalmente el modo de producción de la vida; no sólo una preocupación formal, restringida a los "modos de subjetivación", sino el énfasis en lo que los fundamenta y en la interrelación que hay entre la abstracción de la identidad y la concreción de la vida física.

De otro lado, la llamada *iconofagia* de Baitello Júnior es un concepto creado para designar el proceso en que las imágenes devoran a las imágenes mismas, e intenta mostrar la disolución de lo humano y de

[17] En portugués: *gorgojo rola-merda*. Escarabajo que se alimenta de excrementos. (Nota de la traducción.)

la historia en el desvarío tecnológico de una ubicua tela de imágenes, creación de los hechiceros humanos que ya no pueden contener más sus poderes. Entretanto, la llamada *coprofagia*, literal e involuntaria, se disemina silenciosa y cotidianamente, exponiendo la deshumanización expresada entre las grietas de las múltiples temporalidades de la historia, temporalidades en las que el retrete sabe del telescopio *Hubble*, y viceversa. En ambas acepciones, sin embargo, la metáfora es construida en relación con la tradición antropofágica, ratificándola, invirtiéndola o negándola. Espectáculo y "vivencia en la mierda", rotas las fronteras entre literalidad y metáfora, ratifican la fecundidad de la actitud antropofágica en la comprensión del mundo actual. Si se opta por censurar la evocación biológica de la metáfora antropofágica, luego se verá —ante la inevitable percepción de que los principales problemas de nuestro tiempo no se dividen en sociales, ambientales, políticos, etc., sino que son todo esto al mismo tiempo— la terrible identificación, literal y metafórica, entre lo que se devora y lo que se excreta, así como el empeño mediático en disolverlo todo en imágenes, es decir, en *iconofagia*. Otras metáforas permiten vislumbrar los vínculos entre la coprofagia y la construcción alegórica alusiva al modo de pensar. Esta metáfora coprofágica podría tomarse como otra forma de "mentalidad diarreica", la misma que se refiere a la "prohibición del pensamiento", al llamado "pensamiento unidimensional" o a la tesis del "fin de la historia". Sin embargo, la coprofagia, como metáfora del pensar, como posibilidad de una racionalidad distinta, es una fecunda propuesta estética empeñada en releer la antropofagia. Esto es visible en la propuesta del poeta Glauco Mattoso:

> Hice la apología de la mierda en prosa y verso, de cabo a rabo. En la práctica yo quería decir para mí mismo y para los otros: "Si en medio de los pocos buenos hay tanta gente haciendo mierda y autopromoviéndose o siendo promovida, ¿por qué yo no puedo hacer mierda propiamente dicha y justificarla?". La justificación provenía de la teoría de la ANTROPOFAGIA oswaldiana. Ya que nuestra cultura (individual y colectiva) sería una devoración de la cultura ajena, claro que podría haber una nueva devoración de los detritos o defectos de esa digestión. Un reciclaje o recuperación de aquello que ya fue consumido es también una parodia, un plagio descarado o "intertextual"

> que agradó a la crítica, y yo llegué *terrible* de Oswald de Andrade. (Mattoso 27)

Si el testimonio de nuestra época es una ubicuidad del imperativo coprofágico literal (de la diseminación de partículas fecales por la comida, por el agua y por el aire, ingeridas por las grandes mayorías asoladas por una cotidianidad cargada de miserias), entonces la metáfora de la comida para hablar de la racionalidad evidencia, no sólo la interpenetración entre antropofagia y coprofagia, sino el modo silencioso y reprimido de su inscripción en los detalles mínimos de la vida cotidiana de nuestro tiempo. Esa ambigüedad constitutiva de la antropofagia, su persistente aspecto de noción inacabada, es algo propio de su expresión no dogmática. La diseminación de una "mentalidad diarreica" (la "prohibición del pensar") no es sólo la alegoría de los excrementos de las (ir) racionalidades contemporáneas, sino también el anverso de una moneda en cuya corona la antropofagia, concebida como una osadía extrema por los dogmatismos de la derecha y de la izquierda, surge como una tentativa de vaciamiento de un linaje filosófico de izquierda que acaba por reducir la *tercera orilla* en una simple *tercera vía*.

Falsa como las oposiciones que frecuentemente se establecen entre Estado y mercado, norte y sur, centro y periferia, entre otras, la identificación (disolución) de la antropofagia con lo que ha sido llamado "neoliberalismo" expresa el deseo de quienes quieren atribuirle una cara ingenua a la antropofagia; si la identificamos con el neoliberalismo, lo único que hacemos es ratificar el postulado positivista según el cual todo lo que no se reduce a cifras pasa a ser sinónimo de ilusión y, automáticamente, debe ser llevado a la literatura. Un ejemplo de ese tipo surge en el conjunto de escritos de Oswald que aparecieron bajo el título de *Telefonema*. Este es un Oswald que, reconociendo en la antropofagia las cualidades de una auténtica *visión de mundo* [*Weltanschauung*], creía: "[...] que sólo un espíritu reaccionario y obtuso podría beneficiarse de eso para justificar la devoración por la devoración. [...] la guerra, los terrores del fascismo, apelar a las fuerzas primitivas de la humanidad, todo eso, sólo, significa descalabro y muerte para un ciclo – el ciclo individualista burgués. Nunca para la humanidad" ("Pau-Brasil" 32). La supuesta ambigüedad de la antropofagia (común a todas las grandes creaciones filosóficas) es apenas la expresión inequívoca de su mayor riqueza; los ojos de agua de la *obra*, su descendencia de la poesía.

La crítica por ingenuidad que se le hace a la reivindicación de la actitud antropofágica en la actualidad representa una postura político-ideológica nada inocente, que se empeña en actuar anti-antropofágicamente por medio de argumentos que se restringen apenas a un aspecto del debate. La idea de que la antropofagia consiste en una mera "devoración por la devoración" es la caricatura de que se sirven sus críticos para atribuirle una hipotética candidez, ya que el grado de apertura a lo diferente sustentado por la actitud antropofágica acabaría por volverla fácilmente atrapable por el mercado, una "metáfora dulce" al paladar neoliberal que también se interesa en una captura radical de todo lo "otro". Esa restricción interpretativa a su expresión de (ir)racionalidad opera bajo una configuración específica del capitalismo: se supone entonces que la cara lupina de la antropofagia, que revelaría una adhesión a la selección natural alardeada por el neoliberalismo, negaría cualquier posibilidad de su uso contra la "prohibición de pensar", "el modo capitalista de pensar", "el pensamiento unidimensional", "la mentalidad diarreica". Esa reducción del alcance de la antropofagia es típica de posicionamientos colonizados:

> El capitalismo, que produce y devora mucho, es "antropofágico": también se "come" al hombre. Pero, ¿qué consume exactamente? ¿Los cuerpos? Estos son usados hace mucho tiempo y la antigua noción de "cuerpos productivos" [Marx] es una prueba de eso. La gran novedad es hoy la reducción de las mentes. [...] [N]osotros asistimos, en el presente, a la destrucción del doble sujeto que tuvo origen en la modernidad, el sujeto crítico (kantiano) y el sujeto neurótico (freudiano) —a la que se debe sumar el sujeto marxista— y vemos instalarse un nuevo sujeto, un sujeto "posmoderno", que debe ser definido. [...] Entramos, pues, en un tiempo nuevo: el del capitalismo total que no se interesa sólo por los bienes y por su capitalización, que no se contenta más con un control social de los cuerpos sino que busca también, bajo la apariencia de libertad, una profunda reestructuración de las mentes. Todo, de hecho, debe ahora entrar en el mundo de la mercancía, todas las regiones y todas las actividades del mundo, inclusive los mecanismos de subjetivación. Es por eso que, delante de ese peligro absoluto,

> la hora es de resistencia, de todas las formas de resistencia que defienden la cultura —en su diversidad— y la civilización —en sus conquistas—. (Dufour 22)

Es sólo en los contornos de ese contexto en que se disemina el procedimiento de "reducir las cabezas", que se pueden comprender los dos principales argumentos empleados para desechar la antropofagia, o bien como un mero discurso flexible y desterritorializado de plena adhesión al neoliberalismo, o bien como un concepto anacrónico, inocuo en el contexto actual. Toda atención a la teoría de la historia, a las realidades y discursos silenciados, a la reconstrucción de las memorias culturales, a la carnavalización, al énfasis en la oralidad —esos importantes factores que distinguen la antropofagia brasileña de los canibalismos europeos (Francis Picabia [1879-1953], Filippo Marinetti [1876-1944], Blaise Cendrars [1887-1961], Salvador Dalí [1904-1989], etc.)— se desvanece cuando la antropofagia es tomada como endoso y aprobación de los discursos del neoliberalismo y del "fin de la historia".

Aunque hayamos reconocido, en el curso de esta argumentación, que la restricción de la antropofagia sólo a la realidad brasileña o latinoamericana representaría una mutilación conceptual, debemos, de igual modo, advertir que ello no proviene de una postulación antropófago-nefelibata (que descarte la historia) ni de la posible ortodoxia de un hipotético programa antropofágico. Si la metáfora de la antropofagia ya encontraba rudimentos en el mito fundador de la "civilización occidental" —como es evidente en las referencias al mito de Cronos (Saturno) devorando a sus propios hijos— y porta innegables elementos de universalidad, no es en vano que las consideraciones que estamos formulando nos conduzcan a los puntos de singularidad de la metáfora antropofágica en el contexto latinoamericano.

En esos tiempos en que se volvió una obsesión difusa e imperativa la transposición de fronteras, la creación de un mundo licuado, la defensa intransigente del concepto políticamente correcto de *multiculturalismo* (concepto que carga en sí el peso del etnocentrismo, según el cual algunas culturas acaban siendo tomadas como centro), son más que oportunas las palabras de Caetano Veloso, para quien la antropofagia:

> [...] es antes una decisión de rigor que una panacea para resolver el problema de identidad del Brasil. La poesía límpida y cortante de Oswald de Andrade es, ella misma, lo opuesto de un complaciente "escoger el propio coctel de referencias". La antropofagia, vista en términos precisos, es un modo de radicalizar la exigencia de identidad (y de excelencia en la factura), y no un regate a la cuestión. (249)

Alcanzamos, por esa vía, la desembocadura de ríos inevitables para la caracterización de la antropofagia oswaldiana, de la cual nos nutrimos en el curso de esta navegación: la antropofagia, tal como la hemos delineado, tiene raíces profundas en la cultura brasileña y latinoamericana, y ese aspecto es decisivo para su configuración conceptual. Además, no cuesta repetir el truismo de que cualquier concepto —los de antropofagia incluidos— es también una construcción histórica humana y, como tal, no es susceptible a ser sintetizado en una definición única e inequívoca. Esas consideraciones nos indican que comprender el trayecto de la idea de antropofagia en el Brasil, en sus varias acepciones, es tarea que no puede ser satisfactoriamente realizada sin una atención especial a las interpretaciones del país, sin que se dedique a comprender la constitución histórica brasileña.

El desahogo de Oswald de Andrade revela cuán profundas habían sido las marcas del *realismo socialista* en su visión de mundo, especialmente manifestadas en el *muralismo* de su novela *Marco Zero*. Si, por un lado, el antropófago mantenía la firme convicción de que su *galleta fina* (su sofisticada reflexión en torno al Brasil) portaba una pedagogía que haría posible que las masas devorasen el obstinado "grillo", por otro lado surge la paradójica metáfora de la "galleta fina" a la que las masas ascenderían, ellas que, guiadas por el *instinto caraíba*, posiblemente poco interés tendrían en galletas, guardando la preferencia por la carne humana que estaba inscrita en el paladar caraíba desde la fundación del país. Este apetito de las masas (vaticinado por el antropófago) buscaría deglutir al mismo fabricante de las galletas: a Oswald, quien ya fue apetitosamente definido por Antônio Candido como un "Quijote Gordo". La antropofagia que nos ha definido a lo largo de la historia (reconociendo que "la cultura contemporánea está preñada de prácticas caníbales" [Antelo 266]), bajo nuestra lectura, poco a poco alcanza las carnes siempre renovables, diseminándolas como el "perro caliente" de la novedad en el mundo contemporáneo (como actitud política, teatro, poesía o sátira) por los *pasajes* caminables y narrables del Brasil. Solamente quienes no tienen dientes insisten en ver la "galleta fina" oswaldiana transformada en sangrientos purés de carne, servidos en las churrasquerías de la industria cultural contemporánea[18]. En respuesta bastaría mencionar el horror que todo antropófago tiene por la carne de vaca (y consecuentemente por la churrasquería, donde toda la carne es hecha propiedad y adquiere todas las marcas registradas de los productos de mercado). La *actitud antropofágica* se hace entre *comensales*, entre aquellos que comen juntos, que van más allá de la dicotomía público-privado, que participan de los caminos de lo *común* y que se oponen de forma radical a las visiones unidimensionales del mundo.

Bibliografía

Almeida, María Cándida Ferreira de. *Tornar-se outro: o topos canibal na literatura brasileira*. São Paulo: Annablume, 2002. Impreso.

Andrade, Oswald de. *Do Pau-Brasil à antropofagia e às utopias*. Rio de Janeiro: Civilização Brasileira, 1978. Impreso.

—. *Estética e política*. Pesquisa, organização, introdução, notas e estabelecimento de texto. Maria Eugênia Boaventura. São Paulo: Globo, 1992. Impreso.

—. "Schema ao Tristão de Athayde". *Revista de Antropofagia* I. 5 (1928): Impreso.

—. *Telefonema*. São Paulo: Globo, 1997. Impreso.

Antelo, Raul. "Não mais, nada mais, nunca mais". Mesa-redonda Poesia e tradição moderna. Universidade Federal Fluminense. 9 de octubre de 1997. Ponencia. Web. <http://paginas.terra.com.br/arte/PopBox/m1p21.htm#top>. 23/04/206

Baitello Junior, Norval. "As imagens que nos devoram. Antropofagia e Iconografia". 28 de marzo de 2000. Web. 31 de enero de 2007. <http://www.sescsp.org.br/sesc/images/upload/conferencias/110.rtf>.

[18] Posición defendida por João Cezar de Castro Rocha en su artículo "Devorando Oswald", en *Folha de São Paulo*, 10 de octubre de 2004.

Campos, Haroldo de. "Da razão antropofágica: diálogo e diferença na cultura brasileira". *Boletim bibliográfico* 44 (1983): 107-125. Impreso.

Cunha, Eneida. "A Antropofagia, antes e depois de Oswald". *Oswald Plural.* Rio de Janeiro: UERJ, 1995. Impreso.

—. *Estampas do imaginário: literatura, cultura, história e identidade.* Belo Horizonte: UFMG, 2006. Impreso.

Dantas, Vinícius. "O canibal e o capital. A arte do Telefonema de Oswald de Andrade". *Terceira Margem* IX 12 (2005): 210-227. Impreso.

Duarte, Eduardo de Assis. "A Antropofagia encontra o marxismo: notas a propósito de *O rei da vela*, de Oswald de Andrade". *Aletria: Revista de Estudos de Literatura* 07 (2000): Impreso.

Dufour, Dany-Robert. *A arte de reduzir as cabeças: sobre a nova servidão na sociedade ultraliberal.* Rio de Janeiro: Companhia de Freud, 2005. Impreso.

Helena, Lúcia. *Totens e tabus da modernidade brasileira: símbolo e alegoria na obra de Oswald de Andrade.* Rio de Janeiro: Tempo brasileño, 1985. Impreso.

—. *Uma literatura antropofágica.* Fortaleza: Edições UFC, 1983. Impreso.

Katz, Helena. *Visto de Entrada e Controle de Passaporte da Dança Brasileira.* CD-ROM. Rumos Itaú Cultural Dança, Itaú Cultural - São Paulo, 2004.

Lima, Stélio Torquato. "As estranhas faces do homem só". Tesis de Maestría. Estudos da Linguagem, UFRN, 01/03/2000.

Mattoso, Glauco. "Uma odisséia no meio espaço". *Jornal Dobrabil.* Edição fac-similar dos 53 números do jornal, publicado entre 1977 e 1981. São Paulo: Iluminuras, 2001. Impreso.

Moraes, Helenice. *Oswald plural.* Rio de janeiro: UERJ, 1995. Impreso.

Moraes Junior, Luis Carlos. "O olho do ciclope: antropofagia cinematótica na literatura brasileira". Tesis doctoral. Rio de Janeiro: UFRJ, 1997. Impreso.

Moser, Walter. *L'anthropophagie du sud au nord, Confluencias littéraires Brasil-Québec: les bases d'une comparaison.* Montreal: Les éditions Balzac, 1992. Impreso.

Nunes, Benedito. "Antropofagia ao alcance de todos". *Do Pau-Brasil à Antropofagia e às Utopias*. Rio de Janeiro: Civilização Brasileira, 1978. Impreso.

Ortega, Sheila Cristina. *Lygia Pape: indigenismo e engajamento*. Disertación de maestría. São Paulo: IA/UNESP, 2004. Impreso.

Perrone-Moisés, Leilla. "Literatura Comparada, intertexto e antropofagia". *Flores na Escrivaninha*. Sao Paulo: Companhia das Letras, 1990. Impreso.

Santiago, Silviano. *Intérpretes do Brasil, vol. I*. Rio de Janeiro: Nova Aguilar, 2000. Impreso.

—. "O entre-lugar do discurso latino-americano". *Uma literatura nos trópicos*. São Paulo: Perspectiva, 1978. Impreso.

Schwartz, Jorge. *Da antropofagia a Brasília: Brasil 1920-1950*. São Paulo: Cosac e Naify, 2002. Impreso.

—. *Que horas são? Ensaios*. São Paulo: Companhia das Letras, 1989. Impreso.

Schwarz, Roberto. "Nacional por subtração". En: Schwarz, Roberto. *Que horas são? Ensaios*. São Paulo: Companhia das Letras, 1987, pp. 29-48. Impreso.

Veloso, Caetano. *Verdade tropical*. São Paulo: Companhia das Letras, 1997. Impreso.

Vieira, Frei Domingos. *Grande dicionário português ou Tesouro da língua portuguesa*. Porto: Ernesto Chardron e Bartholomeu H. de Moraes, 1871-1874. Impreso.

Viveiros De Castro, Eduardo. *Araweté: os deuses canibais*. Rio de Janeiro: Jorge Zahar, 1986. Impreso.

—. "O Mármore e a Murta: sobre a inconstância da alma selvagem". *A inconstância da Alma Selvagem*. São Paulo: Cosac e Naify, 2002. Impreso.

"¡Mi cuerpo se estremece con sólo hablar!": Poéticas del agua en la oralidad y en el imaginario popular brasileño[1]

Mário Cezar Silva Leite[2]

Buena parte de los cuentos que conocemos como tradicionales o populares y que también se suelen llamar *cuentos de hadas* —la Cenicienta, la Bella Durmiente, Juan y María[3], el Gato con Botas, etc.— nos llegan del universo oral. Las llamadas fuentes orales y populares —no sé si el término es el más adecuado— siempre sirvieron de material para la creación y la recreación por parte de los escritores. Y lo contrario también es cierto: hay textos escritos que por un motivo u otro entraron en el gusto popular y fueron recontados y recreados en la voz de la tradición oral. A pesar de esto, es importante subrayar que un cuento puede haber "vivido mucho tiempo en la tradición oral antes de dejar [...] trazos en un texto escrito". Este texto escrito pasa a convertirse en "la más antigua versión conocida" de aquel cuento (Simonsen 11).

1 Este artículo, aquí muy modificado y ampliado, fue publicado en el libro *A imagem das águas*, organizado por Antonio Carlos Diegues, publicado en São Paulo, 2000, por la editora Hucitec, bajo el título "Meu corpo até arrepia, só de falar!". Traducción de María Cándida Ferreira de Almeida.

2 Profesor de literatura brasileña de la Universidade Federal do Mato Grosso (UFMT), doctor en Comunicación y Semiótica (PUC/SP), actúa en la Maestría en Estudios de Cultura Contemporánea (ECCO-IL) en la Universidade Federal de Mato Grosso, campus de Cuiabá-MT.

3 En el Brasil se conoce así a la historia de Hansel y Gretel. (Nota de la traducción.)

Es muy común, principalmente en el noreste brasileño, encontrar en los cuentos de tradición oral y en la literatura de cordel[4] temas, motivos y narrativas, que datan de la tradición europea de los siglos XIV, XV Y XVI. Y se tiene una lista de temas muy amplia, que se extiende desde las historias de Carlos Magno y los Doce Pares de Francia, la materia artúrica y la "Doncella Guerrera"[5], hasta los cuentos de Gonçalo Fernandes Trancoso. No es sencillo trazar la senda que esas historias y temas atravesaron en el juego entre lo oral y lo escrito, hasta llegar al Brasil y radicarse, transformarse y actualizarse, ya sea por la voz o por la letra escrita.

Jerusa Pires Ferreira señala —específicamente para el caso de la literatura de cordel, y que acá puede ampliarse a este juego entre lo oral y lo escrito— que:

> Al aproximarse a la literatura de cordel no se puede dejar de pensar en la clasificación de literatura popular. Estamos conscientes de la precariedad de las distinciones anteriormente puestas entre literatura popular y culta, como es el caso de otras formas de expresión artística, viéndose siempre abierta la posibilidad de que una se transforme en la otra, y así sucesivamente. Tenemos, además de esto, la percepción de estar delante del texto-letra, que se ofrece como resultado de un complejo transcurso socio-cultural, equilibrándose entre los andares de ir y venir de lo culto a lo popular y viceversa, en alternancias. (Ferreira 11-12)

Obviamente, temas, motivos e historias sufren alteraciones y contextualizaciones geográficas, históricas y socioculturales del (y en el) medio en que se insertan, y se van actualizando. Muchas de las historias

4 Literatura popular brasileña de forma poética cuyas estrofas más comunes son de diez versos, aunque también hay de otras de seis. Tiene origen ibérico, medieval y oral, pero pasó a ser presentada de forma escrita en pliegos vendidos en las plazas. Estos textos se exhibían en tendederos de cuerdas, y de allí viene su nombre. Los textos de cordel fueron durante mucho tiempo ilustrados con xilografías. Para vender sus obras, los autores, o cordelistas, recitaban los versos de forma melodiosa acompañados de la guitarra. (Nota de la traducción.)

5 La historia de una mujer disfrazada de hombre para participar en la guerra. Diadorim de *Grande Sertão: Veredas*, de Guimarães Rosa, es uno de los más grandes emblemas de ese tipo de relato.

que conocemos, heredamos y modificamos, por un lado, llegaron con los pueblos que arribaron a nuestras tierras y, luego, se mezclaron con el repertorio indígena. Esas historias, por diversos motivos, pueden haberse mantenido de formas diferentes, según diferentes tipos de mezclas. Algunas pueden haberse mantenido más visiblemente como portuguesas, otras más visiblemente indígenas o negras. En otros casos, no hay ninguna precisión sobre su posible origen[6]. Según Darnton: "El proceso de transmisión afecta las historias de maneras diferentes en culturas diferentes" (35). Câmara Cascudo comenta que el fabulario traído por los portugueses fue adaptado a aquel que ya *existía en la tierra conquistada*. Sin *comprender los mitos religiosos*, bastaba para los portugueses que un único detalle *coincidiese* o que el *aspecto general* de las historias indígenas recordara sus historias para provocar diversos tipos de cruces y mezclas (Cascudo 122-142).

La presencia contemporánea de un cierto repertorio medieval específico se explica, según algunos estudiosos, por la configuración social del noreste brasileño que:

> [...] de modo general, hasta el inicio de la era Vargas se identificaba con la situación medieval portuguesa e incluso europea. Esto explicaría no sólo la permanencia de una literatura con temas y técnicas arcaizantes como el aprovechamiento que de esa realidad hacen escritores como José Lins do Rego y Ariano Suassuna [...]. Al evidenciar una sociedad en cuya literatura subsisten fuertes trazos medievales o medievalizantes se presupone pues, en su estructura, la presencia de acentuados vestigios de aquel momento histórico-social. (Vassallo 15)

Como ejemplo de la vasta trayectoria, permanencia y actualización de esas historias se puede ver lo que ocurre con el cuento conocido como "Cenicienta", que se remonta a *El asno de oro*, de Apuleyo. Este relato, a su vez, se remonta a la historia de Eros y Psique de la mitología griega, cuyos tema y motivo (eso es lo que vuelve posible identificarlo en cualquier lugar/tiempo/espacio) se encuentran en Francia, Italia, Portugal, y (exclusivamente) en Bahía, en el noreste del Brasil.

6 Vale para la idea de "origen" la misma discusión y cuestionamientos que establezco para "matriz" más adelante, como se verá.

Recientemente fueron encontradas 20 versiones orales de esa "Maria Borralheira [María Cenicienta]". Aunque en algunos casos aparece con otro nombre —"Caranguejinho Dourado", "A Moça de Pau" e incluso "Cinderela"—, el tema y el motivo central permanecen, lo cual hace posible identificar el cuento como parte del conjunto "Borralheira" [Cenicienta] (Costa, Edil 21). Recuerdo acá una vez más, a propósito de ese conjunto, que las historias se modifican y se contextualizan en el medio cultural y social donde se insertan; el medio es quien define, hasta cierto punto, la configuración de las historias, pero no es el único determinante en la composición final, como se verá más adelante.

Algunos estudiosos e investigadores del folclor y el cuento popular señalan algunas *fuentes impresas* de este tipo de expresiones. Las historias que conocemos en el Brasil como "Cuentos de Trancoso", por ejemplo, nos llegaron del libro *Cuentos e historias de provecho y ejemplo*, publicado en Lisboa en 1585, bajo la autoría de Gonçalo Fernandes Trancoso, y se difundieron por el país muy rápidamente. Ese libro tuvo muchas ediciones en los siglos XVII y XVIII y "ya en 1618, en la capitanía de Paraíba, Alviano decía, en el tercero de los Diálogos de las Grandezas de Brasil: 'esto parece de los cuentos de Trancoso y, como tal, no me persuado a darle crédito'" (Cascudo *Literatura Oral* 171).

Esas perspectivas abren espacio para una breve reflexión sobre dos puntos importantes en ese contexto: (1) la utilización de la noción de *matriz*, bastante común entre investigadores de culturas y poéticas populares basadas en la oralidad. Se acostumbra hablar, con cierta comodidad, sobre matrices impresas de lo oral o matrices orales de lo impreso. Tras algunos años de estudio y observación de ese universo y repertorio, pienso que sólo es adecuado hablar de matriz si ella, en todos los casos, puede ser entendida y pensada como un espacio de cristalización, o intensificación, de una tesitura mítico-imaginaria muy variada y múltiple. Eso significa que toda *matriz* ya es un resultado híbrido de conjunciones muchas veces de imposible identificación. Se tiene el mito, el cuento popular, la leyenda en una determinada configuración con algunos elementos identificables —que generalmente pueden situarse en determinados ciclos temáticos—, pero otros elementos, temas y mitos convergentes no hacen parte de aquella configuración (matriz) específica, lo que no quiere decir que no estén allá debido al flujo y dinamismo de la cultura. (2) Entretanto, como se ha mencionado anteriormente, esas posibles cristalizaciones no se dan de forma aleatoria. Por lo general, los narradores populares, los cordelistas —aun los más geniales, creativos e inventivos—, están en constante manejo y re-elaboración de elementos de una tradición relativamente coherente. En el fondo, esto es lo que afirma Carlo Ginzburg, para quien la cultura ofrece al individuo un horizonte de posibilidades latentes, una jaula flexible e invisible dentro de la cual se ejercita la libertad condicionada de cada uno (Ginzburg 27).

Todo grupo humano articula aquello que, cultural e históricamente, está a su disposición (Ginzburg 27). Y, vale la pena recordar que el narrador, en general, está en contacto con (y participa de) una herencia cultural elaborada por su grupo social; al realizar movimientos o cambios —o al ampliar sus posibilidades narrativas— está participando en la elaboración de esa misma herencia y tradición. No se puede también dejar de considerar que para muchos hay una especie de vector —núcleo central definidor— imaginario "universal" que se mantiene, de algún modo, en todos los tiempos y lugares. Para Gilbert Durand, es posible preguntarse si en el transcurso de esos pasajes de una cultura a otra y de una época a otra no habrá un hilo conductor profundo (Durand, *Mito e sociedade* 38)[7].

En el juego entre continuidad y actualizaciones puntuales, entre inserciones y avances, Pires Ferreira afirma que "cada realización narrativa inaugura una nueva posibilidad sobre la matriz que se desprende del continuo textual; cada contador o recreador enriquece o mutila [...]

[7] El autor se refiere a las designadas —"por Abraham Moles"— "constelaciones de afinidades" que son las "afinidades de mitemas o de mitos de una cultura a otra" (37-39). Los ejemplos donde es posible verificar la "constelación de afinidades" utilizados por Durand son: "el conjunto de los mitos y de los mitemas de Graal. Se puede estudiarlos, [...] en relación con Irán y Persia. [...] Se puede estudiarlos [...] en los celtas [...]. Se puede estudiarlos en Francia en el siglo XIII [...]. Se puede estudiarlos en su cristianización más avanzada en Alemania [...]. En fin, pueden estudiarlos en la novela americana y aun en la novela judío-americana [...]. Y encontrarán allí, en una novela de Malamud que se llama *El electo*, un caballero del Graal, que en lo demás es un jugador de béisbol [...]. En otro gran mito, el de Fausto, vemos que él salta un poco en culturas diferentes y en literaturas diferentes por lo menos desde los siglos XV, XVI [...]" (37-38). A estos ejemplos se podrían añadir, en Brasil, los trabajos de Jerusa Pires Ferreira, *Cavalaria em cordel* sobre el Cordel Nordestino ligado a la "Gesta Carolingia" y el libro de San Cipriano: *Uma legenda das massas*, ligado específicamente a la figura de Fausto.

inventa o prepara las trampas de la poética y de la memoria" (Ferreira Armadilhas 43)[8].

Dentro de ese vasto repertorio de relatos, uno de los temas más recurrentes es el de los monstruos, en sus más variadas formas, insertados en ese conjunto mítico para formar una especie de bestiario mitológico popular brasileño. Muy común también es la relación establecida entre esos monstruos y la naturaleza. Por lo general, aunque parezca una visión reductora, estos monstruos suelen ser analizados como una "interpretación de fenómenos de la naturaleza"[9]. Los análisis que siguen se centran en la presencia del monstruo en las tradiciones orales y populares brasileñas.

La presencia de monstruos en todas las civilizaciones, en los más variados círculos culturales, desde la más remota antigüedad, parece crear una fuerte relación entre el miedo, el monstruo, el imaginario y las culturas que los crean y les temen. De un modo u otro, es muy difícil encontrar una cultura que no tenga entre sus principales mitos monstruos de varias especies. Esos monstruos se encuentran íntimamente ligados a la cultura misma, a sus miedos, a la utilería imaginaria y, en algunos casos, a la naturaleza circundante y a las experiencias comunitarias. Como dice Delumeau, los mesopotámicos de otrora creyeron en la existencia real de hombres escorpión cuya mirada bastaba para causar la muerte. Según este autor, los griegos estaban asimismo convencidos de que toda persona que mirase una Gorgona quedaba instantáneamente petrificada. En ambos casos, se trataba de la versión mítica de un hecho vinculado con una experiencia específica: la posibilidad de morir de miedo (Delumeau 23).

Caben, en este momento, dos aclaraciones: (1) mi trabajo se centra en la concepción, como afirma Claude Kappler, de que el "objeto de estudio es el monstruo en la imaginación y no el monstruo en la naturaleza"

8 Eso puede aplicarse tanto a una misma narrativa, misma historia o trama, como también a narrativas e historias diferentes.

9 Considero esa cuestión un poco más delicada y compleja. Para detalles de esa discusión remito a mi libro *Águas encantadas de Chacororé: natureza, cultura, paisagens e mitos do Pantanal* (Leite *Águas encantadas*) y a mi artículo "O grande livro encantado: aspectos e percepções da natureza", publicado en el n.º 1, v. 1 de la *Revista Territórios e Fronteiras* (del Programa de Posgrado en Historia de la Universidade Federal do Mato Grosso en 2000).

(Kappler 4) y eso me sitúa en rutas directas con los mitos, y con los monstruos-mitos; (2) buena parte de esos monstruos-mitos proceden de una antigüedad casi incalculable y permanecen, de cierto modo, en los flujos de actualización y re-significación, en las llamadas poéticas de la voz, en los universos orales de comunidades donde lo oral es aún un elemento esencial de la integración comunitaria. En este contexto, mitos, leyendas y cuentos populares se integran a esta poética, creándola también a través de la voz. "No hay arte sin voz", dice Paul Zumthor (72). En este caso, la voz es el arte mismo. Es por medio de la oralidad que el conjunto de textos se congrega, es compartido, se modifica, se transmite y se inserta en el patrimonio cognitivo y afectivo de un grupo humano determinado. Kappler trabaja fundamentalmente el monstruo en el imaginario medieval; sin embargo, resulta válida en general su idea de que es:

> [...] más justo decir que, si ciertos sentidos [de la figura del monstruo] son privilegiados en determinada época, los otros permanecen, aunque en segundo plano. [...] hay un cierto sentido eterno y universal del monstruo, al cual se sobreponen uno o más sentidos preferenciales y hasta "convencionales", típicos de cada época. Estos últimos pueden ocultar el primero, pero no pueden impedir su existencia. Así, una gama de variables propias del tiempo [...] y de su medio (en el sentido más amplio) se conjuga con la gama de constantes, para constituirse en una especie de ornamento. (414)

Para Durand, por su parte, la "orientación zoomórfica de la imaginación forma una camada profunda", por lo cual el "bestiario, parece, por lo tanto, sólidamente instalado [...], en la mentalidad colectiva y en la fantasía individual" (51).

Por una serie de motivos que definen trayectos intelectuales que no siempre son muy claros u objetivos, me convertí en investigador de las poéticas orales y los mitos populares, y especialista en monstruos de agua en los ríos y el Pantanal de Mato Grosso, en el Brasil[10]. El Pantanal

[10] Produje una tesis de maestría (USP-SP/Brasil) en 1995 que se transformó en una serie de artículos y una tesis de doctorado (PUC-SP/Brasil) en 2000 transformada en libro (Leite, 2003) y algunos artículos publicados. Uno, en 2002, en el v. 5,

brasileño es un espacio en movimiento, que muda su paisaje cada seis meses entre sequía e inundación, que sigue el flujo de las aguas y que, por estar constituido por ecosistemas variados (selvas, bosques cerrados, ríos y lagunas), posee muchos mitos y leyendas que están directamente relacionados con su peculiar geografía. Hay una fuerte conexión entre la población de los pantanos, sus espacios y sus mitos. En la relación cotidiana con el paisaje, en la ropa lavada a la orilla del agua, en la pesca, en los velorios, hombres y mujeres re-elaboran historias y seres fantásticos universales, insertándolos en la cotidianidad pantanera, y crean otros que se tejen en/del propio espacio-vida. Así, la cercana relación entre la población y el pantanal establece una concepción de mundo donde naturaleza, comunidad, cultura, mitos y leyendas son percibidos como facetas de un mismo universo. Existe la clara percepción de que son aspectos diferentes, pero no desconectados o separados, de una misma unidad[11].

La población que vive en el interior del Pantanal de Mato Grosso, la mayoría en los márgenes de los ríos o lagunas, desarrolla una percepción de su espacio que está íntimamente relacionada con el agua. Los ciclos de inundación, de noviembre a marzo, y de sequía, de marzo a noviembre, interfieren no sólo en la inserción y en el ritmo cotidiano de la población en aquel espacio, sino que además participan de sus elaboraciones mentales e imaginarias con relación al mundo, a la naturaleza, a la vida y a la producción mítica que ellos mismos engendran. Y no se trata de determinismos geográficos, sino de una especie de coautoría donde el espacio y el paisaje participan del proceso mental de su propia elaboración. En ese sentido, como una especie de síntesis de lo que se ha discutido acá, es importante la afirmación de Durand de que es:

---

n.º1 de la *Revista Sociedade e Cultura*, de la Universidade Federal de Goiás (sobre el Mar de Xaraés y el Pantanal); otro, en 2007, en el n.º 42, v. 21, de la *Revista Organon* do Instituto de Letras da Universidade Federal do Rio Grande do Sul (sobre reinos encantados en las aguas del Pantanal).

11 En mi tesis de doctorado (2000) y mi libro (2003) desarrollo el concepto, a partir de la geografía cultural y de los estudios del imaginario, de paisaje encantada que se configura en la relación entre la percepción indistinta entre el dato natural (elaborado, claro, culturalmente) y la sobre-naturaleza.

> [...] necesario que un acuerdo se realice entre la naturaleza y la cultura, bajo la condena de nunca ver cómo el contenido cultural es *vivido*. La cultura válida, es decir, aquella que motiva la reflexión y el devaneo humano, es, así, aquella que sobredetermina, por una especie de finalidad, el proyecto natural ofrecido por los reflejos dominantes que le sirven de tutor instintivo. Ciertamente que los reflejos humanos que pierden, como los de los grandes monos, "esa nitidez y esa precisión" que se encuentra en la mayor parte de los mamíferos, son capaces de un muy largo y muy variado condicionamiento cultural. [...] un mínimo de adecuación es, así, exigido entre la reflexión dominante el ambiente cultural. [...] parece, [...] que es un acuerdo entre las pulsiones reflejas del sujeto y su medio que enraíza de manera tan imperativa las grandes imágenes en la representación. (37)

Los seres encantados del agua hacen parte de la vida, de los miedos, de los episodios, de la memoria, de los paisajes y de la cultura de la región.

Además de los mitos y leyendas más generales encontrados en todo Brasil —fruto resultante del imaginario de las *tres razas tristes*[12], junto con otros que acá se juntaron, como el Hombre Lobo, la Mula-sin-cabeza, la bruja y otros—, en el Pantanal hay un gran número de leyendas, mitos e historias que se relacionan con el agua de los ríos, de las bahías y las lagunas. Los llamados mitos de agua se difunden y, de cierto modo, participan de la organización social y cultural del Pantanal. Hay horarios prohibidos para visitar los ríos, hay lugares peligrosos, hay espacios que pertenecen a los mitos. El mismo espacio del Pantanal no es percibido solamente en su dimensión natural, sino también en su dimensión mítica. Entretanto, es preciso resaltar que esos mitos no son ni buenos ni malos para la población, y que pueden comportarse de maneras diferentes conforme a la situación en que se manifiesten. Los mitos y seres imaginarios, no sólo en el Pantanal, tienen una caracterización ambigua.

Hace mucho se oye hablar de la presencia de un monstruo en forma de serpiente, llamado *Minhocão*, que habita el río Cuiabá en el estado de Mato Grosso. En muchas comunidades ribereñas, antiguos moradores

12 Dentro del imaginario crítico brasileño, las tres razas que consolidaron la nacionalidad: los blancos portugueses, los indios y los esclavos africanos.

relatan sus encuentros con ese "encantado". La descripción más común y recurrente se refiere a una gigantesca serpiente que persigue y devora los pescadores o hunde sus canoas y barcos con las enormes olas que provoca al pasar. De manera general, en su composición, no difiere mucho del conjunto de monstruos que compone nuestro acervo inmemorial de seres acuáticos imaginarios. Se engendra por la unión de elementos y substancias como el miedo, el agua, la oscuridad y la noche.

El miedo ligado a las aguas profundas desde siempre generó una infinidad de monstruos y aún se mantienen profundamente enraizados en nuestra tradición. El mar durante mucho tiempo fue el "lugar del miedo" por excelencia (Delumeau 41). No solamente el océano, sino los ríos y lagos "eran considerados como un abismo devorador siempre dispuesto a tragarse a los vivos" (46).

También la noche se mezcla en esta composición mítica: "[...] la noche va a penetrar las aguas, va a turbar el lago en sus profundidades, va a impregnarlo. A veces la penetración es tan profunda, tan íntima que, para la imaginación, el lago conserva en plena luz del día un poco de esa materia nocturna, un poco de esas tinieblas substanciales" (Bachelard 105).

La oscuridad, intrínsecamente ligada a la noche, nos quita la seguridad, atenuando los "reductores de la actividad imaginativa" permitiendo, de esta forma, que realidad y ficción se confundan más fácilmente (Delumeau 99).

Producto de esta unión, muchos monstruos se materializaron, y tomaron forma, alimentándose del miedo, de las aguas, de la oscuridad y de la noche. Una de las principales formas originadas a partir de esta composición es la serpiente. Un vasto y variado catálogo se abre cuando se piensa en esta imagen: equidnas, gorgonas, dragones, Midgard, Melusina, la Mora Encantada, el demonio judaico-cristiano, Quetzalcóatl, el basilisco, la Boyuna, etc. Pero conviene recalcar acá que dos factores son fundamentales: primero, la serpiente no es una imagen de unívoca o fácil aprensión. Multifacética, ella no se presta a "significados precisos o inmutables" (Holanda 195), algo que el breve catálogo anteriormente enunciado ya ejemplifica. Segundo, estos seres imaginarios se engendran, toman forma y se materializan en contextos históricos, sociales y culturales muy específicos que contribuyen fuertemente a su variada significación —y no sólo para el caso de la serpiente—. Estos contextos contribuyen a que el monstruo mismo sea una expresión —parcial pero significativa— del universo mental del grupo o círculo social e histórico y de la cultura, en fin, que lo crea, lo teme o lo venera. Por lo tanto, no sólo la forma de crear el monstruo, sino la manera de afrontarlo y relacionarse con él están íntimamente ligadas al círculo cultural y social de determinado grupo. Por lo tanto, aunque se tenga una imagen como la de la serpiente, sinuosa, escurridiza, múltiple por sí sola —y que, no obstante, se presta a una cierta "universalidad"—, no se puede ignorar que los elementos contextuales ayudan a definir su creación mítica, e interfieren en su composición, simbolización e interpretación.

El agua es también múltiple en sus significados. Puede ser primordial, resucitadora o destructora[13]. En su violencia, ella recibe fácilmente "todas las características psicológicas de un tipo de cólera" (Bachelard 16). Y acá, en la constitución del monstruo que veníamos mencionando, ocurre una unión poderosa: el agua y la serpiente.

Según Bachelard, "la imagen de la serpiente impuesta al riachuelo le transmite un cierto maleficio. El riachuelo que recibió tal imagen se torna en figura del mal". El río se vuelve así la serpiente misma, o ella se transforma en génesis y origen de las aguas.

Amazonas, San Francisco, Paraguay, Tieté, Cuiabá: en todos estos casos, el río es visto como una serpiente. Raramente benéfica, ella se enrolla y de desenrolla en curvas asombrosas entre la noche, la oscuridad, el miedo y las aguas. Y con sólo hablar, el cuerpo se estremece: otra serpiente dorsal subiendo erizada, sustentada por la memoria, la voz, el miedo y las aguas. El monstruo resurge entero. Toda agua profunda es lugar de monstruos. Y también vale la pena recordar que, en diversos lugares, la memoria es también un río; la serpiente y el río se encuentran y se conjugan en el universo mental —que se constituye en seres sobrenaturales, mitos y leyendas— del hombre ribereño que toma del río, además de su alimento y su subsistencia, sus miedos y su historia.

La mayoría de los ríos brasileños tienen sus monstruos-serpientes. El *Minhocão* es uno de los casos más notables de esta figura mítica. Desde el tiempo de la colonización del centro-oeste del Brasil por parte de los paulistas, aparece en los relatos de los cronistas ensombreciendo las

[13] Ver a este respeto, además de Bachelard y Delumeau, Chevalier y Gheerbrant (15-22).

aguas del río Tieté (ver Bundy 225-257). Se decía que en muchos puntos de este río era habitual el "avistamiento de *Minhocões*", lo que infundía "pavor a los navegantes" (252-253).

Desde mediados del siglo XVI, en la vasta región que se constituye hoy en el Pantanal, hay relatos sobre la desproporción de las serpientes, o sobre una gigantesca serpiente que era objeto de culto por los indígenas y se alimentaba de carne humana (Costa 252). El Vizconde de Taunay comenta —en *Viagens de otr'ora: scenas y quadros mattogrossenses*— que de las *sucuris*[14] se contaban historias "estupendas". Según él, para las mayores se reservaba el apodo de "*Minhocão*". Pero, entre las mayores *sucuris* y este ser, el *Minhocão*, había en la naturaleza —"toda ella gradual en sus creaciones y desdoblamientos"— "un largo y verdadero salto en esa serie de reptiles ofidios". Según el propio Taunay, faltaban tipos intermedios (20-21)[15].

Auguste de Saint-Hilaire escuchó historias en Goiás, de camino a Mato Grosso, sobre los *Minhocões*. Sin embargo, no se relacionaban con las grandes *sucuris* ni, aparentemente, eran aquellas que Taunay había descrito. Para él, el "tan mencionado monstruo" era semejante a las lombrices, con la diferencia de que su boca era visible. Bastante violentos, estos *Minhocões* que, en períodos de inundación "arrastraban hacia el fondo de los ríos burros y caballos que hacían la travesía a nado" (Saint-Hilaire 77-79), podrían ser no más que "una especie más poderosa del *Lepidosiren*" descubierto por Natterer.

En los relatos mencionados hay tres puntos que se deben ser enfatizar. El primero es que ambos se refieren al hecho de que estas historias circularon entre la población de las regiones por donde los autores pasaron, inclusive entre "hombres altamente cultos" (Saint Hilaire 79)[16]. Todo esto, para entonces, ya creaba una red de historias orales sobre el *Minhocão*. Lo segundo es que los dos intentaron pensar y clasificar al *Minhocão* como un ser perteneciente a la naturaleza, dentro de la esfera del mundo natural, o bien como *sucuri*, un ofidio, o como *Lepidosiren*, un pez cono-

[14] Serpiente de tipo *constrictor*, semejante a la anaconda.

[15] Hay una discusión más profundada de los relatos de Taunay y Saint-Hilaire sobre el *Minhocão* en un capítulo ("Na Trilha dos Viajantes") de mi tesis de maestría ("A poética" 106-113).

[16] En el relato de Taunay el hecho acontece con el teniente João Faustino do Prado.

cido como *pirambóia* que literalmente significa pez-culebra. Y tercero, tal vez lo más importante, los dos —no obstante la tentativa de clasificación natural— presentan dudas en cuanto a su existencia real o animal, y su existencia imaginaria. Saint-Hilaire confiesa que "los consideraba algo sobrenatural" hasta tomar conocimiento del *Lepidosiren*. Pero aun así aconsejaba que la región fuera visitada y estudiada "científicamente" por zoólogos para que se pudiera "establecer de manera precisa" lo que "es exactamente el Minhocão". En caso de que los estudios no tuvieran resultados claros, se podría decidir que, a pesar del testimonio de mucha gente, este ser debía ser relegado al reino de la fábula.

Taunay se refiere, como ya fue citado arriba, a un salto entre los mayores seres naturales dentro de esta especie, las *sucuris*, y el desproporcionado monstruo, señalando así un insólito hiato en la idea de una naturaleza esencialmente gradual en sus creaciones y desdoblamientos. Entretanto, la falta de seres y tipos intermedios que el Vizconde percibió, y la desconfianza de Saint-Hilaire, no se localizaban en la naturaleza ni dependen exclusivamente de la resolución de aguzados zoólogos. El *Minhocão*, en este momento, ya fuese originalmente *sucuri* o *pirambóia*, ya invadiera otro territorio o se enredara en una extensa y múltiple tesitura sobrenatural —donde tal vez se haya efectivamente originado—, ya pertenece a la esfera simbólica, una esfera donde no hay extinción, sino memoria u olvido.

En 1908 el número 12 de la revista *Kosmos*, publicada en Río de Janeiro, traía un artículo sobre el *Minhocão,* y su aparición en las aguas del río Paraguay en Corumbá. El autor, Alípio de Miranda Ribeiro, señala que escuchó la historia de un "viejo". Para ese entonces, afirma, sin dudar: "En el continente, con tales dimensiones y hábitos acuáticos, tal figura sólo sería posible si aún existieran los enormes dinosaurios del periodo terciario, y esos ya desaparecieron en el periodo que estamos estudiando. En nuestra fauna no hay monstruos de tan gran porte. [...] el *Minhocão es un mito*" (Ribeiro, s.d., las cursivas son mías). Además, todo indica que este relato es el primero en presentar otra imagen, también relacionada con el río, con la cual la actual población ribereña del Cuiabá va a asociar estrechamente al *Minhocão*: el barco[17].

[17] Aquí resuena la pregunta de Bachelard, "¿no habrá sido la muerte el primer navegador?", y su respuesta: "la muerte no sería el último viaje. Sería el primer viaje" (Bachelard 75).

En el Paraguay, el monstruo es descrito con la apariencia de "un enorme bote de quilla para arriba", un enorme barco volcado. En las historias que se escuchan a los márgenes del Cuiabá, aparece de la siguiente forma:

> Vino mama, mi 'buela y mi tío. Llegaron, tomaron la canoa, allá en las piedras, y bajaron. Venía. De lejos madre dice que vio aquel bulto negro igual a un *batelón* rodando, ¿no es? Allí, con aquella luz de la luna él brilla, porque *está de espaldas* él brilla, en el agua brilla, ¿no es? Pero oscuro, grandote.[18]

Aunque el "batelón" es una especie de canoa larga, en este caso esto no significa que el *Minhocão* se transforma en batelón o en barco. No hay acá lo que se podría considerar una metamorfosis. El batelón es usado como comparación, como una impresión de los sentidos. Se cree que lo que se ve es el barco volcado, pero no se trata de un barco, ni del monstruo transformado en batelón; es el dorso del *Minhocão* que se asemeja a un barco volteado en las aguas.

Al parecer, la aproximación y semejanza entre el *Minhocão* y el batelón se ha pensado de dos maneras que ciertamente se conjugan. Una, como un disfraz de la criatura mítica para acercarse a los pescadores sin ser percibido como monstruo-serpiente-devorador. Otra, como elemento de atracción para los mismos pescadores. Según se cuenta, los pescadores y canoeros acostumbran tomar para sí los batelones que encuentran volteados y flotando en el río. Por lo tanto, son ellos los que se acercan al monstruo, atraídos por la idea de poder rescatar y adueñarse del barco abandonado. Esto presupone que este ser tiene poderes para inducir las miradas de los ribereños y enmascarar su propia apariencia utilizando la imagen del barco, íntimamente relacionada con la imagen y la forma de la gran serpiente.

La relación entre el barco y la serpiente puede ser puesta en los siguientes términos: una de las fuertes variaciones de la imagen de la ser-

[18] Relato de Domingas Eleonor da Silva, en 1994, de la comunidad de San Gonzalo Beira-río para mi tesis de maestría. Esta imagen, el batelón virado, es bastante recurrente en las historias orales sobre el Minhocão y aparece también en los textos de algunos autores matogrossenses.

piente es aquella en la que se muerde su propia cola, conocida como *Uróboros*. Esta imagen, además de una serie de significados que propicia el hecho de estar encerrada en sí misma —"ideas de movimiento, de continuidad, de autofecundación" (Chevalier y Gheerbrant 922)—, significa la unión de opuestos como el bien y el mal, la vida y la muerte. Según Bachelard, es una "Muerte que sale de la vida y vida que sale de la muerte" (215). Y si bien, por un lado, el Uróboros delimita y define de manera más precisa esta significación o dialéctica, por otro, es importante señalar que, de manera general, su carácter ambiguo es constante y recurrente en las formas serpenteantes, y por lo tanto puede generalizarse para otros tipos de seres mitológicos similares.

Además, vale la pena señalar que es esta conjunción de opuestos la que permite que el *Minhocão* se asemeje a las formas de barcos, como el batelón. El barco es también una imagen ambigua, ya que incluye vida y muerte. El "folclor universal" confirma la supervivencia de los valores mortuorios del barco. Según Durand, la alegría de navegar es siempre amenazada por el miedo a naufragar y "Toda barca es un poco 'navío fantasma'" (Durand 173). Así, estos sentidos dialécticos y convergentes entre barco y serpiente se traducen en el *Minhocão* del río Cuiabá cuando se tiene la impresión de avistar, no exactamente el monstruo-serpiente, sino un tipo de embarcación.

Ahora bien, debemos recordar que el barco, para la población ribereña, es central no sólo en la supervivencia, por la pesca, sino también como medio de locomoción y comunicación; está inexorablemente insertado en la vida cotidiana de esta población. El monstruo-muerte se disfraza de barco-vida. Entretanto, el barco incluye, de cierta forma, algunos aspectos de la muerte. Esto se explicita cuando el batelón, que es el monstruo, está volcado. Lo que se ve sobre las aguas, en realidad, no es la quilla del barco, sino el dorso del monstruo[19].

En los relatos donde el *Minhocão* aparece efectivamente transformado en otro objeto, la dialéctica de vida y muerte, esencial en la constitución del monstruo, se revela una vez más y se intensifica en aquello en

[19] De otro lado, es importante notar la existencia de los seres-serpientes en el universo de la mitología indígena y, en especial, la serpiente Parumi-maxsë: "la canoa-serpiente" del Alto del Río Negro. Sin embargo, dentro de otro grupo de significados, interpretaciones, implicaciones y desdoblamientos, se presenta acá la idea de que la canoa es también la serpiente (Carvalho 44).

lo que aquel se transforma. No se trata de tener apariencia de otro, pero sí de transformarse en otro. Con frecuencia, por ejemplo, el *Minhocão* se convierte en *jacá*. El *jacá* es un cesto grande, una especie de depósito, normalmente producido en *tacuara* o caña, que es utilizado por los pescadores para mantener sus pescados vivos mientras esperan la venta o el consumo. Constantemente se lanza al río, con la parte inferior dentro del agua, para que los peces queden presos y vivos. Así, el *jacá*, como el batelón, es parte fundamental de la vida cotidiana de los ribereños.

El proceso de metamorfosis por lo general —al contrario de lo que se acostumbra pensar— revela "una cierta creencia en la unidad fundamental del ser" (Chevalier y Gheerbrant 608), que se opone a la variedad de seres del mundo. Las formas de manifestación, es decir, aquello en que determinado ser temporalmente se transforma, son ilusorias o aparentes, y no provocan modificaciones a las "personalidades profundas" (608). Una vez más se tiene acá esencialmente al monstruo, aunque transformado en *jacá*.

El juego entre vida y muerte se establece fundamentalmente a través de los polos opuestos que se crean en el *Minhocão-jacá*. El monstruo-muerte se transforma en *jacá*-vida, no sólo por la inserción del cesto en el día a día del ribereño, sino porque este está lleno, grávido, de peces vivos. El *jacá* guarda la vida del río, los peces, transformando el miedo, el agua, la noche y el monstruo en algo cotidiano; en muerte, sí, mas muerte fecunda y fecundada[20].

De otro lado, en la bibliografía mato-grossense más reciente de leyendas, mitos e historias populares, el *Minhocão* aparece recurrentemente preso en una región a los márgenes del río Cuiabá conocida como Pari o "*barra do Pari*". Son frecuentes los textos que señalan este local como su morada o su nido. Pari no es exactamente lo que se puede denominar como "comunidad ribereña". Se fue transformando paulatinamente de una antigua hacienda, en un grupo de pocas casas que bordean hoy al río. La población, con raras excepciones, no desarrolla actividades ligadas al río, ya que muchos migraron allí hace pocos años

[20] Esta imagen se me ocurre a partir de Mikhail Bakhtin, que se refiere a algunas imágenes del carnaval de la Edad Media donde hay "dos cuerpos en el interior de uno único", por lo cual Bakhtin señala que "la muerte está preñada" (Bakhtin 46).

y no son cuiabanos o mato-grossenses. Es preciso notar, además, que incluso en el universo oral urbano de la ciudad de Cuiabá, es así como se conoce comúnmente al *Minhocão*: *Minhocão* del Pari.

No se trata de que el *Minhocão* del Pari sea otro ser imaginario o que nombrarlo así genere equívocos. Es cierto, sin embargo, que esta figura presenta características e implicaciones que van a personificarlo de manera diferente del *Minhocão* estudiado hasta este punto. Los pocos relatos orales que se encuentran hoy en esta región difieren significativamente del conjunto de textos recolectados por todo el borde del Cuiabá, del cual se habló en anteriormente.

Además de la idea de río-serpiente, se incorporan al monstruo —o incluso le dan origen, en esta región— manifestaciones violentas y explícitas de las aguas. Las personas más viejas hasta discuten sobre el verdadero sentido del *Minhocão*:

> Mas [...] la causa verdadera es un gas que existe ahí. Viene de la profundidad del lecho del río. Es del lecho del río para acá, hacia el borde, ¿no? [...] Allí donde existe este gas el agua se revuelve, ¿vio? Viene con hoja podrida. Se va acumulando dentro del pozo, ¿sabe?, y comprime el gas. Cuando la fuerza del gas es superior al peso de la arena con hoja, entonces da aquel... aquel impulso, aquella paliza de hoja. Ah, ¡llegué a verlo!, y allí, no sé el porqué, por qué razón se debilita un poco el gas, ¿no? [...] en otro tiempo era fuerte, se descomponía, dentro de, de media hora acababa con la playa. Y aquellos antiguos decían que era el *Minhocão*.[21]

Esta manifestación gaseosa de hecho ocurre y, aunque posiblemente más débil de lo que era antiguamente, aún produce miedo:

> En la parte en que surgió el remolino había unos ocho a diez metros de hondo. Él se arremolinó, se arremolinó un diámetro así redondo de unos tres a cuatro metros. Y el remolino que vino de abajo

[21] Entrevista con Benedito Oscarito Barreto, ñor Ditão. Además de ser el más antiguo morador de la región, la hacienda del Pari era de su familia, nació y se crio por allá en los márgenes del Cuiabá, siendo también el dueño de algunas casas. El relato de ñor Ditão fue recogido por mí en 1994 para mi tesis de maestría.

> tenía un, fuera del nivel del agua, por lo menos, un metro de remolino. Y vino junto con ese remolino arena y hoja podrida del fondo del río. Allí, estaba lleno de gente y todo el mundo vio aquello. Allí, todo el mundo se fugó, yo corrí también.[22]

El momento en que el agua explota, manifestándose con violencia, significa para los moradores de la región que el monstruo tiene hambre y está moviéndose. Cuando las aguas se calman es posible ver su dorso en la superficie.

De manera distinta a lo que ocurre con las comunidades ribereñas a lo largo del Cuiabá, donde no existe esta manifestación, acá el monstruo se configura y materializa esencialmente en la forma de este remolino. No hay noticias de muertos, perseguidos o atacados por él. Tampoco se hace la comparación con algún tipo de embarcación, aunque sí se menciona la metamorfosis en un *jacá*. Adicionalmente, en el caso del Pari se desarrolla la idea de que el *Minhocão* es una leyenda, muy ciertamente como consecuencia de la explicación del fenómeno de las aguas como formación y expansión gaseosa, hecha por Monteiro Lobato en 1936. Entretanto, esta idea se presenta con duda y no como una certeza. Los pocos relatos que existen estructuran siempre una relación entre el monstruo y el gas, entre el "dicen que es el *Minhocão*" y el "dicen que es un gas que hay allí". Por lo tanto, la existencia del monstruo, aunque está imbricada con su explicación natural, está garantizada por la duda. Aun cuando está siendo relegado al reino de las leyendas —lo que no es ningún absurdo—, vuelve a la superficie en la voz que, al manifestar incertidumbre entre una y otra explicación, duda tanto del gas como de la serpiente[23]. Hay, aquí, una diferencia capital entre esta explicación y las del Vizconde de Taunay y de Saint-Hilaire. La del Pari incorporó al monstruo y hace parte de él. La explicación del fenómeno es también el *Minhocão*, así como el *jacá* y el batelón.

22 El relato de Alberico Conde, morador del barrio Santa Isabel, en frente al Pari, describe el hecho ocurrido en 1991 durante el día (Leite, "Tesis" 113).

23 Profundicé la investigación y la discusión de esa configuración mítica en otro artículo del 2006 ("Olhares sobre o rio: a natureza, o imaginário, o pensamento mítico e o científico") sobre el encuentro de este *Minhocão*-expansión gaseosa con el escritor Monteiro Lobato y la campaña del petróleo en Brasil.

La materia fluida, ambigua, en movimiento y dinámica de la cual se constituyen los monstruos, en especial los que tienen forma de serpiente, y el territorio imaginario y mítico por donde circulan, permitieron que el *Minhocão* —siempre, vale la pena recordarlo, en contextos específicos— se enredase, no solo con sus posibles explicaciones naturales, sino también con otros seres a veces aparentemente lejanos que, de alguna forma, comparten esta misma materia y territorio. Serpenteante como el propio río, el *Minhocão* se desperdiga: es *boiuna*[24], dragón, negrito de agua[25], bruja.[26]

Amazonas, San Francisco, Paraguay, Tieté, Cuiabá: el río como serpiente. Cada narrador oyó, vio y huyó cuando el río se hizo maligno y se irguió amenazador. Recuerdos de muertos que de pescadores se convirtieron en carnada y nunca más...: "Fue el *Minhocão*". El río da vida, pero también devora.

Mirando hoy hacia el río Cuiabá —en un periodo de absoluta sequía, con aguas muy bajas, hasta el punto de volverse intermitente en algunos puntos— es difícil imaginar que un monstruo en forma de serpiente viva allí y aceche. Pero, más allá del fluir real de las aguas, la profundidad del monstruo es de otro orden. El *Minhocão* existe, está allá, en el cuerpo que se estremece con sólo hablar.

Bibliografía

Bachelard, Gaston. *A água e os sonhos: ensaio sobre a imaginação da matéria.* Trad. Antonio de Padua Danesi. São Paulo: Martins Fontes, 1989. Impreso.

Bakhtin, Mikhail. *Cultura popular na Idade Média e no Renascimento: o contexto de François Rabelais.* Yara Frateschi Vieira (Trad.). São Paulo: Hucitec / Brasília: Ed. da UnB, 1987. Impreso.

[24] Otro tipo de serpiente, propia del Amazonas.

[25] Otra figura legendaria vinculada con el río en la región de Cuiabá. Se trata de un hombre negro, de baja estatura y con algunos elementos propios de los peces (aletas, escamas), que amedrenta a los pescadores y dificulta sus labores.

[26] En el caso específico de la vinculación de la serpiente con la bruja y las mujeres, ver mi artículo "Monstros-Serpentes, Mulheres: de Lilith ao *Minhocão*", incluido en la bibliografía para este ensayo.

Bundy, L. "A Mitologia como fator de penetração e povoamento na América do Sul". En: Goettms, Míriam Barcelos / Schüler, Donald. (Orgs). *Mito ontem e hoje*. Porto Alegre-RS: Editora da UFRGS. 225-257. Impreso.

Carvalho, Sílvia Maria S. de. *Jurupari: estudos de mitologia brasileira*. São Paulo: Ática, 1979. Impreso.

Cascudo, Luis da Camara. *Geografia dos mitos brasileños*. Belo Horizonte: Itatiaia / São Paulo: Edusp, 1983. Impreso.

—. *Literatura oral no Brasil*. 3. ed. São Paulo / Belo Horizonte : Edusp / Itatiaia, 1984. Impreso.

Chevalier, Jean y Alain Gheerbrant. *Dicionário de símbolos: mitos, sonhos, costumes, formas, figuras, cores números*. Trad. Vera da Costa e Silva *et al*. Rio de Janeiro: José Olympio, 1994. Impreso.

Costa, Edil Silva. *Cinderela nos Entrelaces da Tradição. Salvador-BA*: Secretaria da Cultura e Turismo do Estado da Bahia, Fundação Cultural, EGBA, 1998. Impreso.

Costa, Maria de Fátima. *Notícias de Xarayes: Pantanal entre os séculos XVI a XVIII*. Tesis de doctorado. Universidad de São Paulo. São Paulo, 1997. Impreso.

Darnton, Robert. *O grande massacre dos gatos, e outros episódios da história cultural francesa*. Trad. Port. Sonia Coutinho. Rio de Janeiro: Graal, 1986. Impreso.

Delameau, Jean. *História do medo no Ocidente, 1300-1800. Uma cidade sitiada*. Trad. Maria Lúcia Machado. São Paulo: Companhia das Letras, 1993. Impreso.

Durand, Gilbert. *As estruturas antropológicas do imaginário*. Trad. Hélder Godinho. Lisboa: Presença, 1989. Impreso.

—. *Mito e sociedade: a mitanálise e a sociologia das profundezas*. Trad. Nuno Júdice. Lisboa: A Regra do Jogo, 1983. Impreso.

Drummond, Maria Francelina. *Do falar cuiabano. Cadernos Cuiabanos, Sección Linguística, n. 1*. Cuiabá: Secretaria Municipal de Educação e Cultura, 1978. Impreso.

Ferreira, Jerusa Pires. *Armadilhas da Memória* (conto e poesia popular). Salvador-Ba: Fundação Casa de Jorge Amado, 1991. Impreso.

—. *Cavalaria em Cordel: o passo das águas mortas*. São Paulo: Hucitec, 1979. Impreso

Ginzburg, Carlo. *O Queijo e os Vermes: o cotidiano e as idéias de um moleiro perseguido pela inquisição*. Trad. Bras. Maria Betânia Amoroso. São Paulo: Companhia das Letras, 1987. Impreso.

Holanda, Sérgio Buarque de. *Visão do Paraíso: os motivos edênicos no descobrimento e colonização do Brasil.* São Paulo: Nacional, 1977. Impreso.

Kappler, Claude. *Monstros, demônios e encantamentos no fim da Idade Média*. Trad. Ivone Castilho Benedetti. São Paulo: Martins Fontes, 1994. Impreso.

Leite, Mário Cezar Silva. "A poética do sobrenatural no homem ribeirinho: o Minhocão". Tesis de Maestría. Universidad de São Paulo. São Paulo, 1995.

—. *Águas encantadas de Chacororé: natureza, cultura, paisagens e mitos do Pantanal.* Cuiabá: Ed. Cathedral/UNICEN, 2003. Impreso.

—. "Monstros-serpentes, mulheres: de Lilith ao Minhocão". *Revista Universitária* 3.2 (2000): 122-141. Impreso.

—. "Olhares sobre o rio: a natureza, o imaginário, o pensamento mítico e o científico". En: Fares, Josebel Akel (org.). *Diversidade cultural: temas e enfoques*. Belém-PA: Ed. Unama, 2006. 343-361. Impreso.

Mendes, Francisco Alexandre Ferreira. *Folclore mato-grossense.* Cuiabá: Fundação Cultural de Mato Grosso, 1977. Impreso.

—. *Lendas e tradições cuiabanas.* Cuiabá: Fundação Cultural de Mato Grosso, 1977. Impreso.

Mendonça, Rubens de. *Roteiro histórico e sentimental da Vila Real de Bom Jesus de Cuiabá.* Cuiabá: Tipografia Escola Industrial, 1952. Impreso.

—. *Sagas e crendices da minha terra natal.* Goiânia: Cinco de Março, 1969. Impreso.

Ribeiro, Alípio de Miranda. "Ao redor e através do Brasil". *Revista Kosmos* 12 (1908). Impreso.

Simonsen, Michèle. *O conto popular*. São Paulo: Martins Fontes, 1987. Impreso.

Saint-Hilaire, Auguste. *Viagem à Província de Goiás*. Trad. Regina Reis Junqueira. Belo Horizonte: Itatiaia / São Paulo: Edusp, 1975. Impreso.

Taunay, Alfredo D'Escragnolle. *Viagem de outr'ora.* São Paulo: Melhoramentos / Weiszflog, s.d. Impreso.

Vassalo, Ligía. *O Sertão Medieval: origens européias do teatro de Ariano Suassuna*. Rio de Janeiro: Francisco Alves, 1993. Impreso.

Zumthor, Paul. *A Letra e a Voz: A "literatura" medieval*. Trad. Bras. Amálio Pinheiro / Jerusa Pires Ferreira. São Paulo: Companhia das Letras, 1993. Impreso.

Las aventuras de una técnica: el dodecafonismo viaja al Brasil[1]

Fabio Akcelrud Durão[2]
José Adriano Fenerick[3]

Pocas revoluciones en el arte moderno fueron tan impactantes y al mismo tiempo tan inequívocas como el método de composición de doce notas de Schoenberg. Surgido de manera simultánea a la disolución de la perspectiva tradicional en pintura y del narrador omnisciente en literatura, este método sobrepasó a los otros dos debido a su naturaleza sistemática: la simple regla de que en una serie de doce notas ninguna debería repetirse antes de que todas las demás hubieran aparecido. A partir de esta innovación, surgieron un número de posibles procedimientos, junto con una nueva serie de prohibiciones que reorganizaron y

1 Este ensayo apareció originalmente en el libro *Traversing transnationalism. The horizons of Literary and Cultural Studies,* editado por Pier Paolo Frassinelli, Ronit Frenkel y David Watson (Amsterdam-New York: Editorial Rodopi, 2011). Traducción de Julio Paredes.

2 Fabio Akcelrud Durão es profesor del Departamento de Teoría Literaria de la Universidad de Campinas. Es autor de *Modernism and Coherence* (2008), *Rio-Durham (NC)- Berlim. Um Diário de Idéias* (2008) y *Teoria (literária) americana: uma introdução crítica* (2011). Ha publicado diversos artículos en el Brasil y en el exterior, en revistas como *Alea, Critique, Cultural Critique, Latin American Music Review, Loxias, The Brooklyn Rail* y *Tópicos del Seminario.*

3 José Adriano Fenerick es profesor de Historia de la Universidad Estadual de São Paulo (UNESP). Es autor de los libros *Nem do morro nem da cidade* (2005) y *Façanhas às proprias custas: a produção musical de vanguarda paulista* (2007).

reconceptualizaron por completo las ideas preconcebidas en torno a la música. La historia estaba a la espera de la llegada de este tipo de procedimiento serial en la música, en tanto centralizaba una revolución: el sistema tonal mismo, por su desarrollo interno, proporcionaba los medios para su propia superación. Esto se hace evidente, a lo largo de la historia de la música, en la creciente falta de preparación para las disonancias y en la tendencia a posponer su resolución, la acumulación de acordes ambiguos, el uso de acordes con más de cinco notas, y la amplitud de la modulación hacia tonalidades cada vez más distantes. El sistema de siete notas demostró ser, sin embargo, tan resistente al cambio que sobrevivió, como un *zombie*, mucho después de que la lógica predijera su fallecimiento. La "revolución" de Schoenberg se merece por lo tanto toda la fuerza que implica el término. En efecto, la importancia del dodecafonismo se puede derivar no sólo de los horizontes artísticos que abrió sino también de los hallazgos teóricos que estimuló. En su *Filosofía de la nueva música*, Adorno proporcionó una interpretación muy influyente, a pesar de no haber sido aún explorada por completo, de lo que estaba en juego con el desarrollo de la composición de doce tonos[4]. Incorporados en la técnica, argumentaba Adorno, había varios aspectos que influían en la sociedad como un todo; esta forma musical articulaba interrogantes sociales y sicológicos vitales que habían permanecido en forma inconsciente y que necesitaban ser descifrados.

Como una clara continuación de su *Dialéctica de la Ilustración*, Adorno, en *La filosofía de la nueva música*, considera a Schoenberg y a Stravinsky modelos de dos dialécticas del progreso y la regresión. Puesto en términos muy generales, Stravinski es considerado como el epítome del "progreso de la regresión": su trabajo recurre a formas musicales anteriores que se basan en su simple disponibilidad y en una consecuente falta de carácter unificado y necesario. La música de Schoenberg, por

4 Dos razones pueden explicar este hecho. Primero, solo hasta 2006 aparecería una traducción al inglés íntegra y fiable de la obra central de Adorno sobre música; segunda, como señala Myung-Woo Nho en *Die Schönberg-Deutung Adornos und die Dialektik der Aufklärung*, históricamente ha sido difícil mantener el justo equilibrio entre filosofía y música. Los dos extremos, como resultado de la cada vez más poderosa división del trabajo, buscan prevalecer: tanto las meditaciones filosóficas sobre música sin conexión con su lógica interna, como las descripciones musicales vaciadas de un sentido conceptual más amplio.

el contrario, evidenciaba la idea de avance o de desarrollo en el ámbito musical, es decir, de un proceso de racionalización (en el sentido weberiano de desencantamiento o *Entzauberung*), según el cual nada puede justificarse simplemente porque está dado. La posibilidad de someter todo a juicio se corresponde con el impulso positivo de la racionalización; su lado más sombrío recae en el acto de dominar el material al que se aplica. La técnica dodecafónica representaba un avance frente al sistema tonal gracias a la desmitificación de las jerarquías supuestamente naturales que se consideraban inherentes a este sistema. Más que un orden regido por la relación entre una nota tónica y su dominante, por ejemplo, el dodecafonismo representa un ideal homogéneo de notas musicales. Todas tienen el mismo estatus, hasta el punto de que la repetición de notas se vuelve anatema. Con este giro, la naturaleza de la música se transformó radicalmente en algo mucho más general y abstracto, dado que cada nota se valoraba según la relación con doce posibilidades y no con siete posibilidades básicas y unos llamados "accidentes", lo cual generó un material musical mucho más maleable.

El carácter sistemático del métiodo dodecafónico hizo que esta innovación musical fuera móvil. Sin embargo, lo que viajaba a través de los océanos no era simplemente una serie de reglas e intuiciones para organizar las notas de una partitura. Era una visión completa del mundo: un particular uso de la razón con sus propios peligros y promesas asociadas. En suma, las aventuras de la serie de doce tonos en Brasil ilustran, a un nivel micro, aspectos muy amplios vinculados a los proyectos de modernización nacional, de sustitución de importaciones y, en última instancia, revelan los modelos de la circulación transnacional de principios de organización. Al estudiar la implementación de esta técnica es necesario tener en cuenta tres asuntos: la reacción nacionalista frente a la técnica; las dificultades que enfrentan los compositores cuando quieren hacer uso del dodecafonismo; y los intentos realizados para vincularlo con la música popular, que son simultáneos a la consolidación de la industria cultural en Brasil.

El viaje del dodecafonismo hacia Brasil contó con un indiscutible portador: Hans-Joachim Koellreutter. Como en muchos casos, este importante capítulo en la historia cultural del país se inició como resultado de la (inminente) guerra. Sin la turbulencia política de este periodo, parecería improbable que Koellreutter, activista socialista, abandonara Alemania en 1937 con destino Brasil. Es difícil sobrestimar el papel de Koellreutter como maestro y educador. La mayoría de los destacados compositores contemporáneos brasileños, tanto los de la llamada música "culta" como de la música "popular", tuvieron contacto con Koellreutter de una u otra forma. El músico alemán no sólo introdujo el dodecafonismo en el país, sino que también desarrolló una completa pedagogía propia que aún hoy sigue practicándose.

De hecho, aunque Koellreutter se familiarizó con la técnica bajo la tutela de Herman Scherchen en Ginebra y Budapest, nunca compuso nada semejante a lo que caracterizaba a la Segunda Escuela de Viena[5] antes de su llegada al Brasil. El músico que arribó a Río de Janeiro en 1937 era un joven compositor y, por encima de todo, un virtuoso de la flauta. Sus primeras composiciones en el país evocaban más a Paul Hindemith que a Schoenberg, con quien nunca tuvo afinidades musicales fuertes. Fue precisamente gracias a este papel como representante clave de la música europea, y como consecuencia de su papel como educador y promotor de la música moderna, que Koellreutter se vio impelido a usar la técnica dodecafónica a comienzos de la década de los cincuenta. Para este momento, el dodecafonismo se había consolidado en el extranjero, pero se mantenía virtualmente desconocido en Brasil, hecho que justificaba la tarea de Koellreutter como divulgador de la técnica en un intento por modernizar la composición musical en el país. En efecto, desde un comienzo Koellreutter consiguió reunir a su alrededor algunos compositores brasileños que más tarde se convertirían en nombres influyentes y formativos en la música del Brasil, como Cláudio Santoro, Guerra-Peixe y Eunice Katunda; también mantuvo contacto directo con intelectuales, críticos musicales y reconocidos compositores brasileños como Villa-Lobos y Camargo Guarnieri. El principal resultado de su énfasis en el trabajo grupal fue la creación del grupo Música Viva en 1939, formado por estudiantes de Koellreutter y que representó la primera música colectiva de vanguardia en el Brasil.

Varios documentos del grupo han sobrevivido, incluyendo programas musicales y declaraciones de intención entre otros, y fueron re-

[5] Esta es otra manera de referirse a la escuela musical liderada por Arnold Schoenberg (y vinculada con la técnica dodecafónica), que incluía a compositores como Alban Berg y Anton Webern, entre otros. (Nota de la traducción.)

cogidos por Carlos Kater en el libro *Música Viva e H. J. Koellreutter*. Entre los documentos se incluye un manifiesto, quizás previamente inédito, que resulta particularmente útil como muestra de la filosofía de los miembros de Música Viva. No sólo se equiparan la innovación musical y la libertad, sino que también se considera que la enseñanza y la divulgación de distintas técnicas musicales son fundamentales para la vida musical. Aunque por momentos las ideas se amontonan sin orden, el texto aún expresa el entusiasmo por introducir lo nuevo:

> La historia registra ahora un nuevo periodo de transformación. Atravesamos un momento en el que acontece uno de los más grandes movimientos de la humanidad [...] Consciente de esta revolución espiritual que se extiende a lo largo y ancho de la Tierra, y comprendiendo los imperativos de este nuevo mundo, el grupo Música Viva exige un comportamiento esencialmente distinto por parte del artista y en especial del músico en relación con la comunidad; condenamos la mentalidad individualista del músico romántico y apelamos a que el "hombre moderno" establezca los lineamientos para la creación de una música libre en un mundo libre y nuevo. (246)

Sin embargo, este escenario de posibilidades abiertas no se restringe simplemente a cuestiones formales; el manifiesto declara que esta apertura debe materializarse por medio de una creciente educación musical. En el proceso, va surgiendo en el texto una inesperada mezcla de socialismo y experimentación en el ámbito de la música:

> Ponemos la enseñanza por encima de todo; la consideramos la base para cualquier evolución en el campo artístico y para alcanzar un alto nivel colectivo. Educados bajo el misticismo del "ego", bajo el concepto de individualidad, hemos sido condicionados a vivir bajo una organización social decadente. El resultado de esta educación es un bajo nivel colectivo, con apenas un puñado de individuos de mérito, quienes se encuentran cada vez más lejos de ser comprendidos por parte de la mayoría, y que terminan segregándose en élites nocivas para la colectividad y para la evolución de la humanidad. Nosotros, por lo tanto, combatimos aquella educación cuyo propósito sea el de instruir a estas élites y exigimos una educación que apunte hacia

> un nivel colectivo alto, prerrequisito esencial para cualquier desarrollo que permita que las masas comprendan las manifestaciones del espíritu humano (248).

Sin duda, la creencia en una inminente nueva era estaba fuera de lugar; por otra parte, el énfasis en la educación se acerca peligrosamente al populismo, especialmente si se tiene en mente el *Proyecto Coral Órfico* de Villa-Lobos[6]. Pero el manifiesto resulta útil para evidenciar la factibilidad de la (de por sí extraña) ecuación entre composición de vanguardia y arte comprometido, de la cual serían ejemplos piezas como *Salmo Proletário* de 1946 y *Mensagem* de 1947 de Koellreutter. El resultado deseado de esta ecuación era la liberación política o existencial, y las prácticas educativas se consideraban como motores esenciales de cambio social. El contexto de una absoluta novedad musical engendraba este tipo de conjunciones improbables.

Paralelamente a esta particular forma de compromiso musical y político, Koellreutter se distanciaba del atonalismo libre y seguía la dirección de técnicas de composición más formalizadas, es decir, iba hacia el dodecafonismo. La razón que normalmente se da para explicar este giro tiene que ver con un episodio en el que Cláudio Santoro, quizás el pupilo más talentoso de Koellreutter, escribió de forma espontánea algunos pasajes dodecafónicos en su *Sinfonía para dos orquestas de cuerda* (1940) sin haber escuchado nunca antes de esta técnica. Como resultado de esta inclinación natural, Koellreutter empezaría a enseñarle composición en series de doce tonos, y él mismo "se sintió animado a escribir su primera pieza basada en la serie dodecafónica, su *Invención* (para oboe, clarinete y fagot), que quizás puede considerarse como la única de sus composiciones que siguió de manera rigurosa los dictados de la técnica" (Kater 107). La anécdota es, en efecto, entretenida, pero uno podría seguir preguntándose si la instauración del dodecafonismo era en efecto algo inevitable y subordinado a una progresión natural con el paso del tiempo. Más aun, el quiebre tendría que suceder

6 Heitor Villa-Lobos (1887-1959), uno de los más importantes compositores de música orquestal en el Brasil, organizaba eventos masivos, algunas veces en estadios de fútbol, movilizando miles de cantantes, niños y adolescentes, de colegios públicos.

puesto que el líder de Música Viva "estaba completamente convencido de la identidad latente entre los principios del marxismo y del atonalismo" (90); este último funcionaría como "un sustrato para una música funcional, representando la nueva música de la época, la cual, arraigada en una correspondencia directa con el materialismo dialéctico, debería estar a tono con el último estado evolutivo de la sociedad y la cultura" (90). El dodecafonismo en Brasil fue, por lo tanto, introducido durante la intersección de nuevos experimentos musicales, así como a través de actividades didácticas que apuntaban a la democratización y a un compromiso político que buscaba algún tipo de revolución por medio de la apertura de sistemas de conocimiento como los discutidos anteriormente.

Como era de esperarse, la introducción de la técnica dodecafónica no fue sencilla, pues enfrentó una fuerte oposición por parte de los compositores locales. Cuando Debussy, por ejemplo, llegó a Brasil, la cultura musical ya estaba preparada, gracias a un romanticismo relativamente desarrollado frente al cual la armonía impresionista podía verse como una (no del todo fluida) continuación. Nada parecido sucedió con el dodecafonismo, que aparecía como algo irremediablemente extranjero. La música aquí permite tener una intuición más clara frente a lo que está en juego en el deseo modernista de erigir universos enteros a partir de la nada, pues la "nada" no existe realmente. La resistencia a lo nuevo en música hace visible aquello que permanece oscuro, por ejemplo en la construcción de *Brasília*, tal vez el más grande ejemplo del "complejo de demiurgo" modernista. El reclamo nacionalista por la excepcionalidad —equivalente a la declaración de que "tenemos algo que los demás no tienen, no necesitamos importaciones extranjeras"— posee su propia y curiosa lógica, que podría caracterizarse como una formación reactiva. El asunto no es, en otras palabras, que la "normatividad de la tierra" existiera siempre, como tal, desde el principio; por el contrario, surgiría *después* de la introducción del dodecafonismo. Sin duda, el enaltecimiento inmoderado de las cosas brasileñas ha sido un fenómeno común en la historia cultural del país; la novedad aquí, sin embargo, resulta de la distancia entre el procedimiento composicional importado y la supuesta "brasileñidad" que debe protegerse. En efecto, sólo para proponer una posible comparación, el dodecafonismo no fue una forma tan maleable como la novela, como ilustra la teorización de Roberto Schwarz sobre las ideas fuera de lugar en textos como su ensayo "Las ideas fuera de lugar" y su libro *Un maestro en la periferia del capitalismo: Machado de Assis*. En la segunda obra, Schwarz afirma que Machado de Assis consiguió transformar al narrador realista en una figura disfuncional, dejando al desnudo, por lo tanto, sus matrices ideológicas. Uno podría preguntarse si la música, en virtud de sus especiales cualidades materiales, resultaría más resistente a este tipo de aclimatación.

Sea como fuere, la década de los cincuenta empezó con una "Carta abierta a los músicos y críticos musicales del Brasil", en la que el compositor Camargo Guarnieri incitaba a la nación a reaccionar contra "los enormes peligros que en este preciso momento amenazan profundamente a toda la cultura musical de Brasil, una cultura a la que estamos tan íntimamente ligados" (citado en Kater 119). La carta de Guarnieri, que tenía el propósito de exhortar a los jóvenes compositores brasileños a ir en contra de esos "enormes peligros" traídos por Koellreutter, resulta emblemática de las acusaciones que se lanzarían sin descanso contra la técnica dodecafónica: se trata de una música cerebral, una prueba de la decadencia cultural europea que podría conducir a la "destrucción de nuestro carácter nacional". Guarnieri afirma, además, que el dodecafonismo se las ingenió para atraer "algunos jóvenes compositores de mucho valor y talento, como Cláudio Santoro y Guerra-Peixe, quienes, por fortuna, después de tomar esta dirección equivocada, fueron capaces de liberarse y retomar el camino correcto del estudio y el uso artístico-científico de nuestro folclor" (120). "*Nuestro* folclor": para los no brasileños resulta fácil ver la ironía que surge aquí, típica de los problemas implícitos en la construcción de la nacionalidad. En este caso, significaba la defensa de una música autóctona creada por un compositor con el más italiano de los apellidos. Sin embargo, este giro, que se puede escuchar en las obras de Santoro y Guerra-Peixe de aquella época, no resulta tan caprichoso como podría parecer en un principio. La inserción de la serie de doce tonos en Brasil no sucedió en el curso de un "desarrollo natural" (cualquiera que sea el sentido de esta expresión) de un lenguaje musical brasileño de la misma manera que ocurrió en Europa, es decir, como resultado del colapso del sistema tonal.

La adopción de la técnica en el país era, antes que nada, un gesto y no un imperativo dictado por una tradición de rupturas en la historia del desarrollo de un lenguaje musical[7]. En este sentido, la racionalización generada por el dodecafonismo era ambigua, incluso contradictoria. Los compositores podían verse a sí mismos como a favor del nacionalismo, así como de la vanguardia, sin —aparentemente— contradecirse. Incluso los pupilos más talentosos y prometedores de Koellreutter, Santoro y Guerra-Peixe, escribieron piezas tanto seriales como nacionalistas. Los dos compusieron de manera simultánea sus piezas más arriesgadas: las *Tres sonatas* (1939-1940) y las *Variaciones sobre una serie dodecafónica* (1946) de Santoro, y *Música n.º 1 para piano* (1941) y *Pieza para dos minutos* (1941) de Guerra-Peixe; y también produjeron sus obras más "nacionales": *Batucada. En el Morro das Duas Bicas* (1948) (Santoro) o *Suite para Orquesta de Cuerdas (inspirada en el folclor de Pernambuco)* (1949) (Guerra-Peixe), entre otras. Esta dualidad tendría también su propio péndulo temporal, ya que en los años cincuenta dominaría el nacionalismo, mientras que en los sesenta la música de vanguardia estaría a la orden del día (Santoro, por ejemplo, compondría en esa época música electroacústica). En suma, estos compositores fluctuaron entre el nacionalismo y la vanguardia. Por lo tanto, el dodecafonismo no se usó como resultado de una convicción, o como un asunto de principios, sino más bien como una momentánea opción entre varias.

Este es un aspecto indicativo de la modernidad alimentada por una cierta visión del país en la década de los cincuenta: una modernidad mezclada, "mestiza" que temeraria y ambiciosamente erige Brasilia, la nueva capital, a partir de cero, para que surja como un símbolo de unidad e integración nacional, pero cuya construida modernidad se sitúa en el centro mismo del país. Aunque Santoro y Guerra-Peixe hayan sido los primeros alumnos de Koellreutter en trabajar con las series de

7 Resulta difícil pensar la "necesidad histórica" musical fuera de Europa. La manera como el sistema tonal desarrolló sus contradicciones y especificidades originales propias lo convirtieron en un lenguaje musical altamente organizado y auto regulado: un fenómeno estrictamente europeo. El avance interno del sistema, así como su racionalidad implícita, no se pueden abstraer de la modernidad europea. Max Weber, por ejemplo, identificó en la expansión de la música europea la cualidad específica de la modernidad que los europeos crearon como modelo para la civilización occidental. Por lo tanto, la inserción del dodecafonismo en otros continentes lo transformó en un injerto, un elemento más o menos foráneo traído a una tradición nacional o local.

doce tonos, sólo serían reconocidos como compositores de música seria a partir de sus piezas nacionalistas, e incluso hoy solo una parte relativamente pequeña de sus obras más vanguardistas se ha grabado o se interpreta con regularidad. Esta precaria articulación de un espacio propiamente experimental en la música brasileña, atrapada entre el deseo por revolucionar la expresión musical y los compromisos exigidos por un proyecto nacional, no les ha permitido a los compositores llevar a cabo experimentos más allá del dodecafonismo, incluso si se realizaron algunos intentos en esa dirección durante los siguientes años.

Al final de los cincuenta y comienzos de los sesenta, una generación más joven de compositores dio inicio en São Paulo a un nuevo movimiento llamado Música Nova. Aún bajo la guía de Koellreutter, aunque sin seguirlo tan de cerca como la generación anterior, el grupo esperaba reformular la escena de la música contemporánea en Brasil. Entre sus participantes se encontraban Julio Medaglia, Rogério Duprat, Gilberto Mendes, Willy Correia de Oliveira y Damiano Cozzella, todos músicos íntimamente vinculados a la creciente escena cultural de São Paulo, que se estaba transformando en el nuevo centro cultural y económico del país. La infraestructura para el arte contemporáneo se estableció con la creación de instituciones tales como el Museo de Arte Moderno (MAM) en 1947 y el Museo de Arte de São Paulo (MASP) en 1948; a comienzos de los años cincuenta se asistió al surgimiento del movimiento de poesía concreta, y la primera Bienal de São Paulo tuvo lugar en 1951. Música Nova compartía gran parte de la atmósfera de la ciudad[8]. El propósito del grupo, como se establecía en su "Manifiesto Música Nova", era el de un "compromiso total con el mundo contemporáneo" (citado en Gaúna 88). La intención era ir más allá del dodecafonismo canónico y explorar todas las posibilidades de la música serial, como lo estaban haciendo Pierre Boulez y Henri Posseur en Europa. Por otra parte, por medio de intercambios con Alemania y Estados Unidos, varios miembros de Música Nova entraron en contacto con la música de John Cage y Stockhausen, con sus técnicas de indeterminación, y su música electrónica y electroacústica. Aun así, y a pesar de su "compromiso total con el mundo contemporáneo", Música Nova iba en contravía con res-

[8] Ver el libro de Maria Arminda do Nascimento Arruda *Metrópole e cultura. São Paulo no meio século XX*.

pecto a las tendencias principales de la música brasileña de la época. En palabras del historiador Regiane Gaúna, "uno podría decir que el manifiesto de Música Nova no posee un carácter innovador, sino más bien de fundación, ya que las ideas expuestas a su interior, comunes para artistas de otros países, no han encontrado aún un lugar apropiado para desarrollarse en el Brasil. De ahí la urgencia de estas ideas para la transformación de la escena musical brasileña" (88). Con todos sus esfuerzos, y a pesar del clima favorable del momento, Música Nova no pudo prosperar debido a la falta de un verdadero público y a la ausencia de patrocinadores confiables, tanto privados como estatales.

Si bien, dada la fragilidad del campo, la música culta brasileña no tenía la madurez suficiente para fomentar la vanguardia radical del periodo, la cultura brasileña sí poseía otra esfera suficientemente madura para promover prácticas innovadoras: la música popular. Como resultado de su práctica educativa, Koellreutter ya había trabajado con varios compositores populares, y había sido maestro de Tom Jobim (padre del Bossa Nova) y Tom Zé, por ejemplo. La novedad llegó, sin embargo, cuando un grupo de compositores "serios" (como Julio Medaglia, Rogério Duprat y Damiano Cozzella) del grupo Música Nova empezaron a interactuar regularmente, y sin ningún propósito didáctico, con el campo de la música popular. Este cambio los convirtió más en colaboradores que en maestros, y se puede entender parcialmente por la fragilidad en el campo de la música erudita en el Brasil, pero también por "la posibilidad de llevar a cabo un proyecto de música popular que pudiera ser realmente diferente a los otros" (Gaúna 91). Este proyecto, claramente distinto de otros proyectos populares anteriores, tomó la forma del *Tropicalismo* entre 1967-1968 que, a partir de una estética totalmente incluyente, hizo posible romper con la tajante división entre la llamada "música culta" y la cultura de masas, entre lo arcaico y lo moderno, y entre lo nacional y lo internacional. El resultado fue una integración creativa de las vanguardias musicales eruditas junto con experimentos de compositores *tropicalistas* como Gilberto Gil, Tom Zé y Caetano Veloso. De esta forma, según Celso Favaretto, los músicos vanguardistas y los tropicalistas consiguieron crear un tipo de trabajo en grupo en el que las reglas se inventaban de forma colectiva, lo cual excluía la posibilidad de que alguno de los dos grupos impusiera su material musical al otro (42-3; véase también Dunn, y Dunn y Perrone sobre la apertura de horizontes impulsada por el *Tropicalismo* en la música popular del Brasil). En este tipo de colaboración, Favaretto sugiere que:

> [...] varios elementos de la música de vanguardia se integraron a la canción popular: material que se originaba de los dos extremos de la composición contemporánea: los de Boulez-Stockhausen, por un lado, que adoptaron el rigor y el constructivismo de la Escuela de Viena (Schoenberg, Webern, Berg) y que incluían experimentos en música electrónica y aleatoria (en la que, sin embargo, la función aleatoria estaba controlada por el compositor); y por el otro lado, John Cage, quien representaba la línea de la antimúsica y el *happening*, originando un corte súbito con los conceptos tradicionales del arte, por medio de estrategias de indeterminación aplicadas a su material musical así como a su interés en la recepción de la música. Gracias a la creación de una sintaxis no discursiva, las dos tendencias se mezclaron en el uso iconoclasta de la tonalidad, de manera semejante a lo que había estado sucediendo en la literatura, el cine y las artes visuales. Finalmente, la discusión alrededor de la música popular y la erudita desembocaría en un único discurso. Ignorando el conflicto entre calidad y cantidad, y gracias al interés por establecer nuevos vínculos con una audiencia urbana, trabajando en el interior de la relación producción/consumo, la música erudita tenía mucho que aprender de lo popular: por ejemplo, el proceso de manejar lapsos breves de tiempo y la condensación del sonido, propuesta propia de la televisión. (44-45)

Sin embargo, el sueño de una feliz conciliación entre los dos extremos no duró mucho. La música popular se convirtió en una poderosa rama de la industria cultural, que, dada su tendencia estructural hacia el beneficio económico, muy pronto hizo inviable el empalme entre la vanguardia erudita y la música popular; para comienzos de los setenta esta confluencia había dejado de ser efectiva. La consolidación de la industria cultural en Brasil, impulsada por un proyecto de modernización conservadora llevada a cabo por el régimen militar de la época, empezaría a ocupar poco a poco todos los espacios disponibles en los medios. En cuanto al dodecafonismo, este ya había perdido su vitalidad en Europa, convirtiéndose en una disciplina académica propia de los departamentos de música. Continuaría evolucionando en la Universidad de São Paulo, donde el compositor Oliver Toni practicaba de forma inequívoca "la Escuela de Viena y nada más" (Martins 98). Esta línea dura de Toni tenía sus razones. En efecto, podría explicarse como una posición defensiva frente el creciente dominio de la industria cultural en todos los medios. Así, el Departamento de Música de la Universidad de São Paulo declaraba de manera abierta la "posibilidad de que la crítica y la cultura de masas no pueden estrechar las manos". El departamento, entonces, se convirtió, bajo la tutela de Toni, en un lugar de:

> [...] música de vanguardia, elitista, que ofrecía cursos de composición e interpretación de instrumentos orquestales (piano, violín, viola, cello, percusión, clarinete, flauta, oboe y fagot), y no permitió la entrada de los instrumentos populares, ni siquiera la guitarra. Según el maestro Toni, "cualquiera puede tocar la guitarra". (Martins 103)

Resulta irónico que, dadas las rígidas directrices adoptadas por el Departamento de Música de la Universidad de São Paulo, las producciones más significativas de los estudiantes surgieron precisamente en el campo de la música popular, en este tipo de música de guitarra que "cualquiera puede tocar".

Para finales de los setenta, un número de músicos de la escena musical *underground* de São Paulo se congregaría alrededor del Teatro Lira Paulistana, que más tarde se transformó en lo que se conocería como la Vanguarda Paulista. Arrigo Barnabé, Luiz Tati del grupo Rumo, Mário Manga y Clauss Petersen de Premeditando o Breque, entre otros, eran o habían sido estudiantes de la Universidad de São Paulo. En lugar de seguir simplemente los dictámenes de la Escuela de Música, decidieron, de forma individual, aplicar su conocimiento musical al campo de la música popular. Entre estos compositores, Arrigo Barnabé sobresale por la inclusión del dodecafonismo strictu sensu en la canción popular. Concibiéndose personalmente como descendiente directo del *Tropicalismo*, el proyecto musical de Barnabé sobrepasó los límites de los experimentos llevados a cabo en la década de los sesenta. Si el *Tropicalismo* cambiaba por completo la noción del arreglo de la canción popular al introducir diversas técnicas originadas en la llamada música erudita, y abría la composición de letras a influencias literarias como la poesía concreta, el siguiente paso, para Barnabé, fue la introducción del atonalismo y de la serie de doce tonos en la música popular. *Clara Crocodilo* (1980), su primer y más logrado álbum a nivel técnico, mezcla procedimientos de composición dodecafónica con características tan definidas en la canción popular como un pulso regular, el canto entonado y una tendencia a la teatralidad. De sus ocho piezas, tres hacen uso de la atonalidad libre (*Diversões Electrônicas, Sabor de Veneno* y *Clara Crocodilo*), y cinco son estrictamente dodecafónicas (*Acapulco Drive-In, Orgasmo Total, Instante, Infortúnio* y *Office-Boy*). Su obra incluye trasposiciones, retrocesos, inversiones, rotaciones, multiplicaciones, fragmentaciones, derivaciones y particiones. Integrados y apropiados por la canción popular, estos procedimientos de composición crearon una estética donde resuenan el ritmo y el pulsar de la megalópolis. Al mismo tiempo, Barnabé trasforma los perpetuos habitantes autómatas de la ciudad en personajes de sus canciones por medio de distintos tempos, traslapando pulsos y polirritmias (Fenerick, *Façanhas* 152). Los personajes aparecen como seres deshumanizados que se han desintegrado o se están desintegrando. Son, en definitiva, criaturas "monstruosas". La canción "Clara Crocodilo", por ejemplo, cuenta la historia de un inofensivo joven oficinista que vende su cuerpo a un "poderoso laboratorio multinacional", y transforma por accidente su frágil y anónimo cuerpo en un poderoso mutante, "el peligroso criminal, Clara Cocodrilo, enemigo público No 1". Así empieza la letra de la canción:

> [voz hablada] São Paulo, 31 de diciembre de 1999. Falta poco, muy poco para el año 2000. Y tú, oyente incauto, en el calor de tu hogar, rodeado de tus familiares, has puesto distraídamente este disco en el equipo de sonido; tú que, ahora, aguardas ansiosamente destapar la champaña y oír el resonar de las copas; tú, enemigo mortal de la angustia y de la desesperación, prepárate… la pesadilla comenzó. Sí, yo sé que vas a decir que es tu imaginación, que has estado leyendo muchos *cómics* últimamente, pero entonces ¿por qué tus manos comenzaron a temblar, temblar, temblar tanto, cuando encendiste aquel cigarrillo… y por qué te has puesto tan pálido de repente? ¿Será todo esto fruto de tu imaginación? No, amigo mío, ve al baño ahora mismo, antes de que sea tarde, porque en este viejo disco que compraste en una tienda

de segunda mano llevaba preso por más de veinte años el peligroso criminal, el delincuente, el terrible enemigo público número 1, Clara Cocodrilo...

[empieza la canción]
Quien calla otorga, yo no me callo
No voy a morir a manos de un *tira*[9]
Quien calla otorga, yo desacato
¡No voy a morir a manos de una rata!
No voy a seguir más en este infierno
No voy a terminar en un cementerio
La ametralladora no me alcanza
No voy a seguir más en este *ring*.
[hablando/cantando]
Eh, tú que me estás oyendo,
¿Acaso crees que me vas a atrapar? Pues entonces,
Toma...
Ya vi que eres perseverante. Vamos a ver
Si puedes aguantar esta...
Chicas, ¿ustedes creen que ellos quieren más?
¡Sí quieren!
Tú, que entonces eres tan expertito,
Vamos a ver si me puedes seguir por este laberinto.

El dodecafonismo es la fuerza unificadora en la canción: encadena una línea melódica pobre, por momentos apenas discernible de una simple voz hablada y de gritos con letras muy coloquiales. Sin la técnica, estos elementos difícilmente habrían podido constituir algo notable, pero ensamblada en/a través del arreglo dodecafónico, la canción adquiere una identidad sui géneris que permite argumentar su capacidad de expresar:

> De manera cruda y realista la existencia neurótica y deshumanizada en las metrópolis brasileñas contemporáneas. [...] Con el propósito de integrar el texto con el serialismo y la atonalidad libre, Arrigo Barnabé lleva a cabo la distorsión y la desintegración del centro to-

[9] En jerga brasileña, *tira* equivale a policía. (Nota de la traducción.)

> nal, para así desconcertar a los oyentes de la música popular urbana y tonal, los mismos oyentes a quienes va dirigido explícitamente el LP. (Cavazotti, "O serialismo" 8-9)

A pesar de los esfuerzos de Barnabé por verse como un heredero del *Tropicalismo*, y de su perspicacia al entender que el avance histórico de la música popular en Brasil sólo podía darse por medio del atonalismo y el dodecafonismo, la utilización de la técnica dodecafónica en la música popular no se dio como si ocurriera bajo un ininterrumpido continuo histórico, como había sucedido en Europa con Schoenberg. En otras palabras, Barnabé introduce el dodecafonismo en la música popular brasileña, según Cavazotti: "como una señal apocalíptica, una afrenta, una ruptura explícita con el tonalismo" (11). Así, la adopción de la técnica y su entrada en la música popular brasileña se caracterizan por un sentido evidente de confrontación frente a la música comercial de la industria cultural de las décadas de los setenta y ochenta. En definitiva, el dodecafonismo de Barnabé se puede considerar como un gesto de resistencia a la creciente homogenización y estandarización promovida por la industria cultural. Y este desafío abierto al mercado tuvo naturalmente un precio: la exclusión sistemática de la obra de Barnabé de los medios masivos (ver Fenerick, *Façanhas*).

Es importante resaltar lo excepcional que resulta el caso de Barnabé en la historia de la música popular del Brasil (quizás, incluso, a nivel mundial), debido no sólo a la originalidad de su apropiación de la técnica, sino también al destino final de sus esfuerzos que a la larga no resultaron económicamente viables, pero que sí llevaron a otros compositores a hacer uso de la técnica. Más aún, según Cavazotti:

> [...] al establecer que después del fenómeno de la *Tropicália* el siguiente paso sería la utilización del atonalismo y el serialismo, Arrigo Barnabé realizó una transferencia directa a la música urbana popular brasileña de otro tipo de música, que pertenecía a otro universo cultural, determinada por otros tipos de relaciones sociales (12).

Así, la hazaña de Barnabé resultó finalmente tan frustrada como los experimentos puestos en práctica en la música culta. Insertada ahora en el campo de la música popular, la técnica dodecafónica fracasaba una vez más en la búsqueda de un campo fértil para su completo desarrollo, convirtiéndose más en una excepción o en una curiosidad que en un manantial desde el cual podrían surgir otras creaciones. Barnabé se considera hoy a sí mismo como un compositor clásico por derecho propio: su última obra, *Un requiem* (2005), no tiene rastro alguno de la música popular[10]. Esto, sin embargo, no debería interpretarse como una imputación a la obra anterior de Barnabé, que sí consiguió revitalizar la música popular de Brasil como lo hizo el grupo de la Vanguarda Paulista como un todo. Sin embargo, tampoco debería impedirle a uno considerar sus experimentos como fracasos (ver Durão "Apresentação").

Para explicar por qué, resulta necesario recordar las palabras de Roberto Schwarz cuando argumenta, en su conocido ensayo "Nacional por subtração":

> Se ha observado que en cada generación la vida intelectual brasileña parece empezar de cero. El apetito por la última producción de los países avanzados tiene con frecuencia como contraparte la falta de interés en la obra de la generación anterior y la resultante falta de continuidad en el pensamiento. (*Horas* 30)

Con seguridad, este pasaje no debe leerse como si una simple continuidad fuese en sí misma deseable, en oposición a la frenética importación de artefactos y técnicas culturales. Su validez depende del análisis de experiencias concretas tales como el dodecafonismo en Brasil. Desde sus comienzos con Koellreutter, no logró convertirse en una forma orgánica realmente productiva, como tampoco llegó a tener la capacidad de integrarse objetivamente a los escenarios musicales clásicos o populares brasileños. Pero en lugar de considerar esta experiencia simplemente como un fracaso, sería más productivo entenderla como un resultado del carácter contradictorio y ambiguo de la modernidad del Brasil. Semejante a un péndulo, no puede definirse ni como cosmopolita ni como nacionalista, ni como impulsadora de las artes ni

10 En efecto, en un reciente intercambio de correos electrónicos Barnabé negaba que *Clara Crocodilo* fuera un disco hecho de canciones en el sentido formal del término, como construcciones A-B-A. Solo podríamos ver esto como su intento por distanciarse del territorio popular.

como aliada de la industria cultural, y por lo tanto se presenta como esencialmente contradictoria. El dodecafonismo ilustra este hecho a la perfección. Por una parte, se mostró incapaz de crear un movimiento autorregulado en la música erudita del Brasil; por la otra, la modernidad brasileña no obstaculizó la circulación del dodecafonismo en el interior de las esferas de la sociedad brasileña como un todo. La técnica dodecafónica no se estancó como un lenguaje musical del pasado, como resultado de "una necesidad histórica específica", pero tampoco funcionó como la base desde la cual pudieran desarrollarse futuros experimentos musicales. Su trayectoria no fue una necesidad sino más bien el agente de una *posible novedad* en un tiempo específico y en determinados campos. Las aventuras del dodecafonismo en y a través del Brasil hicieron posible que los músicos rompieran con el pasado, que se tuviera una pequeña visión del futuro, y que se crearan movimientos fundamentales en la historia cultural del Brasil, pero la técnica misma nunca se convirtió en una racionalidad efectiva, pues la modernidad tradicional de Brasil no pudo darle esta oportunidad. Aquí, de nuevo, todo carecía de aquello que debería apoyar materialmente a una práctica cultural exitosa: patrocinio, público, presupuesto estatal y salas de conciertos.

Al interpretar la historia del dodecafonismo en Brasil como un caso representativo del intercambio transnacional, resulta tentador postular un paralelo entre su destino y el de los proyectos nacionales de modernización, como afirma de forma tan pertinente Robert Kurz en su libro *Der Kollaps der Modernisierung*. La conclusión que se impone por sí misma al observador imparcial es que si la técnica dodecafónica fue una experiencia frustrada en el Brasil, demostró, sin embargo, su capacidad para *circular* en el país al movilizar a nacionalistas y vanguardistas, y al involucrar tanto a lo popular como a lo erudito. La porosidad de Brasil respecto al dodecafonismo es el reverso de su falta de sedimentación. Este hecho ilustra la ambigüedad final de este encuentro transnacional: por un lado, el fracaso del dodecafonismo de echar raíces como una manifestación viva de la cultura brasileña; por el otro, la facilidad con la que penetró diferentes esferas y con la que fue recibido por diferentes artistas. Esto se puede leer, primero, como el parco destino de un país periférico tratando de ponerse a la altura de los países "avanzados" o "desarrollados"; segundo, la apertura del Brasil hacia nuevas formas de apropiación, en una especie de prometedora y fructífera convivencia, refleja su modernidad alternativa. Este campo de fuerza, obtenido aquí a través de la historia de la recepción del dodecafonismo, merece ser investigado en términos más amplios. Sospechamos que las aventuras de la técnica dodecafónica podrían considerarse como un microcosmos para dilemas mayores.

Bibliografía

Adorno, T. W. *Philosophy of New Music.* Trans. Robert Hullot-Kentor. Minneapolis: Minnesota UP, 2006. Impreso.

Anderson, Benedict. *Imagined Communities: Reflections on the Origin and Spread of Nationalism.* London: Verso, 1991. Impreso.

Arruda, Maria Arminda do Nascimento. *Metrópole e Cultura. São Paulo no meio século XX.* Bauru, São Paulo: EDUSC, 2001. Impreso.

Brito, Teca Alencar. *Koellreuter educador.* São Paulo: Peirópolis, 2001. Impreso.

Cavazotti, André. "O serialismo e o atonalismo livre aportam na MPB: as canções do LP *Clara Crocodilo* de Arrigo Barnabé". Per Musi: Belo Horizonte, 2000. 5-15. Impreso.

Cyntrão, Sylvia Helena (ed.). *A forma da festa. Tropicalismo: a explosão e seus estilhaços.* Brasília: UNB, 2000. Impreso.

Dias, Márcia Tosta. *Os Donos da Voz. Indústria fonográfica brasileira e a mundialização da cultura.* São Paulo: Boitempo, 2000. Impreso.

Dunn, Cristopher. *Brutality Garden: Tropicália and the Emergence of a Brazilian Counterculture.* Chapel Hill: University of North Carolina Press, 2001. Impreso.

Dunn, Cristopher, and Charles A. Perrone. *Brazilian Popular Music & Globalization.* Gainesville: UP of Florida, 2001. Impreso.

Durão, Fabio A. *"Apresentação". Fenerick. Façanhas às próprias custa.* 11-16. Impreso.

Favaretto, Celso. *Tropicália Alegoria Alegria.* São Paulo: Ateliê Editorial, 2000. Impreso

Fenerick, José Adriano. "A ditadura, a indústria fonográfica e os 'independentes' de São Paulo nos anos 70/80". Métis: História e Cultura 3.6 (2005): 155-78. Impreso.

—. *Façanhas às próprias custas. A produção musical da Vanguarda Paulista, 1979-2000*. São Paulo: Annablume/FAPESP, 2007. Impreso.

Gaúna, Regiane. *Rogério Duprat: sonoridades múltiplas*. São Paulo: Ed. da UNESP, 2002. Impreso.

Hollanda, Heloísa Buarque de. *Impressões de Viagem: CPC, Vanguarda e Desbunde: 1960-1970*. Rio de Janeiro: Rocco, 1992. Impreso.

Kater, Carlos. *Música Viva e H. J. Koellreutter. Movimentos em direção à modernidade*. São Paulo: Musa Editora/Atravez, 2001. Impreso.

Kurz, Robert. *Der Kollaps der Modernisierung: Vom Zusammenbruch des Kasernensozialismus zur Krise der Weltokonomie*. Frankfurt: Eichborn, 1991. Impreso.

Martins, Maria H.P. *ECA: Retrato em Branco e Preto*. São Paulo: ECA/USP, 1988. Impreso.

Menezes, Flo. *Apoteose de Schoenberg. Tratado sobre as entidades harmônicas*. São Paulo: Ateliê Editorial, 2002. Impreso.

Napolitano, Marcos. *Cultura Brasileira: utopia e massificação (1950-1980)*. São Paulo: Contexto, 2001. Impreso.

—. *História & Música. História Cultural da Música Popular*. Belo Horizonte: Autêntica, 2002. Impreso.

Nho, Myung-Woo. *Die Schönberg-Deutung Adornos und die Dialektik der Aufklärung. Musik in und jenseits der Dialektik der Aufklärung*. Marburg: Tectum Verlag, 2001. Impreso.

Ortiz, Renato. *A moderna tradição brasileira*. São Paulo: Brasiliense, 1999. Impreso.

Schwarz, Roberto. *A Master on the Periphery of Capitalism: Machado de Assis*. Durham: Duke UP, 2001. Impreso.

—. *Misplaced Ideas*. London: Verso, 1992. Impreso.

—. *Que Horas São?* São Paulo: Companhia das Letras, 1987. 29-48. Impreso.

Tatit, Luiz. *O Cancionista: composição e canções do Brasil*. São Paulo: EDUSP, 1996. Impreso.

Weber, Max. *The Rational and Social Foundations of Music*. Carbondale: Southern Illinois UP, 1958. Impreso.

Realismo(s) en juego: Narrando el Morro a través del performance, las artes visuales, la literatura y el cine[1]

Lídia Santos[2]

Los jóvenes artistas brasileños que inspiraron este estudio trabajan con temas que fueron moneda corriente en las narrativas literarias de los años noventa: la pobreza y la violencia urbana. Sin embargo, y a diferencia del tratamiento documental que estos temas tuvieron en la ficción, los jóvenes constructores del *Morrinho*[3], una escultura al aire libre que también cumple la función de parque para los artistas, prefieren

1 Esta es una versión resumida y modificada de un ensayo publicado en la *Revista USP* (n.º 75, septiembre-noviembre de 2007) de la Universidade de São Paulo, con el título de "Vivendo (ainda) da adversidade ou como o arte do morro chegou à Bienal de Veneza". Incluimos a lo largo del ensayo una serie de *links* donde el lector puede ver el trabajo de los artistas mencionados, junto con las fechas de consulta de los mismos en internet. Traducción de Norman Valencia.

2 Lídia Santos es profesora del Centro de Posgrado de la Universidad de la Ciudad de New York / Graduate Center-CUNY. Es autora del libro *Kitsch Tropical: Los medios en la literatura y el arte en América Latina* y de múltiples artículos académicos.

3 La palabra *Morrinho*, que es el título de la obra de arte que analizaremos a continuación, es la forma diminutiva de la palabra *morro*, que, además de designar un accidente geográfico, también se refiere a los vecindarios informales, de arquitectura espontánea y poblamiento no oficial, en Río de Janeiro. Usualmente están situados en las partes altas de la ciudad que rodean los valles donde se encuentran los barrios de clases media y alta. La palabra suele usarse como sinónimo de *favela*.

un *performance* divertido y ligado con el juego. El "juego de roles" puesto en escena por los jóvenes en la escultura misma se realiza in situ. Las tramas del juego comparten los mismos temas de la vida cotidiana que surgen en las novelas, películas y cuentos realistas que han representado al *Morro* en años recientes. Sin embargo, el carácter lúdico de las voces implicadas en el juego, los efectos de sonido producidos en condiciones precarias junto con la creatividad de los participantes le agregan una dimensión performativa a su producción que, por lo tanto, no puede verse como un producto estrictamente documental. Más aun, el hecho de que los jóvenes artistas sean parte del *performance* les permite a estos escultores y dramaturgos la oportunidad de recrear sus propias vidas y de ser simultáneamente actores y espectadores de su obra.

En este ensayo, analizo el trabajo de los jóvenes residentes del Morro do Pereirão[4] en dos niveles distintos. Primero, analizo la historia de la "escultura social", su trayectoria desde una obra de arte reconocida por una comunidad local hasta su circulación en medios artísticos internacionales, culminando con la inclusión del *Morrinho* en la Bienal de Venecia en el año 2007. En segundo lugar, analizaré el trabajo fotográfico creado por la artista visual brasileña Paula Trope en colaboración con estos jóvenes. Los trabajos de Trope —que también fueron exhibidos en la Bienal de Venecia de ese año— y la obra de otra artista contemporánea, Rosana Palazyan, son parte central del trabajo comparativo que realizo. Adicionalmente, a lo largo del ensayo, haré repetidas comparaciones entre la representación de las artes visuales y el tratamiento literario y cinematográfico de temas como la pobreza y la violencia urbana en el Brasil. Esto con el fin de mostrar cómo las artes visuales problematizan el uso del realismo documental que predomina en otras artes que tienen estas mismas temáticas.

[4] El Morro do Pereirão es una *favela* situada en Laranjeiras, un barrio de clase media, a pocos kilómetros de la residencia del gobernador del estado de Río de Janeiro. La *favela* comienza donde termina la Rua Pereira da Silva, conocida por ser tranquila y muy empinada.

La historia de una escultura social

En 1998 los hermanos Nelcirlan y Maycon Souza de Oliveira, de 14 y 8 años respectivamente en ese momento, comenzaron a construir el *Morrinho*, una escultura al aire libre que reconstruía, de manera detallada y creativa, una *favela* similar al lugar que ellos habitaban en el Morro do Pereirão. Los hermanos Souza de Oliveira construyeron el *Morrinho* como un parque abierto a los juegos infantiles, reciclando los ladrillos que su padre, un albañil, usaba para construir la pequeña casa en que vivían. El "juego de roles", basado en la vida cotidiana de la comunidad, rápidamente atrajo a otros siete jóvenes. Estos nueve muchachos son responsables de la versión final del *Morrinho*, habitada por figurillas hechas con bloques de Lego que usan carritos de juguete para moverse por las sinuosas y empinadas calles de la maqueta. (Ver Imagen 1)

A partir del 2001, la maqueta se hizo conocida más allá de los límites de la *favela* gracias al trabajo del cineasta Fábio Gavião, quien había conocido el proyecto por uno de los maestros de la escuela de Nelcirlan.

Imagen 1. *O Morrinho.*
Fuente: Foto de Enrique Mayer

Gavião decidió hacer un documental sobre la obra, pero rápidamente descubrió que sus intentos por filmar a los participantes fracasaban a causa de sus movimientos abruptos en la maqueta. Finalmente, decidió poner la cámara en manos de los niños y enseñarles cómo usarla: de esta forma nació TV Morrinho[5].

La maqueta del *Morrinho* finalmente alcanzó el universo de la alta cultura gracias al coleccionista de arte Gilberto Chateaubriand, quien en el 2004 envió a Paula Trope al Pereirão para registrar la creación de los jóvenes artistas[6]. Mientras que los niños fundaban una ONG, exhibían videos de TV Morrinho en YouTube, y empezaban una gira internacional que culminaría con la exhibición de la escultura en Venecia, la artista Paula Trope, fascinada con la obra, comenzó un proyecto fotográfico con los jóvenes que ellos mismos titularon *Sem Simpatia. Os Meninos do Morrinho*[7]. Esta obra fue incluida en la 27 Bienal de São Paulo en el 2006 (http://universes-in-universe.de/car/sao-paulo/eng/2006/tour/img-20.htm, julio 4 de 2013) y luego participó en una exposición en la Americas Society de Nueva York, en el 2007.

Con respecto a la escultura del *Morrinho*, cuando los artistas fueron invitados a exhibirla en diversos lugares, decidieron crear réplicas mientras que el original permanecía en su lugar de origen, en el Morro do Pereirão. Antes de la Bienal de Venecia, habían replicado el *Morrinho* en Barcelona (2004), París (2005), Múnich (2006) y en varias ciudades del Brasil. En el 2008 exhibieron una réplica de la escultura en Viena, y aún hoy continúan exhibiéndola a nivel mundial; en septiembre de 2012, exhibieron en Nueva York algunas de las películas que represen-

5 Hoy en día, TV Morrinho produce videos y realiza capacitaciones para otros barrios marginales. Incluso, han estado en Colombia, donde participaron en el Festival de Cine y Video Alternativo y Comunitario *Ojo al Sancocho*, en Bogotá. Ver www.morrinho.com.

6 Paula Trope brindó esta información el 24 de mayo de 2007, en la Americas Society de Nueva York, en una charla que dio con ocasión de la apertura de la exhibición que analizamos en este trabajo. Trope ha exhibido individualmente desde 1992, ha participado en numerosas exposiciones en Brasil y en el exterior, y recibió varios premios nacionales antes de trabajar en *Meninos do Morrinho*, que fue seleccionada para la Bienal de São Paulo.

7 Según Trope, en la jerga del Morro, *sem simpatia* es una antítesis, ya que quiere decir lo contrario, es decir, "sin aspavientos, sin envidia, sin vacilación" (información ofrecida por la artista en su charla en la Americas Society en mayo de 2007).

taban la escultura. Durante todos estos viajes la maqueta original se siguió usando como parque para niños pequeños que eran autorizados a jugar en él por sus creadores, a cambio de que la comunidad cuidara la escultura, ya que los autores son ahora adultos y tienen otros intereses vitales. Sin embargo, la mayoría de los autores originales siguen vinculados a la obra que hoy en día es escenario de videos que se exhiben por todo el mundo. Algunos, incluso, fueron vendidos al canal infantil norteamericano Nickelodeon. Durante este proceso, los jóvenes artistas contaron con la colaboración de adultos de varios barrios de Río de Janeiro para ayudar con la ONG que crearon y que provee múltiples servicios para su comunidad, con la cual siguen viviendo.

Paula Trope era uno de esos adultos que colaboró con los jóvenes artistas. Una de estas colaboraciones, el proyecto *Sem Simpatia. Os Meninos do Morrinho,* pretende ser una acción de naturaleza social e política. En este trabajo, Trope propuso un trabajo de tipo comunal, a partir de una constante negociación con los jóvenes del Pereirão. En el proceso, la artista discutió con los jóvenes temas autorales, jurídicos y económicos respecto a las fotografías. Así, los niños son reconocidos como sujetos con un lenguaje propio, como productores de cultura y también como colaboradores del trabajo creativo junto con la artista. Este proyecto resultó en un conjunto de fotos estenopeicas[8] sobre la escultura del *Morrinho*, tomadas entre el 2004 y el 2005 por Trope en colaboración con los autores. La exhibición estaba compuesta por paneles de dos, tres o más fotografías, con un retrato de los escultores en el centro. Esta foto central, tomada por Trope, incluye a los jóvenes en tamaño real. Además, la artista amplió la escala de las otras fotografías, que eran tomadas por los muchachos. Dada la distorsión característica de las cámaras estenopeicas, el resultado final es ambiguo: es imposible discernir si las situaciones retratadas son reales o simuladas (http://universes-in-universe.de/car/venezia/deu/2007/tour/int-exhib/img-10.htm, 1 de julio de 2013).

Estas técnicas originales tienen continuidad en su proyecto más "documental", *Contos de Passagem*[9], que Trope produjo con niños que vi-

8 La cámara estenopeica es una cámara artesanal, sin lentes. El paso de la luz es regulado a través de un agujero hecho con una aguja en latas recicladas.

9 *Contos de Passagem* es un trabajo realizado en video, en formatos super-8 y 16 mm, entre diciembre de 2000 y diciembre de 2001. En este proyecto, los jóvenes

ven y trabajan en las calles de Río de Janeiro. Con el fin de mostrar la precariedad de sus vidas y de crear una reflexión sobre los medios técnicos utilizados, Trope llega a romper sus cámaras fotográficas y de video, y a sacarles sus lentes, o a usar películas obsoletas, como se puede ver en el siguiente link: http://www.canalcontemporaneo.art.br/e-nformes.php?codigo=359 (1 de julio de 2013).

Las raíces locales del trabajo de Paula Trope

Las raíces de los procedimientos radicales de Trope pueden vincularse con el trabajo de Hélio Oiticica. Cuando sube al Morro do Pereirão para fotografiar a un grupo de jóvenes artistas que allí habitan, la artista está reproduciendo el intento de Oiticica, durante los años sesenta, por incluir a la gente de la *favela* Mangueira en el mundo del arte, sin pasar por el proceso de representarlos. Ambos artistas buscan compartir las experiencias de este grupo humano. Así, los *parangolés*, los trabajos más famosos de Oiticica, aspiraban a traducir para los espectadores la experiencia concreta de los desposeídos, y no las ideas preconcebidas que un programa político podría instituir[10].

Como ocurre en el trabajo de Oiticica, las fotografías de Trope no se fundan en idealizaciones abstractas. Lo que surge a partir de su "estética relacional"[11] con los jóvenes no es una pobreza "real", sino una versión más humanizada del fenómeno compuesta, no solo por el sufrimiento de los más pobres, sino también por sus alegrías y su capacidad de crecer, incluso en la adversidad. Vale la pena recordar que la declaración artística de Oiticica en los años sesenta era "Da adversidade vivemos!"

---

mismos cuentan sus historias. Como es común en la obra de Trope, hay un uso de aspectos documentales y, al mismo tiempo, una mirada crítica a ciertos aspectos de esta manera de representar a los jóvenes que habitan las calles.

10 Los *parangolés*, expresión de jerga usada en el *morro* y que quiere decir algún atuendo o lenguaje corporal que se usa para engañar o burlarse de alguien, era una suerte de capa colorida que se movía con el cuerpo de quien la usaba. Los bailarines de la escuela de samba *Mangueira* lucieron estas capas en la apertura de la exhibición de Oiticica. Por primera vez, los residentes del *morro* fueron incluidos en un evento en el Museo de Arte Moderno de Río de Janeiro.

11 Más adelante ampliaremos este concepto.

[¡Vivimos de la adversidad!] (Oiticica 98)[12]. Aun así, debemos señalar que la experimentación de Oiticica en manos de Trope va aún más lejos. Siguiendo algunas corrientes del arte contemporáneo, la artista no solo le pide al espectador que participe (como lo hacía Oiticica), sino que también promueve un proyecto cuya autoría es colectiva y colaborativa.

Un seguimiento de las raíces brasileñas de la estética de Trope debe llevarnos también a la figura de Glauber Rocha. La artista, formada fundamentalmente en el área del cine, tomó de la experiencia del Cinema Novo, y especialmente de la figura de este cineasta, una técnica para lograr una experiencia exitosa en medio de la adversidad: compartir el proyecto con los jóvenes de la *favela* es también una manera de compartir la precariedad de sus vidas. Por esta razón, Trope decide utilizar equipos usados, anacrónicos o con daños estructurales, para compartir la *velocidad* de estos jóvenes, una opción diametralmente opuesta a la de Fernando Meirelles en su película de 2002, *Cidade de Deus*. Allí, la aceleración extrema de la película imita, no la vida precaria de la juventud sino, en palabras de la antropóloga Alba Zaluar según el título de su libro del 2004, su *integração perversa* a la vida urbana. En lugar de la velocidad de las ametralladoras —el único instrumento que se les ofrece a las nuevas generaciones de las *favelas* para catapultarse hacia la modernidad—, Trope trata de detenernos, obligándonos a experimentar la velocidad de la adversidad, una idea que podría pensarse a partir del trabajo de Paul Virilio *Vitesse et politique*[13].

12 En el espíritu de este trabajo, retomo el grito de batalla del movimiento de la Nueva Objetividad, liderado por Hélio Oiticica: "¡Vivimos de la adversidad!". La relación directa entre Oiticica y el trabajo de Trope puede medirse por otra de las declaraciones del artista carioca en los años sesenta, en el texto *Esquema geral da nova objetividade*: "Con esto, según lo verificamos, el acelerar el proceso de llegada al objeto y a las proposiciones colectivas, se da un 'tour alrededor del mundo', es decir, un resurgimiento del interés por las cosas, por los problemas humanos, por la vida misma" (Oiticica 95).

13 Virilio fue uno de los primeros en relacionar los conceptos de globalización y velocidad. Tomo esta idea en un sentido distinto al de Daniel Noemi Voionmaa, ya que el trabajo de Trope es prueba de que la velocidad en la pobreza no debe asociarse necesariamente con la idea de fragmentación, como concluye Noemi.

El atractivo global del *Morrinho*

La misma lógica parece subyacer a la elección del *Morrinho* por parte del anterior curador del Museo de Arte Moderno de Nueva York y actual decano de la Escuela de Artes de la Universidad de Yale, Robert Storr, quien como curador de la Bienal de Venecia seleccionó la escultura para participar en el evento. En sus propias palabras:

> [...] el *Morrinho* [en contraste con Brasilia] es una sombra vernácula [...] que se amolda sobre el continente y sobre cada ciudad del mundo cuya polaridad económica en anárquica expansión sigue el mismo patrón de desarrollo. El *Morrinho* es también un paradigma de autodeterminación, un ejemplo —tomando prestado un término de Joseph Beuys— de escultura social. (ONG Morrinho 15, nuestro agregado)

Beuys acuñó este término en 1973, seis años después de la instalación *Tropicália* de Hélio Oiticica, para referirse a su creencia utópica de que el arte, especialmente la escultura, podría ayudar a traer cambios políticos a una sociedad.

De otro lado, el subtítulo de la Bienal de Venecia del 2007, *Piensa con los sentidos, siente con la mente: arte en tiempo presente*, se deriva del concepto de "estética relacional", un término creado por el crítico francés Nicolas Bourriaud para señalar que: "No hay un lugar mental en el cual el artista pueda excluirse del mundo que recrea" (Bourriaud 114). Este concepto de "estética relacional" implica una crítica a los sistemas de los museos de arte. En la Bienal de Venecia, el *Morrinho* se situó (y esto es significativo) por fuera del pabellón de los Estados Unidos, que tenía como artista principal al desaparecido cubano-americano Félix González Torres. Uno de los trabajos de este artista, sus piezas de caramelo que se exhibían en el pabellón norteamericano justo al frente del *Morrinho,* constituía una conmemoración al amante del artista, quien murió de complicaciones relacionadas con el sida. El objetivo de esta obra era invitar a los espectadores a saborear la dulzura de su compañero. Las piezas no solo podían ser saboreadas, sino que el espectador podía llevárselas. De esta forma se establecía una "co-presencia" del espectador, algo similar a lo que ocurre en el caso del *Morrinho*, que se convirtió en un parque para los niños que visitaban la Bienal, y que podían adentrarse en la obra y jugar con sus pequeños carros de juguete (http://universes-in-universe.de/car/venezia/deu/2007/tour/int-exhib/img-33.htm, 1 de julio de 2013).

En ambos casos, los guardias del museo no le prohibían al espectador que tocase las obras o que disfrutase al jugar con ellas. Es su decisión probar o no los dulces, o jugar o no con los carritos de juguete. Finalmente, esta posibilidad de decidir lleva al espectador a establecer una relación con el aura que rodea a la obra de arte desde el momento en que se exhibe en un museo. En este caso, la experiencia sensorial se basa en un intercambio o una negociación, siempre directa e individual. Según Bourriaud, el objetivo principal de la "estética relacional" es "reconstruir la comunicación interhumana", que se ha perdido en la tecno-intimidad de los guetos de nuestras sociedades industriales (62).

¿El regreso de lo real?

En la producción del *Morrinho* y de las fotografías que Paula Trope tomó de la escultura y sus creadores, el tema central es cómo establecer, no solo convivencia sino también colaboración entre el gueto de la *favela* y los demás habitantes de la ciudad. El trabajo de los jóvenes del Pereirão no esconde la complicada relación que existe entre la parte más alta del barrio, caracterizada por la informalidad de sus construcciones —es decir, la *favela* propiamente dicha, situada en el *morro*—, y su parte más plana y formal, conocida como el *asfalto*. De manera similar a lo que ocurre en las narrativas realistas contemporáneas, las "obras teatrales" que ellos escenifican en la maqueta y las fotografías que les toman en el *Morrinho* representan la vida cotidiana en la *favela*, desde los bailes hasta las luchas entre pandillas. Incluyen tanto a los narcotraficantes como a los policías, y hablan de la violencia que surge cuando estos grupos se encuentran. Traer esta "realidad" a un museo nos obliga, como espectadores, a cuestionar la estética que se explora en este trabajo, y nos ofrece algo para pensar más allá del mundo del arte.

A pesar de la diferencia entre el abordaje de los jóvenes artistas y aquel que ha caracterizado a la literatura y el cine contemporáneos, podríamos pensar que el trabajo de estos últimos puede entenderse como parte de una estética importada por la cultura del cine y los libros, un tipo de realismo que se originó en los años ochenta, en los Estados Unidos, donde era conocido como *dirty realism* o "realismo sucio"[14]. Durante un tiempo, esta estética dominó las artes visuales norteamericanas, pero su carácter cínico también estaría presente, por ejemplo, en el trabajo de Charles Bukowski en el ámbito literario. Esta es una estética que también se puede encontrar en el cine y la literatura del Brasil. Podríamos afirmar, incluso, que este modelo podría relacionarse fácilmente con cierta lectura (propia de los medios) que ve a los niños de la calle y a los habitantes de la *favela* como "figuras monstruosas".

Unos años más tarde, Hal Foster inició un debate sobre el "regreso de lo real" en el arte contemporáneo, y sobre un realismo que, según su criterio, estaría más relacionado con ciertos tipos de simulacro. Para corroborar mi sorpresa al ver que este tipo de realismo fue adoptado en el Brasil, Foster nos recuerda que el hiperrealismo que "des-realiza lo real con efectos de simulacro [...] no puede imaginarse sin vínculos con las enmarañadas líneas y espeluznantes superficies del espectáculo capitalista: la narcisista seducción de las vitrinas, el deslumbrante brillo de los autos deportivos" (142). Sin embargo, esta es una tendencia de la cual, desde mi perspectiva, Storr se alejó en su curaduría de la Bienal de Venecia.

Quizás la maqueta a escala de las colinas de Río pudo resultarles familiar a los críticos norteamericanos de arte por su carácter "etnográfico", una tendencia muy presente en las expresiones artísticas relacionadas con las minorías de los Estados Unidos, como las mujeres, los inmigrantes y los afroamericanos. Este, sin embargo, no es el caso con estos jóvenes artistas, que son todos hombres y cuya etnicidad no es un

[14] La expresión fue acuñada en el contexto norteamericano. El número 8 de la revista *Granta,* de 1983, declaraba la existencia de una "nueva escuela de escritores norteamericanos", a la que denominó *dirty realism* ("realismo sucio"). Además de Bill Buford, autor de un prefacio donde aparece la expresión, se mencionaban nombres como Raymond Carver, Frederik Barthelme y Angela Carter, lo cual muestra hasta qué punto la definición se refiere especialmente a la producción de los Estados Unidos (ver www.granta.com). Charles Bukowski, el ídolo de Férrez, suele incluirse en este grupo. La expresión se usa en América Latina para referirse específicamente a narrativas que se desarrollan en un degradado ambiente urbano, como ocurre con las novelas escritas en los años noventa por el escritor cubano Pedro Juan Gutiérrez.

factor de relevancia. Tampoco es acertado pensar que los artistas del *Morrinho* están tomando partido por una posición frente a lo que observan en las *favelas*; su objetivo no es defender los derechos de ninguna minoría excluida. Simplemente están describiendo lo que ven de una manera divertida, usando la realidad recreada como un juego.

Podríamos concluir entonces que la razón principal de la invitación de la curaduría de la Bienal de Venecia a los jóvenes del Pereirão era subrayar los aspectos locales que la cultura global necesita para poder reafirmarse como global (Hall 67-89)[15]. En este caso, el *Morrinho* como obra se acerca más al arte vernáculo, ya sea percibido como arte brasileño o latinoamericano. Llegamos, entonces, a lo inevitable: las obras de Trope y de los muchachos se podrían alinear con el realismo que por más de una década ha "fotografiado" a las *favelas* brasileñas.

En el ámbito de los estudios literarios, sería posible establecer paralelos entre la maqueta a escala del *Morrinho* y el trabajo de autores como Paulo Lins y Ferréz. De hecho, el narrador de la novela de Lins *Cidade de Deus* (1997) es un fotógrafo, mientras que Ferréz incluye en su novela *Capão pecado* (2000) fotografías de la *favela* Capão Redondo que buscan corroborar la "presencia real" del barrio, algo que ya está implícito en el título, y que el propio Lins ya había hecho cuando tituló su novela con el nombre de la *favela* donde ocurre el relato. En ambos casos, la fe en la imagen producida por la cámara fotográfica es obvia. La ansiedad de tener que narrar una historia hecha fundamentalmente de escenas visuales y, al mismo tiempo, tener que elegir una estética contemporánea y adecuada para el éxito del producto final, se hace evidente en las respuestas de Paulo Lins en sus entrevistas y en la interpretación de críticos como Roberto Schwarz[16]. La relectura de la épica griega y de los narradores realistas del siglo XIX en *Cidade de Deus* demuestra que fueron los modelos para el realismo de Lins en "una novela que *retrata* 'desnuda y crudamente' la guerra de los jóvenes en la periferia carioca" (Pinheiro 86; mi subrayado). En el caso de Ferréz, Char-

[15] Vale la pena enfatizar que el humanismo presente en el arte de Trope y de los jóvenes creadores del *Morrinho* marca una distancia o, por lo menos, una revaluación de la particular visión de la cultura propuesta de manera pionera por Stuart Hall a principios de los años noventa. Este punto de vista también caracteriza a las curadurías de la Bienal de São Paulo del 2006 y de la Bienal de Venecia del 2007.

[16] Ver su ensayo "City of God", publicado en *New Left Review 12* (2001): 103-12.

les Bukowski, uno de los autores que lideraron el movimiento del *dirty realism* en los Estados Unidos, se agrega a la lista como una influencia confesada por el autor paulista[17]. La elección de la reproducción fotográfica del entorno (en el caso de Ferréz) o del fotógrafo-narrador (en el caso de Lins) pretende asegurar la verosimilitud de los narradores omniscientes que ellos toman de sus modelos literarios. El trabajo de Fernando Meirelles al llevar la novela de Lins al cine traslada al fotógrafo-narrador a la estética cinematográfica. Los *flashes* de su cámara funcionan como pausas en el acelerado ritmo de *Cidade de Deus*, la película. En todos estos casos, el manejo de la historia de los jóvenes de las periferias de las dos ciudades más grandes del Brasil es sorprendentemente realista. Sus técnicas, a la vez literarias y cinematográficas, corroboran el carácter documental de sus trabajos[18].

Quisiera argumentar, de otro lado, que la situación de Trope es distinta. Ella tiene una formación universitaria, al igual que Lins, pero no comparte con él, ni con Ferréz, el hecho de provenir de la *favela*. Con respecto a la fotografía, su punto de vista no podría diferir más de la de ambos escritores. En sus proyectos, el carácter documental de la fotografía siempre es cuestionado. Durante su charla en la Americas Society de Nueva York, Trope manifestó ante el auditorio que nunca vio publicadas las fotografías comisionadas por Gilberto Chateaubriand y agregó: "Nunca fui una buena documentalista". En lugar de revelar y representar de manera realista las vidas de los "niños de la calle" Trope, en trabajos como la serie *Os Meninos* (1993-1994), aprovecha la imagen poco clara de la cámara estenopeica, que distorsiona la reproducción del entorno hasta el punto de difuminar las caras y los cuerpos de los niños (http://www.oqdesign.com.br/31/hora.html, 1 de julio de 2013; http://www.mam.org.br/acervo_detalhe/?idObra=1432#.UdWwlOsWEcU, 4 de julio de 2013).

Cidade de Deus y *Capão Pecado* fueron textos pioneros por ser, simultáneamente, testimonios y denuncias. Al constatar el éxito edito-

17 Declaración hecha por Ferréz a la autora del presente estudio durante una entrevista en julio de 2003.

18 Este hecho señala cómo estos dos autores le atribuyen a la fotografía una capacidad documental, a diferencia de otros autores brasileños e hispanoamericanos, más preocupados, según Luz Horne, con el carácter indicial de la reproducción fotográfica de lo "real" (Horne).

rial de estos textos, varias narrativas similares (tanto literarias como cinematográficas) salieron al mercado brasileño hacia finales de los años noventa. Estos relatos describían la violencia urbana brasileña con un realismo ilusionista[19] y tenían como meta común el hacer visible la invisibilidad de los desposeídos. Sin embargo, de acuerdo con Teresa Caldeira y sus argumentos en torno al aumento del fenómeno de la violencia de São Paulo en su libro *City of Walls* (2000), estas obras simplemente multiplicaron el "habla del crimen" (xiii y 90-104), una discusión mediática y efectista sobre el fenómeno, que los noticieros imponen de forma cotidiana y que impide comprender sus verdaderas causas. Así, estas narrativas en particular podrían alinearse con una versión brasileña y latinoamericana del *dirty realism* y del regreso de lo "real" al arte.

Es importante señalar que en 1993, los trabajos de Trope y de Lins entraron en contacto. Ese año, Lins concluyó su trabajo como asistente de investigación para un proyecto sobre criminalidad en las *favelas* de Río, dirigido por Alba Zaluar. Las entrevistas que realizó con los residentes de la *favela* Cidade de Deus como parte del proyecto sirvieron como punto de partida para su novela. El primer proyecto fotográfico de Trope con niños desposeídos es también de 1993. La fotógrafa se-

[19] El ilusionismo, término usado tanto en el cine como en la magia, describe la manipulación de imágenes con el objetivo de lograr que la imagen manipulada parezca real al espectador. El término se remonta al origen del cine, inventado por personas que, en su momento, eran prestidigitadores en ferias populares. Georges Méliès es considerado el primero en practicar este tipo de ilusionismo en el séptimo arte. Con su uso de las técnicas de la prestidigitación, marca una diferencia entre su trabajo y el de los hermanos Lumiére, quienes veían en el cine una manera de describir la realidad circundante a través de un movimiento de imágenes que, por su carácter novedoso, sorprendía al espectador. La intención de Méliès, por el contrario, era hacer del cine un arte que, al subvertir el tiempo, el espacio y la causalidad, permitiera al espectador huir de su realidad cotidiana. Estos trucos de manipulación de las imágenes terminarían migrando a la naciente industria cinematográfica en Estados Unidos. Desde entonces, la crítica definió la técnica narrativa de las películas de Hollywood (especialmente las más comerciales) como un "realismo ilusionista". Hal Foster explica cómo la genealogía de las nuevas vanguardias se basa en un escepticismo en torno a esta técnica (citada casi siempre de forma despectiva) e incluso frente al realismo (Foster 127). Ver al respecto el capítulo 5, titulado "The Return of the Real", de su libro con el mismo título.

ñala que colaboró con niños de la calle en las fotografías de su proyecto *Os Meninos* en la cuadra del barrio de clase media en que habitaba, en la zona sur de Río de Janeiro. Aunque este ensayo no busca ubicar la obra de los dos artistas en la vieja teoría sociológica del reflejo, que suponía que la obra de arte era una reflexión directa de eventos históricos o conflictos sociales, no puedo dejar de señalar que el mes de julio de 1993 coincide con un hecho de gran resonancia para la nación brasileña: la masacre de la iglesia de la Candelária. En mi opinión, la indignación producida por el asesinato de ocho niños de la calle, perpetrado por fuerzas policiacas paramilitares, creó las condiciones necesarias para una recepción abierta tanto para la novela de Lins como para las fotografías de Trope. Es posible, incluso, que estas muertes también hayan contribuido a la persistencia del tema del abandono infantil y juvenil en el arte brasileño contemporáneo[20].

Rosana Palazyan, o de la Alegoría

En las artes visuales, el delicado trabajo de Rosana Palazyan parte de trabajos documentales y de entrevistas con delincuentes juveniles y personas sin hogar, pero transforma esta información en un trabajo singular. Palazyan trabaja temas como la desigualdad social y la violencia urbana y, sin embargo, la base de su trabajo —la tela, el hilo de sus bordados, su propia sangre— presupone un compromiso con quien es representado, provocando la "des-objetivación" de ese otro. En la serie ... *Uma história que você nunca mais esqueceu?* del año 2000, Palazyan re-

[20] El desenlace trágico de la masacre llegaría en el año 2000, con el secuestro del bus 174 por parte de uno de los sobrevivientes de esta masacre, Sandro Nascimento. A partir de estos eventos surgió el documental *Ônibus 174*, del director José Padilha, quien adquirió de Globo TV las imágenes del secuestro que fueron filmadas y transmitidas en tiempo real. A partir de estas imágenes, y de un trabajo de edición que las intercala con entrevistas a los conocidos del secuestrador y con testimonios de policías, psicólogos y activistas, el documental cuenta algunos aspectos de la triste historia del secuestrador que fueron silenciados por los medios. A través de una trama que no incluye la ficción, Padilha intentó establecer la verdad sobre la vida de Sandro y produjo un documental que aspiraba a matizar la imagen monstruosa de este hombre desplegada por los medios y, especialmente, por la misma Globo TV.

crea, con muñecas en miniatura puestas en almohadas de un blanco impecable, escenas de las historias de vida de los jóvenes delincuentes que se encuentran en una institución correccional de Río de Janeiro (http://ensembles.mhka.be/actors/rosana-palazyan, 1 de julio de 2013)[21]. Palazyan convivió con estos jóvenes y los escuchó durante sus visitas a la institución por dos años, algo similar a lo hecho por Paulo Lins. Sin embargo, contrario a la estética documental de este autor, la artista les otorga a los casos trágicos de las vidas de los jóvenes recluidos un tono onírico, llevándolos al ámbito del sueño y el *performance*.

En 2005-2006, Palazyan consolidó un proyecto de arte público e instalación que resume más de quince años de actividad artística y que propone una poderosa alegoría de los habitantes de las calles. El proyecto, titulado *No lugar do outro*, le daba forma concreta a la investigación filosófica de Giorgio Agamben en su libro *Homo Sacer*, cuya temática fundamental es la *nuda vida*, es decir, la vida humana reducida a su funcionamiento biológico. En la instalación, el tratamiento que se les otorga a los desposeídos se ve reflejado por la maleza que va creciendo a través del piso de la galería, lo cual transforma el espacio en una suerte de laboratorio. Allí, disfrazados como investigadores científicos, y manejando instrumentos propios de la ciencia, varios supuestos "biólogos" recogen los objetos que la artista había escondido, primero en crisálidas y luego en pequeños orificios de las paredes de la galería. Las crisálidas allí insertadas están hechas de piezas de tela tejidas con agujas que también sirven para sostener los delicados objetos en los rincones de la galería. El bordado de cada pieza, una vez se desprende de las crisálidas, reproduce las líneas de las manos de aquellos que han dejado de vivir en las calles, lo cual se constituye en una metáfora para el proceso de transformación de estas personas. El espectador es invitado a participar cuando, durante el *performance*, los "biólogos" toman este tejido transparente y lo ponen en las manos de diferentes participantes. De esta forma, las líneas de la mano de ambos (espectadores y antiguos habitantes de la calle) se funden metafóricamente. En este momento la artista le propone al espectador, así sea por unos pocos instantes, el ejercicio de ponerse en el lugar del otro, es decir, de una persona que no conoce

21 Ver al respecto el artículo de Juliana Monachesi, "Mostra apresenta obras de Rosana Palazyan dos últimos dez anos", *Folha de São Paulo*, 7 de octubre de 2004.

y que se encuentra en un estadio de superación de su difícil vida anterior (http://galerialeme.com/expo/rosana-palazyan/?section=photos, 30 de junio de 2013).

Entretanto, la maleza, la única parte viviente de la instalación, resulta tan invisible para los espectadores como aquellos que habitan la calle. Esta hierba, insertada aquí como una metáfora para el ciclo biológico de la vida (al igual que las mariposas que la habitan), a menudo es pisoteada por el público. Así, el trabajo de Palazyan también comparte la "botanización del asfalto", concepto acuñado por Walter Benjamin; la maleza, transformada por tal concepto en alegoría denuncia el regreso de un discurso de la época de Baudelaire, el "discurso higiénico" (Benjamin 19), que ha sido usado por el sector oficial de la ciudad de São Paulo desde el 2005. Según esta oficialidad, solo la posibilidad de remover a los desposeídos de las calles podría llevar a una "higienización" de la ciudad (Zeitlin 19-20). En este punto, la obra de la artista permite una interpretación que va incluso más allá de su intención por alegorizar la invisibilidad de los habitantes de la calle. Se trata de seres humanos invisibles por un consenso social, pero también de seres con una gran resistencia. Por esta razón, terminan recibiendo el mismo tratamiento biopolítico que la maleza, es decir, la supresión o la exterminación[22].

Así, al igual que Paula Trope y los jóvenes con quienes comparte su trabajo artístico, varios artistas brasileños practican hoy una estética que reflexiona sobre el abandono de los habitantes de la calle, subrayando su relación con la inequidad social y la violencia urbana. A

[22] Con la ayuda de la agronomía, Palazyan nos recuerda que la *maleza* es llamada así por los seres humanos: no hay nada que la diferencie de las otras plantas que se consideran más "benignas". Una de las razones para esta clasificación reside en su capacidad de diezmar a sus vecinos. De otro lado, para extinguirla, se requiere un gran trabajo, dado que es muy resistente y se reproduce fácilmente. Por último, como los agrónomos aún no han encontrado en su existencia una "función útil", se trata de una planta con una belleza particular que, sin embargo, aún no se puede comercializar. En otra instalación titulada *O jardim das daninhas*, que luego fue incluida en una retrospectiva de la obra de Palazyan realizada entre marzo y junio de 2010 en la Casa França-Brasil (Río de Janeiro), la artista expuso un jardín entero a la acción de estas plantas, como una continuación del trabajo que estamos describiendo (http://respirandoarte-arte.blogspot.com.br/2011/07/por-que-daninhas-rosana-palazyan.html, 1 de julio de 2013).

menudo es difícil discernir la diferencia entre el mundo apocalíptico descrito por los medios y el realismo ilusionista usado por ciertos artistas, especialmente por aquellos que mantienen un carácter documental en sus trabajos. Por lo general estos trabajos, compuestos por una mezcla entre la representación de eventos violentos "reales" y la ya mencionada "habla sobre el crimen", parecen confirmar la idea mediática de un paso de la violencia desde lo endémico hacia lo epidémico. La aproximación cínica a estos problemas y el culto a la abyección que provocan no son muy distintos de ciertos ciclos ocurridos en el arte norteamericano de la década pasada (como lo señala Hal Foster) y pueden verse en películas como *Crónicamente inviável* de Sergio Bianchi (2001) y *O invasor* de Beto Brant (2001), o en el trabajo narrativo y ficcional de Patrícia Melo y André Sant'Anna. La experiencia de los habitantes de la *favela* y de las calles, niños o adultos, desplegada en la literatura de una manera muy similar a la que se reproduce a diario en los reportes noticiosos, los reduce a una forma de *nuda vida,* concepto con el cual Agamben, según veíamos, describe la vida reducida a sus funciones biológicas. Por el contrario la obra de Rosana Palazyan, basada en misma biología que funda el concepto de Agamben, alegoriza la posibilidad de superación de tal condición, ya que la *nuda vida* no aparece en su obra como una esencia —en sentido filosófico— de esas personas. Como la palabra *maleza* (en portugués *plantas daninhas*), los términos *menino de rua* (niño de la calle) o *morador de rua* (habitante de la calle) son calificaciones atribuidas por la sociedad a personas que, en realidad, no difieren de nosotros.

Realismo(s) en juego: un arte humanizado

En lo que respecta al trabajo del *Morrinho,* el uso de lo lúdico y del placer de jugar con estos temas genera una distancia entre la obra y la realidad de las "vidas al desnudo" descritas por Agamben. Es en este contexto que el trabajo de Trope con los niños de la calle y con los jóvenes del Pereirão encuentra su especificidad distintiva. Primero, su obra no se relaciona directamente con la violencia. Incluso cuando hablan de actos violentos, los jóvenes permanecen juntos. Son, por lo tanto, seres humanos abiertos a la idea de comunidad. Además, en lugar de ser los

"Frankensteins" de las calles que aparecen repetidas veces en los comerciales y noticieros de la televisión, aparecen aquí en pleno juego o en los retratos que tomaron junto con Trope. Estos retratos los humanizan: cada uno muestra a los jóvenes en tomas de cuerpo entero, en las calles o en sus hogares, incluso en aquellos lugares de la ciudad que están al margen de la sociedad, escondidos bajo los puentes o en agujeros invisibles a los ojos del incauto peatón. Aunque la forma en que se toman estas fotografías requiere la inmovilidad del que es fotografiado, el resultado final del trabajo de Trope presupone la idea de una complicidad humana en medio de la soledad de la ciudad. Los jóvenes sí tienen familias y amigos, a pesar de que sean "disfuncionales", o que la amistad sea con otros muchachos "problemáticos" como ellos mismos. Por último, gracias a un proceso de negociación que los transforma finalmente en sujetos, ellos son capaces de tomar decisiones que merecen mostrarse a otros seres humanos, a través de las fotografías que ellos mismos toman.

En algunos casos, sus decisiones pueden sorprender nuestro sentido de lo que ellos deben ser, o incluso nuestras ideas de lo "políticamente correcto". Por ejemplo, no son inmunes al consumismo o a la noción del valor del dinero. El billete de 100 *cruzeiros* fotografiado por Müller, un joven que trabaja estacionando carros, es evidencia de cuán profundamente estos chicos se insertan en la sociedad de consumo en la cual viven y cómo sus imaginarios se desarrollan en esferas similares a las del resto de la sociedad (http://ensembles.mhka.be/items/2756, 30 de junio de 2013). Tales imágenes retan nuestra convicción respecto a la exclusión radical de estos jóvenes. Lo que nos muestran las fotografías de Trope y el proyecto del *Morrinho* no es propiamente su exclusión. Es, más bien, el lugar que ocupan en la sociedad en que nacieron. En realidad, su presencia es conocida y determinada de manera consensual por nuestra sociedad: son la "basura" que se puede eliminar, o cortar de raíz, como ocurre con la maleza presente en la obra de Rosana Palazyan.

Parte del trabajo de Paula Trope puede considerarse como una denuncia de la biopolítica que se dirige hoy contra estos jóvenes. Sin embargo, el carácter dialógico de su trabajo también se ha evidenciado. Se opone a conceptos como "la representación del otro" o "la documentación de una condición subalterna". Esto se hace evidente en la descripción de la propuesta de *Os meninos* en una entrevista con la crítica de arte Gabriela Rangel:

> Una especie de juego fue propuesto: luego de haber aceptado ser fotografiado, el niño era invitado a participar también, fotografiando cualquier objeto de su elección. Así se creó un camino de ida y vuelta en que el niño, que en un principio era el objeto de la foto en que era retratado, se transformaba, en un segundo momento, en un agente del proceso creativo, capaz de asumir el papel de sujeto. (280)

Sem simpatia, el proyecto que fue incluido en la Bienal de Venecia del 2007 (http://universes-in-universe.de/car/venezia/deu/2007/tour/int-exhib/img-10.htm, 1 de julio de 2013), registra el trabajo artístico de los jóvenes que viven en las *favelas*; son niños artistas, a diferencia de los niños de la calle con los que Trope ya había colaborado. A diferencia de los niños desterritorializados, o reterritorializados, que se mueven ciegamente a través del laberinto de las calles, viviendo en pequeños agujeros como animales, es decir, como *vidas nudas* en el sentido de Agamben, estos jóvenes construyeron con orgullo la maqueta de una *favela* de Río de Janeiro. No es sorprendente que hayan atraído a Paula Trope: mientras que ella estaba trazando el mapa de la ciudad invisible donde los niños se escondían, los jóvenes del Morro do Pereirão trabajaban por darle visibilidad a un lugar que consideraban propio. Su meta, descubriría ella muy pronto, era territorializarse ellos mismos y territorializar a su comunidad.

La coherencia de la trayectoria de Trope y de Palazyan como artistas es incluso más sorprendente cuando pensamos en el carácter del arte político en el mundo de hoy. Ellas pertenecen a una generación que no pudo contar con declaraciones ideológicas. Dada la desaparición de un ideal de revolución colectiva, el compromiso político debe realizarse hoy de manera individual. Por esta razón, la utopía de "manos a la obra" de hoy, que carece de confrontaciones y sustentos ideológicos fuertes, restringe la discusión sobre la desigualdad social a proyectos que operan en visiones concretas de la pobreza. Dentro de este marco de acción también podemos considerar el trabajo de directores como Fábio Gavião, Marco Oliveira y Francisco Franca, quienes ayudaron a los jóvenes constructores del *Morrinho* a fundar su ONG.

En el caso de Trope, esto se hace más claro cuando se compara su trabajo con la forma documental de aproximarse a los problemas de los jóvenes desposeídos en el ambiente artístico al cual pertenece. Allí priman los trabajos en blanco y negro, metafórica y literalmente. Es importante notar, por ejemplo, los tonos cromáticos de películas como *Cidade de Deus* y *Ônibus 174*. Las fotografías de Trope, por el contrario, tienen color. Sus colores, sin embargo, son fundamentalmente matices envejecidos de colores primarios muy tenues. Sus tonalidades recuerdan las películas tempranas en Technicolor, algo que corresponde con la realidad del material utilizado para registrarlas. Trope descubrió en los tonos de ciertos rollos fotográficos antiguos y obsoletos el complemento ideal para la técnica estenopeica que ella y los jóvenes estaban creando. En comparación con los usos más comunes de la cámara estenopeica como herramienta política, el trabajo de Trope es reconocido por su excelencia[23]. Al controlar la técnica de adquisición de imágenes, ella transformó este precario instrumento pedagógico y lo convirtió en una útil herramienta para el arte contemporáneo. En su trabajo, ella extrae de las limitaciones de su objeto de trabajo un máximo potencial para la invención estética.

En una foto como la del joven Müller (http://ensembles.mhka.be/items/2756?asset=4208, 30 de junio de 2013), podemos notar cómo el aspecto borroso de las fotografías le ofrece al espectador una clara idea de la presencia de los niños en las calles de nuestras ciudades. Están persistentemente en ellas, pero como fantasmas errantes, incluso si no somos capaces, o no podemos, percibir su presencia. El resultado es una cierta conmoción (según Theodor W. Adorno, la principal característica de la obra de arte) que se construye a partir de la precariedad del instrumento usado para registrar la imagen. Aquí, Trope se mueve en formas de experimentación heredadas de Hélio Oiticica y del movimiento del Cinema Novo, aunque también va un poco más lejos. Al estar al día en cuestiones de arte moderno contemporáneo, Trope no solo lucha por construir un espectador que participa (uno de los requerimientos de Oiticica), sino que también promueve, de forma radical, una autoría compartida. Cada imagen, según ella misma enfatiza, "es fruto de un proceso de negociación"[24].

[23] Para ver otro uso de este tipo de instrumento, revisar el trabajo del grupo Lata Mágica de Porto Alegre.

[24] Ver la reseña de Gabriela Rangel "Paula Trope e *Os meninos do Morrinho*" em *Literature and Arts of the Americas*.

El logro holístico de la revelación de este sujeto, tal como aparece en los dípticos y trípticos de *Sem simpatia*, provee más evidencia de los fundamentos humanistas que sostienen el trabajo estético de Trope. Al describir el proceso de obtener las imágenes, ella afirma: "La conceptualización y la construcción del juego dialógico, y la consecuente manipulación de los recursos técnicos y del lenguaje fotográfico, son mi responsabilidad" (Rangel 281). Los jóvenes, según su testimonio, participan en una "ventana" abierta en el trabajo que permite que el espacio simbólico del otro ingrese y haga parte de las obras. "Esto hace que la contribución de los niños", asegura, "sea esencial para la obra, y sea la verdadera razón de esta investigación" (281). Por esta razón, las ganancias de las ventas de estos trabajos se comparten con los muchachos.

Para concluir, quisiera considerar algunos aspectos de la descripción que la autora misma hace de su proceso de trabajo. Cuando Trope enfatiza repetidamente que el juego es el punto de partida de su relación con los niños, ella está cimentando su trabajo en una actividad que se considera, tanto en la antropología como en la filosofía, como un aspecto eminentemente humano. La concepción antropológica de Johan Huizinga en su más reconocida obra, *Homo Ludens*, le atribuye al juego el estatuto de elemento fundacional de la cultura que, según su argumentación, se desarrolló de forma lúdica. El filósofo Eugen Fink, de otro lado, afirma que los juegos son la única actividad humana que sigue el movimiento de la tierra en el espacio, es decir, que se realiza sin responsabilidad, sin un interés futuro y sin sentido preestablecido: es un simple ejercitarse de nuestro movimiento en el universo[25].

De acuerdo con estos dos conceptos, Trope puede compartir su autoría con los niños porque es capaz de extraer un profundo sentido de lo humano de su interior. Esto no es lo mismo que decir que está invadiendo su esencia humana, o que actúa movida por elevadas metas morales, puntos que sostenían un concepto hoy anticuado de condición humana. Al basar su trabajo en la idea de juego, su concepción de humanidad se enfoca en nuestra capacidad de crear una cultura, una cualidad que nos diferencia de la *nuda vida* de Agamben sin, entretanto, separarnos del sustento de la vida que asegura nuestra supervivencia en el universo. Como un juego artístico, las reglas están bien establecidas:

[25] Ver su libro *Le jeu comme symbole du monde.*

ella las conceptualiza y las manipula, pero no hace lo mismo con las personas con las que trabaja.

Su confesión de no saber cuál será el futuro del proyecto *Sem simpatia*, o de los niños que participaron en él, revela cómo su trabajo se relaciona con la "utopía posible" que caracteriza el trabajo de su generación de artistas brasileños. Al desplazar esta utopía al presente, los artistas intentan, por lo menos, cambiar la manipulación de las imágenes que inundan la sociedad del espectáculo brasileña. En lo que se refiere a la desigualdad social, los estereotipos son abundantes y su exposición es abrumadora. Uno de los más penetrantes y espeluznantes estereotipos de nuestra sociedad es la imagen del joven negro y pobre que se asocia invariablemente con el peligro y el crimen. Paula Trope y Rosana Palazyan están promoviendo un cambio social como artistas, como ciudadanas y como mujeres al mostrar otros ángulos de esta imagen, o al crear imágenes que nos distancian, en el sentido brechtiano, de este violento estereotipo.

La visión femenina de estas artistas también merece ser mencionada. Es más visible en el caso de Palazyan, ya que incorpora en su técnica artística prácticas milenarias de las mujeres, como el bordado y el tejido. Sin embargo, la constante reaparición de cuestiones sociales relacionadas con la infancia y la juventud, presentes en el trabajo de Trope, nos permiten tomar un comentario de Heloisa Buarque de Holanda sobre el trabajo de Palazyan, y aplicárselo también a Trope: "[...] los temas vinculados al pequeño mundo del hogar y la familia, a los rituales de paso [...] y a las situaciones autobiográficas tienen la memoria y la subjetividad como hilos que conducen su creatividad" (citado en Palazyan 73).

La relación de estas dos artistas con niños y jóvenes, además de ser característicamente femenina, revela que un gran cambio tuvo lugar gracias a su trabajo en el universo del arte brasileño. En lugar de la figura del mediador, posición que ha sido ocupada a menudo por los artistas e intelectuales de varias épocas al enfrentarse con las "clases peligrosas", Palazyan y Trope se hicieron compañeras y socias de los artistas que viven en las *favelas*[26]. Este tipo de convivencia solidaria indica

[26] Contrario a lo que señala Hermano Viana, quien supone que desde el surgimiento de figuras como Gilberto Freyre y Sérgio Buarque de Holanda la cultura de los segmentos pobres de la población solo salió a la luz gracias a los grandes media-

que la colaboración ya no se restringe a la relación entre la obra y el espectador. La alegoría de la maleza en el trabajo de Palazyan es efectiva porque se basa en experiencias compartidas con jóvenes delincuentes y personas sin hogar, con las cuales la artista ha tenido un contacto cercano. La "estética relacional" de la maqueta a escala del *Morrinho*, y el trabajo fotográfico que Trope creó a partir de esta obra, tuvo un gran éxito en Venecia porque estaba basada en una relación igualitaria, cariñosa y duradera entre la artista, algunos agentes bien posicionados en el universo del arte brasileño y los jóvenes artistas de la *favela*. Estos logros en torno a una posible utopía indican que, además de la desigualdad social y la violencia urbana, y desde la cuna misma de estos problemas, los brasileños tienen, también, experiencias muy exitosas para exportar.

Bibliografía

Agamben, Giorgio. *Homo Sacer: Sovereign Power and Bare Life.* Trans. Daniel Heller-Roazen. Stanford: Stanford University Press, 1998. Impreso.

Augé, Marc. *Non-lieux: Introduction à une anthropologie de la surmodernité.* Paris: Seuil, 1992. Impreso.

Benjamin, Walter, "The Paris of Second Empire in Baudelaire", ___. *Selected Writings, 1927-1934,* vol. 2. Howard Eiland and Michael W. Jennings eds. Cambridge, Mass: Harvard UP, 2003. 3-92. Impreso.

Bourriaud, Nicolas. *Esthétique relationelle. Documents sur l'art.* Dijon: Presses du réel, 1998. Impreso.

Caldeira, Teresa. *City of Walls. Crime, Segregation, and Citizenship in São Paulo.* Berkeley: University of California, 2000. Impreso

Chequer, Jamile. Fotos Marcus Vini. "Não é sonho, é realidade. Uma idéia, um projeto, a conquista e o mundo". *Jornal da Cidadania 132* (11): 8-9. Impreso.

---

dores situados en las clases medias y altas, Trope, en su entrevista con Gabriela Rangel, enfatiza su rol como parte de un juego eminentemente dialógico. No es accidental que Trope cite a la fenomenología como parte de su respuesta. El problema del concepto de *mediador* es que nos deja con un problema fenomenológico por resolver: sin el mediador, ¿dejaría de existir el *Morrinho*? ¿O la inexistencia del *Morrinho* anularía al mediador?

Ferréz. *Capão Pecado*. São Paulo: Labortexto, 2000. Impreso.

Fink, Eugen. *Le jeu como symbole du monde*. Paris: Minuit, 1969. Impreso.

Foster, Hal. *The Return of the Real: The Avant-Garde at the End of the Century. An October Book*. Cambridge, Massachussets: MIT, 1996. Impreso.

Hall, Stuart. *A identidade cultural na pós-modernidade*. 1992. Trans. Tomaz Tadeu da Silva and Guaracira Lopes Louro. 4th ed. Rio de Janeiro: Dp&A, 2000. Impreso.

Horne, Luz. *Literaturas reales. Transformaciones del realismo en la narrativa latinoamericana contemporánea*. Rosario: Beatriz Viterbo, 2011. Impreso.

Huizinga, Johan. *Homo Ludens: A Study of the Play Element in Culture*. 1943. London: Maurice Temple Smith Ltd., 1970. Impreso.

Kimmelman, Michael. "That Unruly, Serendipitous Show in Venice". *Arts Review*.

New York Times 15 Jun. 2007, sec. Artswww.nytimes.com. 17/10/2010. Digital.

LataMágica. www.latamagica.art.br. 15/09/2010. Digital.

Lins, Paulo. *Cidade de Deus*. São Paulo: Companhia das Letras, 1997. Impreso.

Meirelles, Fernando, dir. *Cidade de Deus*. Globo Filmes-Miramax International, 2002. Film.

Monachesi, Juliana. "Mostra apresenta obras de Rosana Palazyan dos últimos dez anos". *Folha de São Paulo* 7 Oct. 2004, sec. Ilustrada.

Noemi Voionmaa, Daniel. *Leer la pobreza en América Latina: Literatura y velocidad*. Santiago de Chile: Cuarto Propio, 2004. Impreso.

Oiticica, Hélio. *Aspiro ao grande labirinto*. Luciano Figueiredo et al. (eds.) Rio de Janeiro: Rocco, 1976. Impreso.

ONG Morrinho (org.). *Catálogo da Exposição ONG Morrinho- uma Pequena Revolução. 13 de julho a 19 de agosto de 2007*. Rio de Janeiro, Caixa Econômica Federal, 2007. Impreso.

Padilha, José, dir. *Ônibus 174*. Zazen Produções, 2002. Film.

Palazyan, Rosana. *Catálogo*. Rio de Janeiro: Centro Cultural Banco do Brasil, 2002. Impreso.

Pinheiro, Paulo Sérgio and Guilherme Assis de Almeida. *Violência urbana*. Folha Explica. São Paulo: Publifolha, 2003. Impreso.

Rangel, Gabriela. "Paula Trope e os meninos do *Morrinho*". *Review: Literature and Arts of the Americas 39* 2.73 (2006): 277-83. Impreso.

Santos, Lidia. *Tropical Kitsch. Media in Latin American Literature and Art*. Trans. Elisabeth Enenbach. Princeton, NJ: Markus Wiener, 2005. Impreso.

Schwarz, Roberto. "City of God". *New Left Review 12* (2001): 103-12. Impreso.

Viana, Hermano. *O mistério do samba*. Rio de Janeiro: Jorge Zahar Ed. / Editora da UFRJ, 1995. Impreso.

Virilio, Paul. *Vitesse et politique. Essai de dromologie*. Paris: Galilée, 1977. Impreso.

Zaluar, Alba. *Integração perversa: pobreza e tráfico de drogas.* 1a. ed. Rio de Janeiro: Editora FGV, 2004. Impreso.

Zeitlin, Marilyn. "Texto de Marilyn Zeitlin, sobre a Exposição de Rosana Palazyan na Galeria Leme". Galeria Leme, SP, 2006. Impreso.

Hacia una literatura comparada

La literatura comparada y las literaturas periféricas[1]

Zilá Bernd[2]

La aplicación del concepto de literatura comparada al proceso de comparación entre textos que emergen en la periferia del sistema literario instituido no es evidente. Esto merece, por parte del investigador, una reflexión atenta en el sentido de considerar las especificidades con las cuales se habrá de enfrentar si su interés es el de emprender la exégesis de literaturas en situación periférica[3]. La literatura comparada, en cuanto disciplina, ha tendido desde siempre a un "cierto eurocentrismo" y también a favorecer "ciertas prácticas estéticas limitadas en el tiempo y en el espacio y que corresponden a los momentos fuertes de las literaturas inglesa, francesa y alemana" (Godzich 41-42). Se ha sabido

1 Este texto apareció por primera vez en Marques, Reinaldo e Gilda Neves Bittencourt (eds.). *Limiares críticos. Ensaios de literatura comparada.* Belo Horizonte: Autêntica Editora, 1998. Traducción de María Cándida Ferreira de Almeida.

2 Profesora titular de la Universidade Federal do Rio Grande do Sul, autora de *Literatura e identidade nacional* (2003) y *Racismo e anti-racismo* (1994), entre otros.

3 Utilizamos acá de manera provisional los términos "periférico" y/o "marginal", para retomar y repensar un uso tradicional, aquel que desvaloriza y opone las literaturas de los centros hegemónicos, reconocidos como productores de "gran literatura" (Europa), a las literaturas que en general emergen en las geografías marcadas por la institución colonial (Américas, África, etc.).

también que, aun en los años treinta de este siglo, con Paul van Tieghen, la literatura comparada excluyó de su ámbito los cuentos populares y las leyendas debido al anonimato de sus productos[4].

Confrontar literaturas que tienen un pasado colonial, como la brasileña, la antillana o la quebequense, por ejemplo, resulta problemático, porque la literatura comparada, en su origen, fue concebida para rastrear "las fuentes y las influencias" que habrían ejercido las literaturas de tradición reconocida sobre otras con las cuales mantuvieron contacto. Como es sabido, prácticamente no hubo, hasta recientemente, contacto entre autores antillanos o de Quebec con latinoamericanos en general y brasileños en particular. Es, por lo tanto, lícito preguntarnos cómo sería sustentable tal proyecto comparatista. Earl Miner confirma esa tendencia de la literatura comparada de rechazar los estudios entre culturas sin relación de intercambio intelectual o sin tradición común, dado que los estudios interculturales exigen que haya un "contacto directo".

Este trabajo tiene como objetivo aportar una alternativa para el ejercicio de un comparatismo interamericano, como contribución a una reflexión en torno del tema "literatura comparada y diferencia cultural". Desde el surgimiento de la literatura comparada que se remonta, en territorio francés, al inicio del siglo XIX y luego, en una fase posterior de su reconocimiento académico, con la creación de la *Revue de Littérature Comparée* (1921), se ha tenido la idea de que sólo puede haber comparatismo cuando hay *contacto real y comprobado entre autores y obras*. Esa tendencia predominaría en el campo de los estudios comparatistas hasta muy recientemente, lo que puede ser comprobado por la lectura del manual *Qu'est-ce que la Littérature Comparée?*, de Pichois, Rousseau y Brunel, de 1983, el cual aún propone un ejercicio comparatista que debe estar basado en "analogías, coincidencias e influencias".

Es sorprendente esa estabilidad y homogeneidad del comparatismo literario francés incluso después de la revolucionaria contribución de Bakhtin y de su desdoblamiento en la obra de Julia Kristeva (1969), cuya noción de *intertextualidad*, al proponer que todo texto es la absorción y transformación de otros textos, prácticamente destruye el binarismo reduccionista de una literatura comparada basada en los

[4] Ver el capítulo 2 del libro *Literatura comparada* de Tânia Franco Carvalhal.

conceptos de influencia y filiación. También Jauss critica el exagerado determinismo causal del comparatismo tradicional que pone demasiado énfasis en las fuentes.

En *Précis de Littérature Comparée* (PUF 1989), organizado por P. Brunel e Y. Chevrel, se introducen múltiples maneras de abordar los estudios comparados, ampliando las fronteras de la literatura comparada a través del concepto de recepción, y de la interacción ente literatura y otras artes, especialmente de tipo visual (como el cine, la fotografía y la televisión). El estudio introductorio de Brunel afirma que el hecho comparatista adviene de la presencia de elementos "extranjeros" en el texto. A partir de esta presencia constatable, se proponen tres aspectos esenciales en torno a la mirada comparativa de diversos textos literarios: su emergencia, su flexibilidad y su irradiación. A pesar de su apertura dialógica y de encaminar el lector por las vías de la intertextualidad, los textos que componen el manual son de valor desigual. Por esta razón, esta colección no llega a constituir un salto cualitativo importante en relación con los manuales anteriores de literatura comparada.

En 1982, la publicación de *Palimpsestes*, de Gérard Genette, introduce el concepto de *transtextualidad*[5] o transcendencia textual del texto, definida como "todo lo que lo pone en relación manifiesta o secreta con otros textos". Esa noción de transtextualidad admite la posibilidad de que autores y obras que nunca hubieran entrado en contacto directo pudieran estar relacionados por factores externos a los textos. Por ejemplo, la emergencia de una conciencia negra en la poesía de autores brasileños y antillanos puede llegar a constituirse en un elemento de transtextualidad que pone estos textos en relación, aunque sus autores no tuvieran conocimiento unos de otros.

Uno de los tipos de transcendencia textual es, según Genette, la *hipertextualidad*, o sea, "toda relación que une un texto B (hipertexto) con un texto anterior A (hipotexto) sobre el cual es insertado". En realidad, este concepto de Genette aún está regido por el principio de la derivación, porque el hipertexto procede de otro ya existente. Ahora bien, para fines del establecimiento de parámetros para *el comparatismo interamericano* que proponemos, esa noción genetteana de hipertextua-

[5] Genette propone cinco tipos de transtextualidad: intertextualidad, paratextualidad, hipertextualidad, metatextualidad y architextualidad.

lidad deja de ser operacional dado que, al presuponer que el principio de la derivación —aún si esa derivación puede llegar a ser desacralizadora y subversiva como la parodia—, reactualiza los principios de subordinación, de filiación, de orden secuencial tal como lo proponía el comparatismo de base tradicional fundado en la idea de secuencia, o sea, de continuación, serie, sucesión. Lo que nos gustaría proponer acá es el concepto de hipertexto, tal como lo utiliza la ciencia de la computación. Esto es, como metáfora que, según la definición de la Enciclopedia Encarta, sirve "para presentar la información en la cual texto, imágenes, sonidos y acciones se relacionan en una compleja y no secuencial red de asociaciones" ("Hypertext").

Con esa definición estamos transitando por el terreno de la no-linealidad y de la no-jerarquización, pues un hipertexto permite la apertura hacia otros tipos de escritura en diferentes direcciones. Ya no estamos más en la situación tradicional en que influencia significa que A transmite algo a B, sino en la situación en que B elige (selecciona) algo que puede venir de A, B, C, etc., tal como lo propone el Manifiesto Antropófago de Oswald de Andrade (1928). Así, todo escritor en situación periférica que se enfrentó con la contingencia de tener que expresar en la lengua del otro (colonizador) un imaginario americano comparte un *hipertexto común*, constituido por la masa de discursos puestos en circulación por las diferentes formaciones culturales que se cruzan en la sociedad.

Después de haber puesto la necesidad de que los estudios literarios entre las Américas se desarrollen de modo no-secuencial, concibiéndose autores y obras en régimen de comunión con un hipertexto virtual y heterogéneo, cabría ahora señalar *los puntos de convergencia que resultaron del uso del hipertexto común*, diseñando lo que podría constituir las marcas y los hitos de una "comparatibilidad interamericana".

El lector emprenderá el descubrimiento de estos puntos a partir de un contrato de lectura que tenga como base la existencia, en los autores y en las obras, de un sentimiento de *americanidad*, necesariamente heterogéneo, y de una *poética americana*, necesariamente múltiple e imprevisible. Esta poética, llamada por Édourad Glissant "poética de lo diverso", se articula utilizando puntos de convergencia. Por ejemplo:

- La resistencia y *desafío a los principios de hegemonía* emanados por el "Centro".

- *El desvío en relación con las reglas de aceptabilidad y de inteligibilidad* instituidas, creando un campo heterónomo donde surge una lógica "otra" (por ejemplo, el realismo mágico que, al naturalizar lo sobrenatural presente en la tradición oral americana, lo presenta sencillamente como "otra" versión de la Historia).
- *La aceptación de la impureza* fundadora que preside la formación de las literaturas de las tres Américas, que ya no es tomada más como un estigma, sino como enriquecimiento, movilidad y apertura dialógica;
- La imbricación de "tonos mayores y menores", lo cual permite que el texto literario sea un espacio de intersección entre las culturas de extracción erudita, popular y masiva, disolviéndose las fronteras entre ellas por los procedimientos de reciclaje y reutilización.

Estos puntos de convergencia dan a la "poética de lo diverso" un carácter *híbrido* o "criollizado", como lo prefiere nombrar Édouard Glissant. Por carácter híbrido entendemos el cruce de tendencias que valoriza y respeta lo diverso y las distintas estrategias de construcción/desconstrucción de la identidad, situándose, por tanto, en la movilidad de lo heterogéneo y de lo posmoderno.

Preferimos el término "híbrido" al de "mestizaje", porque este último circuló como ideologema de la modernidad, cuando el principio que regía el proceso de formación de las identidades en las Américas era el de la homogeneidad, esto es, cuando la identidad era pensada a partir de una única raíz predominante y aniquiladora de las demás. Fue bajo la bandera del mestizaje que se abogó por la causa de una América mestiza que era, en realidad, predominantemente blanca, lo que puede ser ilustrado por teorías como el "blanqueamiento" de Gilberto Freyre. Además, en el ámbito del mestizaje los resultados son previsibles y abiertamente predeterminados, mientras que en los procesos de hibridación estamos en el terreno de lo imprevisible y de lo inconmensurable. No se trata acá más de una raíz única, sino de un rizoma (tomando la expresión de Deleuze y Guattari, retomada por Glissant), cuyas raíces, al multiplicarse, se esparcen por la tierra y por el aire, dirigiéndose unas al encuentro de otras.

A una era de posiciones binarias, esencialismos, y de un culto a la pureza (elementos que parecen caracterizar a la modernidad), le seguiría otra, marcada por heterogeneidades, polifonías y cruces donde la recuperación de la identidad pondría más la atención a la recuperación de trazos, vestigios, fragmentos y voces hasta entonces inaudibles, y no al registro continuado de las voces ya legitimadas y oficiales.

Daniel-Henri Pageaux, recuperando el proceso histórico de la literatura general y la literatura comparada desde su surgimiento, afirma que la disciplina es una verdadera utopía metodológica, porque la problemática que construye —la del *tertium comparationis*— no le pertenece a ninguno de los textos estudiados, pero mantiene, sin embargo, relaciones con cada uno de ellos. Así, se asemeja a la utopía definida por el semiólogo Louis Marin, quien la relacionaba con el concepto de lo neutro en lengua latina, el *neuter*, ni femenino, ni masculino, sino los dos a la vez[6].

Puede ser que, con el concepto de hibridación, estemos construyendo una utopía que estaría encubriendo un cierto imperialismo cultural listo a apropiarse de elementos de culturas marginalizadas, para reutilizarlos a partir de los paradigmas de legitimidad de las culturas hegemónicas. Pero si por *híbrido* nos referirnos a un proceso de re-simbolización en el cual la memoria de los objetos se conserva y en el que la tensión entre elementos dispares genera nuevos objetos culturales que corresponden a tentativas de traducción o de inscripción subversiva de la cultura de origen en otra cultura, entonces estaremos ante un proceso productivo y fertilizador.

Si bien el término *híbrido* es utilizado más frecuentemente por las ciencias naturales, este encuentra un uso justificado en la crítica literaria, entre otras razones, por el uso que ya le diera Bakhtin en *Esthétique et théorie du roman* (139), para referirse a la intrusión en el ámbito del discurso de un autor de elementos expresivos del discurso del otro. También surge para referirse de forma más general a la intersección de los discursos, la confusión de prosodias, la disolución de las fronteras entre el discurso del autor y el discurso del otro. En Bakhtin, este hibridismo está asociado, por lo tanto, a la plurivocidad, al plurilingüismo y al dialogismo como posibilidades de la prosa novelesca.

En síntesis, lo que se pretendía en los exiguos límites de esta exposición fue construir la hipótesis de la posibilidad del desarrollo de un

[6] Ver el prólogo a su libro *La littérature générale et comparée.*

comparatismo literario interamericano. Para ejercitarlo, el lector y el crítico deberán estar atentos al hecho que, además de la prodigiosa heterogeneidad de las culturas americanas, ellas tendrían en común el trabajo de y sobre el concepto de lo híbrido.

Bibliografía

Bakhtin, Mijail. *Esthétique* et *théorie du roman*. Paris: Gallimard, 1978. Impreso.

Carvalhal, Tania. *Literatura comparada*. São Paulo: Atica, 1986. Impreso.

Glissant, Edouard. *Introducción a una poética de lo diverso*. Trad. Luis Cayo Pérez Bueno. Barcelona: El Cobre, 2002. Impreso.

Godzich, W. "À la recherche d'un tertium comparationis". *Confluences littéraires: Brésil/Quebec, les bases d'une comparaison*. Montréal: Balzac, 1992. Impreso.

"Hypertext". *Microsoft Encarta*. CD-ROM. Vers. 1.0. Microsoft Corporation, 1993.

Miner, Earl. "Estudos Comparados interculturais". *Teoria da literatura*. Lisboa: Dom Quixote, 1995. Impreso.

Pageaux, D. H. *La littérature générale et comparée*. Paris: Cursus, 1994. Impreso.

Hacia una literatura comparada: Brasil en la crítica literaria hispanoamericana de finales del siglo XX

Norman Valencia[1]

Para cerrar esta colección, pensé en la posibilidad de escribir un texto que, en respuesta especular a los demás ensayos de la colección, mirase las relaciones recientes entre Brasil y el resto del continente desde una mirada hispanoamericana[2]. Para ser más preciso, pensé en la necesidad de recoger la forma en que la crítica escrita desde y sobre la América hispanohablante ha pensado el caso singular del Brasil. En mi opinión, un ensayo sobre estas relaciones contemporáneas, cada vez más vivas y dinámicas, requiere hoy de un cierto tipo de pensamiento capaz de leer las relaciones entre estética y política, entre economía y cultura. Al mismo tiempo, debe ser capaz de dar cuenta de las posiciones hegemónicas y periféricas del campo de la crítica literaria en años recientes.

1 Profesor asistente de Claremont McKenna College. Autor de los ensayos: "Gramática y poder en Colombia: el caso de Rufino José Cuervo", "As palestras norte-americanas de Joaquim Nabuco: uma recepção contemporânea de *Os Lusíadas* de Luis de Camões" y "Andrés Caicedo, el viaje y el concepto de *Bildungsroman* en América Latina".

2 Uso en este ensayo el término "Hispanoamérica" para referirme a la América vinculada con la colonización española y con la lengua castellana. Esto me permite hacer distinciones entre la tradición cultural hispanohablante y el caso particular del Brasil.

Hay también allí una serie de posicionamientos políticos que deben ser pensados.

Luego de la primera década del siglo XXI, Brasil se ha convertido en una nación con un potencial sin precedentes en el continente. Con una economía en constante crecimiento (hasta ahora), y la posibilidad de convertirse en líder político y mediador de conflictos en la región, este país se ha transformado para el resto del continente en un raro enigma: una nación latinoamericana que podría hacer parte de las potencias globales. Como es de esperarse, la importancia política y económica de Brasil ha redundado también en el ámbito de la cultura. En el mundo académico, el "capital cultural" de lo brasileño comienza a hacerse sentir con fuerza. Y así como Brasil definió al español como segunda lengua oficial, en la América hispanohablante empieza a surgir un interés por entrar en contacto, al fin, con la lengua portuguesa.

Estos elementos reafirman que el pensamiento actual sobre las relaciones culturales en América Latina debe incluir elementos políticos y económicos. Sin embargo, esta interconexión no debe pensarse como algo novedoso. Si tuviésemos que encontrar un momento en el cual se da inicio a la intensificación contemporánea de las relaciones culturales entre Brasil y el resto de América Latina, tendríamos que recurrir a un fenómeno que, desde sus inicios, consolidó en el continente los crecientes vínculos entre cultura, política y mercado: el Boom[3]. Ángel Rama, en su ensayo "El *Boom* en perspectiva", ha señalado algunos de los aspectos históricos que permitieron que, entre los años sesenta y ochenta, la literatura latinoamericana alcanzase una consagración a nivel mundial. Entre estos elementos Rama menciona la consolidación de un sistema universitario a nivel continental y por lo tanto de un público lector; la mayor profesionalización de la figura del escritor; la creación de casas editoriales a ambos lados del Atlántico (Seix Barral, Alianza, Fondo de Cultura Económica, Emecé y Losada, entre otras) que no sólo publica-

[3] A lo largo de este ensayo se harán constantes referencias al Boom. En general, aquí me refiero, no a los autores del Boom, ni a la "calidad" de su obra, sino a un relato crítico que define a este fenómeno como centro y culmen de la cultura latinoamericana, y como una manifestación de ruptura radical con el pasado literario del continente. Este relato fue hegemónico entre los años sesenta-ochenta pero, como veremos, ha sido reevaluado, con la contribución de los críticos que se estudian a continuación.

ron a estos autores, sino que generaron sistemas de difusión y mercadeo que les permitieron circular a nivel global; e incluso la importancia de la Revolución Cubana que, al generar un interés mundial por los temas políticos y sociales de la región, abrió también las puertas para sus manifestaciones culturales.

Rama escribe este ensayo en 1984, cuando ya era posible una mirada crítica y meditada sobre el fenómeno. Esta mirada incluye una cierta desconfianza ante el vínculo entre una manifestación cultural marcada por una ideología de izquierda (especialmente en sus inicios), y un sistema de distribución, mercadeo y ventas vinculado con un capitalismo cada vez más global. Para Rama, los vínculos entre el Boom y este movimiento del capital implicó una cierta homogenización de la historia literaria latinoamericana, una unificación forzosa de diversos textos y autores para producir un único "producto" fácilmente reconocible en los mercados internacionales. En este proceso, el público lector, especialmente el extranjero, olvidó las especificidades de cada uno de estos autores y sus contextos culturales, lo cual redundó en un "aplanamiento sincrónico de la historia de la narrativa del continente" (*Boom* 162). El ejemplo clásico sería la categoría de "realismo mágico", que se aplicó indiscriminadamente a casi toda la literatura latinoamericana del momento, sin importar diferencias históricas y culturales muy notorias.

El "aplanamiento histórico" que acompañó al Boom es uno de los elementos que abrió paso a una ampliación de las relaciones con el Brasil. Una vez se estableció la "marca" de la literatura latinoamericana, el objetivo era encontrar otros autores que pudiesen entrar en el mercado bajo el signo del Boom. Brasil, con su enorme producción literaria, se presentaba como candidato a proveer autores para esta "nueva narrativa latinoamericana". Uno de los primeros candidatos a entrar en este proceso fue João Guimarães Rosa. Es posible leer este esfuerzo en algunos eventos editoriales muy significativos: la editorial Seix Barral de Barcelona, una de las responsables fundamentales de la explosión del Boom tanto en España como en América Latina, realiza en este periodo traducciones de *Gran sertón: veredas* (1967, por Ángel Crespo) y de su libro de cuentos *Primeras historias* (1982, por Virginia Fagnani Wey, y con una introducción de Emir Rodríguez Monegal). Adicionalmente, durante este periodo, diversas editoriales empezaron a interesarse por autores brasileños que aspiraban a vender como figuras compatibles con la idea de un Boom latinoamericano. Como ejemplos, podríamos señalar a autores como Rubem Fonseca, cuyo libro de cuentos *Feliz Año Nuevo* fue traducido por Alfaguara en 1977, o Clarice Lispector, cuyas obras *Lazos de familia* y *Cerca del corazón salvaje* aparecieron en 1973 (Alfaguara) y 1977 (Sudamericana), respectivamente. El interés de la época por incluir al Brasil termina por recuperar a otro clásico brasileño, Machado de Assis, quien también tiene una inusitada divulgación de su obra con traducciones de *El alienista* (Tusquets, 1974), *Memorias póstumas de Bras Cubas* (Fondo de Cultura Económica, 1976) y una selección de sus *Cuentos* junto con *Quincas Borba* (Biblioteca Ayacucho, 1978 y 1979 respectivamente). Por último, vale la pena recordar que Jorge Amado fue, quizás, la figura que más rápidamente se vinculó con el fenómeno del Boom, algo que es visible en el gran movimiento editorial que tuvo su obra. El autor bahiano tuvo, entre 1968 y 1989, múltiples títulos traducidos al español con el apoyo de editoriales de todo el mundo hispanohablante como Luis de Caralt (*Los viejos marineros*, 1968), Losada (*Gabriela, clavo y canela*, 1969, y *Doña Flor y sus dos maridos*, 1969, *El gato manchado y la golondrina Sinhá: una historia de amor*, 1978, entre otros), Casa de las Américas (*Gabriela, clavo y canela*, 1975), Bruguera (*La luz en el túnel*, 1980), Editorial Andrés Bello (*La muerte y la muerte de Quincas Berro Dágua*, 1984), Oveja Negra (*Los pastores de la noche*, 1985, y *Doña Flor y sus dos maridos*, 1988, entre otros), Alianza (*Sudor*, 1985) y Plaza y Janés (*La desaparición de la santa: una historia de hechicería*, 1989)[4].

Sin embargo, y a pesar de los esfuerzos editoriales por generar una cierta continuidad entre el Boom latinoamericano y la literatura brasileña, el resultado final no fue el esperado. Los autores brasileños sí tuvieron un aumento de su difusión a lo largo de los años setenta y ochenta

[4] Hay un hecho adicional que propició la gran explosión editorial de Jorge Amado: su vínculo con el partido comunista brasileño hizo que recibiera un importante apoyo de la izquierda global del momento. Según Roberto Schwarz en su ensayo "Leituras em competição", sus novelas "se beneficiaban de la máquina de propaganda y traducciones del realismo socialista, vinculado con la política externa de la finada Unión Soviética" (9). Es notable, sin embargo, que a pesar de esa fuerte divulgación, mediada por lo ideológico, hoy en día la figura de Jorge Amado no juega un papel importante en las lecturas de la academia hispanoaméricana, como sí lo hacen los demás autores mencionados.

gracias a sus traducciones al español, y hubo un reconocimiento general a su calidad literaria; sin embargo, la crítica nunca pudo defender la idea de que fueron parte cabal del Boom. Es bien sabido que este fue un "club selecto", en el cual sólo entraron en propiedad Carlos Fuentes, García Márquez, Cortázar, Vargas Llosa y José Donoso. Los demás autores que se relacionan con este auge suelen considerarse "precursores" (Borges, Rulfo, Carpentier, Lezama Lima) o autores del "postboom" (Cabrera Infante, Puig, Sarduy), generando un relato histórico que reafirma la centralidad conceptual del Boom mismo. Lo cierto es que la tradición brasileña siempre ha sido "renuente" a hacer parte de esta narrativa. Entre los años sesenta y ochenta no se llegó a consolidar una entrada real del Brasil al Boom, y la mención de algunos autores como "precursores" o "herederos" brasileños de este fenómeno no ha encontrado una defensa teórica fuerte. Este es precisamente uno de los aspectos de más interés para este ensayo: el hecho de que la literatura brasileña ha obligado al crítico hispanoamericano a producir teorizaciones alternativas frente a los relatos culturales hegemónicos del continente. Para el crítico literario de la América hispanohablante, la confrontación con la cultura del Brasil ha implicado cuestiones históricas que complican las narrativas respecto a "lo latinoamericano" y, por lo tanto, han llevado a la producción de nuevas formas de pensar la historia cultural de América Latina.

A partir de los años ochenta y noventa, la crítica hispanoamericana hizo grandes esfuerzos por dar una explicación a la reciente aceptación mundial de la producción literaria continental. Su objetivo fundamental era producir teorizaciones más sólidas y menos arbitrarias que las que reinaron en el periodo inicial de "celebración" del Boom, con el fin de demostrar que la literatura latinoamericana no era solamente un fenómeno de mercado. Más aún, este pensamiento crítico intentó demostrar que el reconocimiento internacional no debía reducirse a los pocos autores asociados con el Boom, sino que era el producto de una larga tradición cultural que tenía que entenderse en toda su complejidad, con particular atención a largos procesos históricos y socioculturales. A continuación, analizaré tres textos que definieron el campo de la crítica hispanoamericana en los años ochenta y noventa, y que se caracterizaron por una reflexión en torno a la idea del Boom como centro absoluto de la producción literaria del continente. Uno de los elementos que los vincula, a pesar de sus grandes diferencias teóricas y políticas, es el deseo de producir una imagen más articulada de la historia cultural latinoamericana para explicar mejor el éxito internacional de su literatura en el periodo del Boom como producto de un proceso histórico y no de un explosivo quiebre con el pasado. Se trata de *Transculturación narrativa en América Latina* de Ángel Rama (1984), *Mito y archivo* de Roberto González Echevarría (publicado primero en inglés, como *Myth and Archive. A Theory of Latin American Narrative* en 1990) y *Ficciones fundacionales* de Doris Sommer (publicado como *Foundational Fictions. The National Romances of Latin America* en 1991).

El primero, *Transculturación narrativa en América Latina,* aparece en 1984, aunque incluye textos que el autor ya había presentado desde 1974 en adelante. El objetivo central de Rama es construir una teoría que le permita pensar las tensiones que existieron a lo largo del siglo XX entre la vanguardia y las diversas expresiones regionales y populares del continente. El título mismo señala la idea central que da origen al ensayo: situar al concepto de *transculturación* como categoría histórico-política que daría cuenta de la riqueza de la producción literaria latinoamericana. Para comenzar, Rama señala el origen de este concepto en el pensamiento antropológico del cubano Fernando Ortiz. Allí, el término busca comprender la interacción entre dos culturas inmersas en una asimetría colonial de poder como un complejo proceso de transformaciones, negociaciones y diálogos en el cual surgen productos culturales nuevos. Con la idea de *transculturación*, Rama plantea (partiendo de Ortiz) la posibilidad de que la literatura latinoamericana no sea simplemente un receptor pasivo de las imposiciones coloniales de Occidente. Por el contrario, en el marco del concepto de transculturación, la cultura colonizada puede transformar activamente la cultura dominante y adueñársela de maneras creativas y dinámicas.

Rama retoma las ideas de Ortiz, y las lleva al campo de la literatura con el fin de pensar la pugna entre regionalismo y vanguardia en las letras continentales. Para el uruguayo, el regionalismo representa aún las posibilidades de lo local y lo popular, mientras que las corrientes vanguardistas tendrían vínculos fuertes con los poderes coloniales occidentales. El proceso de transculturación literaria se daría en aquellos autores que, en lugar de preferir una opción sobre la otra, hacen lo posible por generar una síntesis que recupere lo regional, pero que lo haga a partir de un diálogo activo con las tendencias de la vanguardia. En última instancia, Rama elige a José María Arguedas como el ejemplo más emblemático del concepto de transculturación, pero señala a varios autores que podrían leerse bajo esta luz, como Rulfo, García Márquez, Roa Bastos y João Guimarães Rosa.

Desde el principio, Rama aspira a construir su teoría en oposición a la homogeneidad que acompañó al fenómeno del Boom, y a la imagen resultante de una única literatura latinoamericana sin especificidades nacionales o históricas. Es por ello que la cultura brasileña cumple un papel fundamental en el ensayo. No se trata simplemente de que Brasil sea un ejemplo más entre las corrientes transculturadoras de interés para el autor. En la introducción queda en claro que la cultura brasileña y sus soluciones al debate "regionalismo-vanguardia" fueron fundamentales para la creación del marco conceptual del texto. Rama señala, por ejemplo, que en su opinión es "en Brasil donde el conflicto [*entre regionalismo y vanguardia*] es teorizado con todo rigor, dentro de perspectivas renovadas y sobre todo modernizadas" (*Transculturación* 29, mi agregado). Es posible entrever allí la importancia que cumple la cultura brasileña en la conceptualización de este trabajo.

En la primera parte de su texto, Rama señala que, a partir de autores como Horacio Quiroga en Uruguay, llegó a pensar que la tensión entre "vanguardistas" y "regionalistas" debía pensarse bajo el modelo teórico del "conflicto generacional", en el cual los más jóvenes estarían del lado de las vanguardias, mientras que los mayores defenderían lo regional. Sin embargo, la situación brasileña complica este modelo, y le exige al autor modificar sus presupuestos iniciales. Rama menciona el caso de Gilberto Freire, y su respuesta al modernismo[5] paulista liderado por Mário de Andrade, a través de su "Manifiesto regionalista" (1926). En primer lugar, se trata de autores casi contemporáneos (Andrade es apenas siete años mayor que Freire). Más aún, esta confrontación mostraría la insuficiencia de la hipótesis generacional ya que Freire, más joven

[5] No debe confundirse el modernismo hispanoamericano con el brasileño. Para el caso de Brasil, el término "modernismo" se aplica específicamente a las literaturas vinculadas con la vanguardia, desde los años veinte en adelante. Esta distinción será de gran importancia en las páginas que siguen, y es una muestra de los desajustes, las asincronías y los extrañamientos que el crítico hispanoamericano debe enfrentar al estudiar la literatura brasileña.

que Andrade, defiende la posición "regionalista", y no la "vanguardista" como cabría esperarse. Sin embargo, lo más significativo es la paradójica conjunción en el título de Freire de elementos vanguardistas (la idea de "manifiesto") con lo regional. A partir de este caso específico, Rama empieza a considerar que el debate se solucionó, no a partir del triunfo absoluto de lo moderno sobre lo local, sino de una serie de negociaciones que permitieron que lo regional, en un cierto diálogo crítico con la vanguardia, encontrase formas de permanencia en la cultura nacional, es decir, lo que Rama define como *transculturación* en el ámbito de las letras. Es claro que ese sentido particular del término se va consolidando en Rama a partir de un estudio detallado del caso brasileño, y de soluciones como las de Freire ante el avance de la vanguardia modernista en el Brasil.

Un nuevo ejemplo de cómo el Brasil es esencial en la constitución de la matriz conceptual del ensayo es la reflexión que se hace respecto a João Guimarães Rosa. Al ir construyendo el concepto de "transculturación narrativa", Rama se centra particularmente en una serie de aspectos *formales* que permiten entrever las complejas negociaciones que se hicieron en el continente entre lo regional/popular y las vanguardias. Según su análisis, los autores transculturadores buscan mantener los temas clásicos del regionalismo y las tradiciones locales y populares, pero lo hacen a través de una apropiación creativa de las innovaciones formales de la vanguardia occidental. Este diálogo no es sumiso y pacífico: está lleno de disputas que afectan a las dos fuerzas culturales (regionalismo y vanguardia) que se encuentran en los textos. Rama sitúa estas luchas, en principio, en tres elementos: el uso de la lengua, la estructuración literaria y la cosmovisión implícita en los textos.

Guimarães Rosa es particularmente importante para los dos primeros aspectos definidos por Rama: la lengua y la estructuración literaria. Respecto al primero, en la literatura latinoamericana, desde el romanticismo ("El matadero") hasta la "novela de la tierra" (*La vorágine* o *Doña Bárbara*), hay un interés por documentar la "lengua del otro", la forma de hablar del gaucho, el indígena, el campesino, etc. Entre finales del XIX y principios del XX, muchos textos recuperan el habla de estos grupos, pero siempre con elementos que distancian claramente al autor letrado de los usos que va documentando. Sobre el narrador de estos textos, Rama señala: "Si éste se aproxima a los estratos inferiores, no deja de confirmar lingüísticamente su lugar más elevado, debido a su educación y a su conocimiento de las normas idiomáticas, que lo separan del pueblo bajo" (49). El autor transculturador, por su parte, no se distancia del habla popular; usa ese registro y *narra desde él*. Rama da varios ejemplos, pero en la introducción a su ensayo el caso emblemático de esta estrategia narrativa será Guimarães Rosa, quien narra su novela *Grande Sertão: Veredas* desde una voz que evoca el carácter oral de la expresión popular (aunque lo mezcla con múltiples aspectos de la alta cultura), a partir de su protagonista y narrador, Riobaldo.

Para el segundo elemento formal analizado por Rama, el de la "estructuración literaria", el autor señala que en América Latina se han tomado las grandes innovaciones de la novelística moderna, y se ha generado un diálogo con ellas que no simplemente incorpora sus procedimientos sino que los transforma creativamente. En estas negociaciones es posible ver incluso actos de resistencia ante la propuesta moderna occidental. De nuevo, Rama encuentra en Guimarães Rosa un ejemplo significativo de "transculturación narrativa" a partir de los aspectos de la lengua y la estructuración literaria, siempre desde una posición propiamente brasileña:

> La singularidad de la respuesta consistió en una sutil oposición a las propuestas modernizadoras. Así, al fragmentarismo de la narración mediante el "stream of consciousness" que de Joyce a Virginia Woolf invadió la novela, le opuso la reconstrucción de un género tan antiguo como el monólogo discursivo (que se ejercita en el *Gran sertâo: veredas* [sic] de Guimarães Rosa) cuyas fuentes no sólo pueden rastrearse en las literaturas clásicas, sino asimismo, vivamente, en las fuentes orales de la narración popular (52).

A partir de Guimarães Rosa, Rama va configurando un concepto cada vez más complejo de transculturación en literatura. En primer lugar, va centrando su análisis en la importancia de las formas para pensar el conflicto entre regionalismo y vanguardia. Respecto a los temas eminentemente formales de la lengua y la estructura narrativa, el caso de *Grande Sertão* permite pensar que lo ocurrido en la literatura latinoamericana no sería una mera copia de los procedimientos de la vanguardia occidental, ya que implica la recuperación de géneros tradicionales (como el largo monólogo de un hablante que, como Riobaldo, está marcado por aspectos orales y populares) que, al ser transportados al papel, compiten en complejidad con las innovaciones narrativas modernas. En manos de un verdadero "transculturador", las formas sufren cambios que permiten una recuperación de aspectos tradicionales y populares y, al mismo tiempo, sostienen un diálogo crítico con las estrategias narrativas de la vanguardia occidental.

A pesar de todo, Rama no es demasiado optimista ante la continuidad de lo regional y lo popular en estas narrativas. Constantemente habla de cómo las negociaciones transculturales permitieron la supervivencia de ciertos temas regionales, pero siempre a costa de repliegues y de "pérdidas literarias" (53). Sin embargo, estas tensiones generaron una literatura que supo dar cuenta de ciertos aspectos populares y de su particular disputa con los procesos de modernización literaria y nacional. La transculturación narrativa, que da cuenta de las tensiones contemporáneas entre lo popular y la modernidad vanguardista, sería uno de los elementos que le dan verdadera riqueza a la expresión literaria latinoamericana, más allá de la momentánea explosión mercantil del Boom. El estudio particular del Brasil le permite a Rama producir marcos conceptuales que sirven para repensar a América Latina y a sus relatos culturales hegemónicos, incluyendo al Boom y su centralidad. Cabe notar entonces que el concepto mismo de "transculturación" que Rama retoma con el fin de darle un contrapeso teórico a la idea del Boom, y a su carencia de determinaciones históricas fuertes, se consolida a partir de una mirada detallada al caso brasileño[6].

Ahora bien, Rama representa apenas una de las múltiples posiciones de la crítica latinoamericana en estos años. Desde una posición política y crítica muy distinta, el cubano Roberto González Echevarría publica

[6] A finales de los años ochenta e inicios de los noventa, el concepto de *transculturación* y su aplicación a los estudios literarios ocupó un papel muy importante en los estudios académicos sobre América Latina, especialmente bajo el impulso de Rama. Sin embargo, en años recientes, este término ha perdido sus centralidad y ha sido remplazado por conceptos como *hibridez* o *subalternidad*. Aun así, el pensamiento de Rama sigue siendo vigente y sería un interlocutor de interés para estos nuevos conceptos teóricos. Para comprender el carácter "silenciado" de Rama en los estudios académicos recientes, ver el ensayo "Ideología de la transculturación" de Mabel Moraña.

en los Estados Unidos su libro *Mito y archivo*, el cual rápidamente se convirtió en un texto de gran influencia en la academia de Estados Unidos y de América Latina. Allí, González Echevarría busca producir una teoría de la producción narrativa latinoamericana desde sus inicios en la colonización hispánica hasta el presente. Sin embargo, a diferencia del texto de Rama, su ensayo puede leerse como una defensa del canon latinoamericano y de su culminación con el fenómeno del Boom, que él mismo denomina como una "edad de oro" frente a la "edad de hierro" de la producción narrativa posterior (González Echevarría 14). Aun así, González Echevarría comparte con Rama un deseo por explicar el Boom a partir de un relato crítico mucho más históricamente determinado que el de la "explosión" en el mercado de unos autores aislados.

Para producir su teoría, González Echevarría recurre a ciertas ideas de Michel Foucault, quien señala a lo largo de su obra (especialmente en *Las palabras y las cosas*) que toda sociedad genera "criterios de verdad" a partir de formaciones discursivas (o *epistemes*) propias de su contexto histórico-político. Según el crítico cubano, la novela sería un tipo de textualidad que reniega de sus orígenes literarios y busca imitar a los "discursos productores de verdad" de su momento con el fin de adquirir una legitimidad extraliteraria. Para consolidar su argumento, el crítico define los diversos discursos hegemónicos occidentales que llegan a América y muestra cómo los grandes textos canónicos del continente se escriben en un diálogo directo con ellos.

Según González Echevarría, en los siglos XV y XVI el discurso hegemónico de la cultura occidental sería el de la ley. Así, en los orígenes de la novela moderna a partir de la picaresca y del *Quijote* sería posible leer la influencia del discurso jurídico ibérico, que surge tanto en el testimonio legal del pícaro, como en las constantes disputas del Quijote con las autoridades que lo persiguen por sus constantes infracciones jurídicas. Tal discurso habría pasado de los imperios de la península ibérica a América Latina a partir de la conquista. España y Portugal habrían dominado al continente con las armas, pero también con un marco conceptual-legal que, junto con armas y ejércitos, hizo posible la colonización y, en el proceso, generó la primera narrativa del continente: los textos coloniales que suelen incluir problemas como la legitimidad de la conquista, la posesión de la tierra, los derechos de conquistadores y nativos, etc. Para el siglo XIX, el discurso hegemónico sería el de la ciencia, ejemplificado por los viajeros científicos europeos (Humboldt, Bompland, Mutis), que se convirtieron en los "segundos descubridores" de América Latina. A principios del siglo XX, el discurso hegemónico pasaría a ser el de la antropología, una ciencia joven que se interesaba por encontrar técnicas para oír la voz del otro y por comprender, a partir de "culturas menos desarrolladas", los orígenes mismos de la humanidad[7]. De allí habría surgido una vertiente literaria importante: la novela de la tierra y su interés, en textos como *Doña Bárbara* de Rómulo Gallegos y *La vorágine* de José Eustasio Rivera, por oír la voz de un "otro" considerado primigenio, bárbaro y que, al mismo tiempo, es visto como una figura mítica que encarna los orígenes de la cultura. González Echevarría ve, además, vínculos sugerentes entre grandes antropólogos latinoamericanos (Fernando Ortiz, Lidia Cabrera, Gilberto Freire, Darcy Ribero, entre otros) y autores reconocidos que hicieron investigación antropológica (Rulfo, Carpentier, Roa Bastos, Miguel Barnet) en paralelo a su obra literaria. El ensayo termina señalando un discurso reciente que él vincula con la idea de "archivo", y que sería el primero que no corresponde abiertamente con un discurso hegemónico *occidental*. Es, más bien, un producto de la cultura latinoamericana que se constituye retomando, de forma crítica, elementos de todos los discursos anteriores, ya que implica "[...] un regreso atávico al recinto que guarda sus orígenes legales, el archivo, y la acumulación de formas obsoletas del discurso del conocimiento y el poder; es decir, el discurso de los viajeros científicos y la antropología" (10). Los cuentos de Borges y las novelas de García Márquez y Vargas Llosa serían ejemplos de un deseo por representar toda la tradición cultural latinoamericana a partir de di-

[7] En el Brasil, gracias a la influencia de Antonio Cândido, quizás el crítico literario más influyente del siglo XX, y un académico de formación sociológica, la sociología se ha definido como la disciplina hegemónica en el Brasil desde finales del XIX (a partir de la figura de Sílvio Romero 1851-1914) y a lo largo del XX. Curiosamente, Cândido define a algunos autores citados por González Echevarría (Euclides da Cunha, Gilberto Freire) como *sociólogos*. Esta divergencia es una nueva muestra de los matices que surgen cuando el crítico hispanoamericano se aproxima a la tradición brasileña. Lo interesante sería poner a estas lecturas divergentes a conversar para entender las lógicas históricas, ideológicas y culturales que las producen. Esto, desde luego, sólo sería posible desde una mirada comparativa. Para una muestra del carácter hegemónico de la disciplina sociológica en este periodo, ver el ensayo "A sociologia no Brasil" de António Cândido.

versos tipos de archivo (bibliotecas, memorias infinitas, largas charlas etnográficas, manuscritos como el de Melquiades en *Cien años de soledad*) capaces de contener todas las expresiones discursivas de la historia continental. *Mito y archivo* es, por lo tanto, una legitimación de cierta narrativa canónica latinoamericana: aquella que tiene sus orígenes en un diálogo con los discursos hegemónicos de su época. En particular, es una defensa de los autores latinoamericanos del siglo XX vinculados con el concepto de "archivo", que son precisamente aquellos que se han vinculado directa e indirectamente con el Boom. Ante la idea de que son una mera "ficción" del mercado, González Echevarría sugiere que, por su participación en la ambiciosa ficción del archivo, y en la recuperación de todo el acervo discursivo del continente, produjeron obras de gran valor estético y cultural que merecen hacer parte del canon universal.

En este relato crítico, Brasil surge en un momento específico: el siglo XIX, marcado por la ciencia como discurso hegemónico. Las figuras que en el ensayo encarnan esta mezcla entre narrativa, viaje y discurso científico son Domingo Faustino Sarmiento y Euclides da Cunha. La selección de Euclides como figura representativa de la narrativa brasileña de finales del XIX y principios del XX amerita, por parte del autor, una breve explicación: "Pese a la eminencia de Machado de Assis como novelista, el híbrido tomo de Euclides —mitad reportaje, mitad análisis científico y enteramente literatura— es el que ha tenido la circulación y la influencia más grandes en el resto de América Latina, como lo ha confirmado la reciente rescritura de *Os Sertões* que Mario Vargas Llosa hizo en *La guerra del fin del mundo*" (178). Para González Echevarría, por lo tanto, los vínculos del texto brasileño con la literatura hispanoamericana, y en particular con el Boom, son esenciales para reafirmar su carácter canónico. Esto mostraría cómo, en última instancia, uno de sus objetivos fundamentales es defender un relato crítico que sitúa al Boom en el centro de la producción cultural latinoamericana. Para ello, debe crear una narrativa en la cual los textos canónicos del pasado preparan el camino para la aparición de las ficciones archivísticas de Borges, Carpentier, García Márquez y Vargas Llosa. Este trabajo, sin embargo, no es simple. A continuación, quisiera sugerir que la hipótesis de González Echevarría en torno a la centralidad de la literatura de viajes en el siglo XIX latinoamericano debe someterse a algunas torsiones y redefiniciones al lidiar con el caso específico de *Os Sertões*, y con su papel en la tradición brasileña[8].

Para comenzar, vale la pena señalar que la idea de que el discurso científico del XIX se cristaliza definitivamente en la literatura de viajes no es del todo obvia. Primero, no es esta la única manifestación científica que sirvió para producir una *episteme* hegemónica en Occidente a lo largo de ese siglo. Vienen a la mente, por ejemplo, los desarrollos de la física newtoniana, los descubrimientos biológicos de Pasteur o Mendel, o el pensamiento positivista de Auguste Comte. Este problema se agudiza porque, dentro de la tradición brasileña, *Os Sertões* no suele leerse bajo la categoría conceptual de "literatura de viajes". La recuperación de la figura de Euclides en el Brasil a lo largo del siglo XX está marcada por una crítica nacional (con figuras como Antonio Cândido, Walnice Nogueira Galvão y Luiz Costa Lima, entre otros) que se centra en temas como las desigualdades sociales y étnicas descritas en el texto, las relaciones centro-periferia (Río de Janeiro-Canudos) allí señaladas, y la manera en que estos aspectos han sido representativos en los desarrollos históricos de la nación. Por otro lado, su relación con el discurso científico de la época está marcada por lazos con otras manifestaciones de la ciencia que fueron definitivos para la tradición política y cultural

8 En lo que sigue trato de señalar las dificultades de situar a Euclides en la idea de "literatura de viajes", algo que es central para la argumentación de González Echevarría. Sarmiento también es una figura que no suele leerse en estos términos. Sin embargo, su inclusión en esta tradición es un poco más fácil, porque el *Facundo* cita de manera prominente a grandes viajeros occidentales como Humboldt, Francis Bond Head, Tocqueville, etc. Los referentes "científicos" de Euclides son un poco más heterogéneos: criminólogos, ingenieros, teóricos contemporáneos de la evolución y de la raza, etc. En este sentido, el autor brasileño se convierte, en *Mito y archivo*, en un caso más complejo de incluir en la teorización inicial, algo que se refleja en el texto cuando se describe a *Os Sertões* como una "ampliación" y una "distorsión" de *Facundo* (180). Ahora bien, tanto Sarmiento como Euclides escribieron textos relacionados con la literatura de viajes: el primero, una serie de cartas coleccionadas en un volumen publicado como *Viajes*, y el segundo, un recuento de sus viajes a la frontera entre Perú y Brasil, que culminaría en el libro *À margem da história*, publicado póstumamente. Cabría preguntarse por qué González Echevarría no presta mayor atención a estos textos. Una respuesta preliminar señalaría que, para su relato teórico-crítico, el énfasis está puesto en la defensa de un canon latinoamericano ya establecido. Estos textos, al no ser canónicos, no tienen el mismo interés para el autor.

brasileña. Walnice Nogueira Galvão comenta algunas de las influencias que marcaron este texto clásico:

> En su formación académica habían predominado las tendencias que marcan a la Escuela Militar en esa época y que, aunque en ella se centralizan, se muestran también en otros sectores de la vida letrada brasileña. [...] La ciencia, las matemáticas, el positivismo, el determinismo, el evolucionismo son privilegiados; Comte, Darwin y Spencer son los nombres clave. Nunca sobra recordar que el lema de la bandera brasileña en la República pacíficamente proclamada por los militares en 1889 (un año después de la abolición de la esclavitud) es *Orden y Progreso*, directamente copiada de las lecciones de Augusto Comte. (Galvão XII)

La autora señala aquí un lugar común dentro de la historiografía y la crítica cultural brasileña: el ejército fue una de las entidades con mayor poder modernizador a finales del siglo XIX. Euclides, formado como ingeniero militar, estuvo marcado por una educación positivista y comtiana propia de las fuerzas armadas brasileñas de fin de siglo. Esta forma de positivismo, sin embargo, tiene pocos vínculos con la literatura de viajes. En este sentido, la teoría de González Echevarría se enfrenta a una tradición nacional que no ha visto en Euclides a un pensador vinculado íntimamente con la categoría que él mismo propone. ¿Por qué, entonces, elegir a la "literatura de viajes" como la gran expresión del discurso científico del siglo XIX? Y ¿cómo incluir a *Os Sertões* en esta tradición?

La primera de estas preguntas puede responderse a partir de las necesidades del proyecto crítico mismo. Para González Echevarría es esencial encontrar vínculos directos entre los discursos hegemónicos que estudia *y la literatura*. Si bien el XIX proliferó en manifestaciones del pensamiento científico, son los viajeros quienes consolidaron una expresión textual más cercana a la literaria, algo que el ensayo recalca al afirmar que "existía una complicidad promiscua entre literatura y reportaje científico" (141). De esta forma, el texto va consolidando los vínculos entre los relatos de viajeros y las expresiones literarias que serán analizadas.

Cabe preguntarse entonces cómo logra González Echevarría defender su heterodoxa vinculación de Euclides con el concepto de literatura de viajes. Su texto se encuentra aquí en una posición de exterioridad ante la tradición nacional de lecturas y canonización de *Os Sertões*. Es aquí que el ensayo entra en una cierta inestabilidad productiva, en una serie de giros que muestran una vez más cómo el crítico hispanoamericano debe ampliar y matizar sus modelos teóricos para poder incluir el caso brasileño. Por ejemplo, Euclides efectivamente tuvo que realizar extensos viajes para llegar a la zona de Canudos, donde ocurren los hechos. Sin embargo, no es esto lo que le interesa a González Echevarría, quien señala que: "*Os Sertões* no está estructurado por los viajes reales del autor como corresponsal de guerra" (184). Su lectura no se basa en la literalidad de los viajes del autor, sino en una versión más compleja del concepto de "literatura de viajes" que se va elaborando a lo largo del ensayo.

Para resolver estas dificultades, González Echevarría se centra en la *retórica* que define a la literatura de viajes, más que en sus contenidos. En primer lugar, señala que los textos de viajeros incluyen una cierta dualidad retórica propia de los procesos de la investigación científica occidental en torno a los lugares periféricos del planeta. Por lo general, este tipo de texto suele incluir una "rejilla de clasificación" (186), un lenguaje técnico que busca trazar límites entre el viajero y la realidad que trata de describir. Sin embargo, incluye también una "retórica del asombro" (186) ante la naturaleza visitada, dado que estos mismos conceptos científicos resultan insuficientes para explicar las nuevas realidades que se busca comprender. De este modo, el viajero consigna su deseo por mantener una distancia "científica" ante la naturaleza que investiga y, al mismo tiempo, hace manifiesta una cierta fragilidad del yo y de sus instrumentos analíticos que, en cualquier momento, pueden ser devorados por el objeto de estudio. Este juego retórico entre distancia científica y devoración de la subjetividad del observador es una parte esencial del arsenal retórico de los textos de los viajeros europeos.

En *Mito y archivo,* la caracterización de *Os Sertões* como "literatura de viajes" depende de esa dualidad retórica que estructura al texto de los viajeros. González Echevarría muestra cómo, para lograr imponerse como un observador racional y científico, Euclides hace lo posible por introducir las teorías científicas de su momento a la hora de describir los eventos de Canudos. Sin embargo, el lenguaje del asombro, incluso del horror, que da cuenta de las dificultades del narrador para mantener una distancia racional frente al objeto que describe se va apoderando del texto. Así, las metáforas monstruosas que en principio se dedican a la descripción de la tierra desértica y de los hombres que la habitan terminan por aplicarse de forma generalizada a todos los personajes del texto, e incluso a la nación brasileña misma que autoriza una campaña militar con un poder ilimitado para arrasar con una población hambrienta y desposeída.

Como veíamos, este juego entre un texto con aspiraciones científicas y un lenguaje marcado por el asombro hace parte de los elementos retóricos propios de la literatura de viajes. Es precisamente esta estructura retórica la que hace posible la vinculación heterodoxa de Euclides con el género en cuestión. Sin embargo, el seguimiento del texto brasileño termina por darle un giro más a esta teorización. Una de las críticas que se le podrían hacer a González Echevarría es que, según su propio relato crítico, son los discursos hegemónicos *de Occidente* los que le han dado legitimidad a la literatura latinoamericana (al menos hasta bien entrado el siglo XX, cuando se impondría el discurso más "latinoamericano" del archivo). Dicho de otra forma, se trata de una teoría que, en apariencia, habla de una total dependencia colonial de la mayor parte de la producción cultural latinoamericana. Sin embargo, al terminar el análisis de Euclides, y al mostrar la entrada en crisis de la retórica del observador científico en *Os Sertões*, el ensayo propone algo distinto. El resultado no es simplemente una reafirmación del discurso científico que, al describir al otro, lo coloniza. Por el contrario, el texto señala la posibilidad de que los discursos del colonizador sean transformados por la especificidad natural, lingüística y cultural del colonizado. A partir de la lectura de *Os Sertões*, González Echevarría señala la posibilidad de que el discurso hegemónico de la ciencia occidental encuentre en América Latina su límite y su transformación. Esa transformación culmina, precisamente, en una expresión discursiva que ya no puede tomarse como científica y que se convierte en *literatura*. La relación de poder entre colonizador y colonizado se modifica, y permite la producción de una crítica al concepto mismo de *ciencia*, que termina convirtiéndose en un discurso más entre otros. Así, el ensayo señala que Euclides termina produciendo: "[...] un lenguaje capaz no tanto de capturar al Otro, sino de permitir que al Otro capturar al Yo que lo asedia" (187). De esta forma, el ensayo matiza la dependencia colonial de la literatura latinoamericana y muestra la posibilidad de que los discursos hegemónicos occidentales también sean capturados y criticados desde la otredad latinoamericana. Este sería el gran giro *político* que el caso de Euclides da Cunha opera en el relato teórico-crítico de González Echevarría. Y vale la pena resaltar que este giro es esencial para el texto, ya que abre paso a lo que viene, a un canon literario posterior: los textos de la ficción archivística que recupera los grandes discursos occidentales, pero los transforma de forma abierta y crítica en literatura[9]. Cabe señalar, en todo caso, que la lectura heterodoxa de González Echevarría, hecha desde fuera de la tradición nacional en torno a Euclides, produjo una lectura compleja, que podría estimular nuevos debates en torno a un texto canónico y muy leído como *Os Sertões*. Este debería ser considerado como uno de los logros de una mirada comparativa a la literatura latinoamericana: la posibilidad de que críticos externos a los debates nacionales y a sus formas particulares de discusión generen nuevas maneras de leer a textos y autores canónicos.

Hemos señalado que González Echevarría realiza una defensa del carácter canónico del Boom, y que lo hace a partir de una teorización muy vinculada con la historia cultural del continente. Sin embargo, su ensayo sí termina por defender algunos lugares comunes en torno a la producción literaria latinoamericana que, con el tiempo, han sido revaluados. En su defensa de la hipótesis de que el canon latinoamericano está necesariamente marcado por las grandes *epistemes* occidentales, González Echevarría descalifica las novelas que, en el marco del siglo XIX, no surgieron del discurso científico. Frente a la literatura romántica decimonónica, vinculada tradicionalmente con la novelística romántica europea, llega a afirmar:

[9] En el Brasil existe una intensa disputa entre la lectura literaria de *Os Sertões* y ciertos autores que defienden la idea de que este texto debe leerse más allá de categorías como "ficción" o "literatura". El defensor más notable de esta segunda posición es Luiz Costa Lima, en textos como *O controle do imaginário e a afirmação do romance* y *Terra ignota. A construção de* Os Sertões. Una lectura de las diferencias entre González Echevarría y Costa Lima en torno a Euclides sería de gran utilidad para los estudios comparados de la crítica literaria latinoamericana. Esta comparación, sin embargo, excede los alcances de este texto.

> La historia literaria convencional, ateniéndose a un modelo filológico, enmascara lo que tomo como la historia verdadera de la prosa narrativa. Sarmiento y Euclides da Cunha son más importantes en esta historia que José Mármol o Jorge Isaacs. Sólo al aplicar mecánicamente un modelo de historia literaria, tomado de fuentes europeas, *Amalia* y *María* desempeñan un papel significativo en la historia de la narrativa latinoamericana. (17)

Este gesto encontraría una respuesta en un texto publicado apenas un año después de la publicación de *Mito y archivo*: *Ficciones fundacionales* de Doris Sommer. Se trata de un ensayo que desde su publicación ha reavivado los debates en torno a la literatura decimonónica del continente, específicamente aquella que se consideró por largos años como una mera copia del romanticismo europeo. A continuación haremos un breve seguimiento de sus argumentos principales y del papel que el Brasil cumple en el ensayo.

Sommer inicia su texto con una sección titulada "Arqueología del Boom" (17), que busca mostrar los vínculos secretos que unen a la "nueva narrativa latinoamericana" con la literatura del siglo XIX. Ante el rechazo a la producción cultural decimonónica, y la idea de que autores como García Márquez o Fuentes eran "huérfanos" de padres americanos que se habían formado a sí mismos a partir (exclusivamente) de su apropiación de la modernidad literaria occidental, *Ficciones fundacionales* propone que este deseo de negar el pasado es un síntoma que debe ser leído: "¿Qué era lo que había —me preguntaba— en ese tipo de ficción programática y obviamente obsoleta que tanto obsesionaba a los del *Boom*? ¿Qué lastre de hábitos narrativos, qué premisas subyacentes pesaban en ella para explicar ese rechazo tan rotundo?" (19).

Sommer responde a esta pregunta con la hipótesis central de su trabajo: en estas novelas, los relatos de atracción erótica funcionan como un dispositivo retórico que sirve para narrar una historia mucho mayor: el deseo por consolidar las nuevas naciones americanas a partir de un encuentro consensual entre clases y etnias. En el siglo XIX, estas naciones buscaron pasar del género épico de grandes luchas heroicas, a lo que Sommer llama "romances", novelas en las cuales los conflictos políticos de los países nacientes se disuelven en historias de amor. En estos relatos, liberales y conservadores, europeos y criollos, indios, esclavos y blancos, dejan las armas para enamorarse y resolver tanto las pugnas coloniales como las luchas entre diversas facciones luego de las independencias. Allí, el discurso erótico servía para darles forma simbólica a los proyectos de consolidación nacional, y para dejar atrás la violencia que fue central en estos procesos: "La pasión romántica, según mi interpretación, proporcionó una retórica a los proyectos hegemónicos, en el sentido expuesto por Gramsci de conquistar al adversario por medio del interés mutuo, del 'amor', más que por la coerción" (23).

Según Sommer, lo que los autores del Boom trataron de negar obsesivamente es que sus textos siguieron usando estructuras y dispositivos retóricos similares, aunque para narrar procesos históricos distintos. Mientras que los textos del XIX usaron el relato amoroso para apoyar proyectos de unificación nacional, el Boom narró el fracaso de estos mismos proyectos. Sin embargo, estos autores siguieron usando estrategias retóricas y relatos amorosos similares. En *Cien años de soledad*, por ejemplo, la imposibilidad de varios miembros de la familia Buendía de consolidar una verdadera historia de amor sería también el relato de una imposibilidad de consolidar una sociedad civil unificada. En *La muerte de Artemio Cruz*, el lector descubre que el gran amor juvenil del protagonista, Regina, inventa una historia de "amor a primera vista" para esconder una realidad: que el primer encuentro entre ella y Artemio fue una violación producida en pleno proceso revolucionario. Esa historia de amor es descrita por Sommer como una "bella mentira" (45) que encubre los orígenes violentos de una relación amorosa que es también, alegóricamente, la historia de la consolidación nacional moderna. El Boom, por lo tanto, siguió usando el mismo aparato retórico-erótico de los textos decimonónicos, en este caso para des-escribir (45) el relato histórico consolidado en el siglo anterior. Es claro que estos autores realizaron una crítica a la consolidación nacional decimonónica y a su uso generalizado de "bellas mentiras"; sin embargo, esta crítica no puede entenderse sin una comprensión real de los textos anteriores y su legado. Según el análisis de Sommer, el Boom tendría una enorme deuda con estos relatos y, en últimas, sería imposible sin ellos. El rechazo de estos textos denotaría, no sólo una crítica, sino el deseo por borrar una filiación para justificar la propia originalidad y "canonicidad". Con *Ficciones fundacionales* vemos una vez más que, para el campo de la crítica latinoamericana de finales del siglo XX, fue esencial releer el fenómeno del Boom de una forma mucho más vinculada con la historia del continente, y no como una ruptura total con el pasado.

Para realizar su proyecto crítico, Sommer elige "romances" de todo el continente, con el fin de mostrar que esta unión entre retórica amorosa y fundación nacional se fue dando en diversos lugares de maneras análogas. Dentro de esta argumentación, la incorporación de Brasil y de su más importante autor romántico, José de Alencar, funciona como una importante constatación de la hipótesis inicial y de su carácter operativo para todo el continente. En el capítulo quinto, dedicado a Alencar, Sommer señala: "Que en otros países de América Latina se entusiasmen por rasgos similares hace que las novelas de Alencar resulten extrañamente familiares a los lectores de ficciones fundacionales en español. Los puntos de contacto son sorprendentes, dada la singular historia de Brasil en el contexto latinoamericano" (191). Para demostrar estas similitudes, Sommer analiza las dos novelas más conocidas del autor brasileño, *O Guaraní* e *Iracema*, con el fin de mostrar que en ellas la nación brasileña está narrando su propia fundación a partir de encuentros amorosos entre indígenas y portugueses. En ambas novelas se narran las luchas entre grupos étnicos, pero el amor termina por unirlas, generando posibles matrimonios e incluso una progenie que representa a un Brasil nuevo, unificado y mestizo.

No es posible seguir aquí, en detalle, la argumentación de Sommer en torno a las novelas de Alencar. Sin embargo, sí me interesa señalar un aspecto retórico que muestra una vez más los retos que un crítico que trabaja Hispanoamérica debe enfrentar con el caso brasileño. Sommer es una lectora atenta de la forma de los textos, y una de las características de su libro es la incorporación de una cierta retórica emotiva en sus análisis. Quizás el ejemplo más significativo de esto es la apertura del segundo capítulo del libro, el primero dedicado al análisis de las novelas luego de ofrecer un completo marco teórico: "¡Pobre Cora! ¿Por qué tuvo James Fenimore Cooper que matarla en *El último de los mohicanos* (1826)?" (85). Los capítulos siguientes siguen este modelo. Algunos empiezan con alusiones directas al texto y su desenlace. Por ejemplo el capítulo 6, dedicado a *María* de Jorge Isaacs:

> Después de vencer largas distancias y delicadas reticencias, cuando ya las objeciones familiares no resisten el ardor de los amantes que se

> comprometen a casarse, la dicha de los futuros esposos parece asegurada. ¿Qué posible obstáculo queda para la heroína de *María* (1867) y su adorado Efraín en la novela de Jorge Isaacs? (225)

Otros empiezan con citas directas de los textos que se van a estudiar como ocurre con el capítulo 3, dedicado a *Amalia*, o el capítulo 9, que se inicia con una larga cita de *La vorágine*. Finalmente algunos, como el capítulo 4, se refieren al autor y a su relación con su texto: "Gertrudis Gómez de Avellaneda bien pudo haber dicho algo similar a la ocurrencia de Flaubert sobre Madame Bovary porque, evidentemente, la escritora cubana se identificaba con el héroe de su novela abolicionista, *Sab* (1841)" (157). Al iniciar cada capítulo, Sommer sumerge a sus lectores directamente en el contexto que aspira a estudiar: el texto mismo de las novelas, las fechas de su publicación, la figura de su autor, y la retórica erótica que las caracteriza.

El capítulo dedicado a Alencar tiene un inicio muy distinto: "'Tupí or not Tupí, that is the question'. Oswald de Andrade hizo la pregunta en un inglés tropicalizado al comenzar su 'Manifiesto Antropófago' de 1928" (185). Hay aquí un cambio importante. Sommer no empieza con un aspecto directamente relacionado con los textos que vamos a estudiar (*Iracema* y *O Guaraní*). Nos refiere a otro momento histórico, y a un tono muy distinto: el de una burla irónica, propia de la vanguardia, que de alguna forma disuelve la emotividad de los textos románticos del siglo XIX. Ese inicio ya denota un cambio en la argumentación de Sommer, y muestra el papel complejo que cumple el Brasil en su relato crítico. Como veremos, la autora necesita darle un contexto adicional al caso brasileño para que sea posible incluirlo en su línea argumental.

En principio, la cita del "Manifiesto Antropófago" señala un deseo nacional por recuperar sus raíces indígenas y por ver en ellas un posible origen de la especificidad cultural brasileña. Oswald, sin embargo, defiende cierto tipo de indígenas y no otros, algo que Sommer enfatiza: "Andrade sustituyó al indio ornamental del nativismo romántico [...] por el genuino caníbal: 'Nunca fuimos catequizados. Lo que hacíamos era carnaval. El indio vestido como un senador del imperio. [...] O aparecía en la ópera de Alencar, lleno de buenos sentimientos portugueses'" (185). Esta cita propone que el indígena de Alencar, que incorporaba de forma obediente los valores europeos, hace parte de una "mascarada carnavalesca" que escondía la cara más interesante del nativo brasileño: un antropófago que devora estos valores y los modifica para hacerlos propios. La alusión a Alencar señalaría que, para los años veinte en Brasil, ya había una cierta crítica al autor romántico, y a su constitución simbólica de la nación a partir de indígenas disfrazados de "blancos y cristianos" que, como Perí e Iracema, se entregan a los proyectos de consolidación nacional. Con este inicio, Sommer busca señalar que en la cultura brasileña hay, como en el resto de América Latina, una resistencia a este tipo de narrativa romántica.

Es notable, sin embargo, que esta resistencia no corresponde con la idea inicial del ensayo: que el Boom es el responsable, a nivel continental, de la obliteración reciente de los textos del XIX y de principios del XX. Para el caso del Brasil, Sommer debe remitirse a otro momento histórico, y a otra circunstancia cultural (el "modernismo brasileño") para encontrar la resistencia a ese pasado literario. Sólo entonces es posible hacer un trabajo de "recuperación" de ese pasado a partir de una lectura de las novelas, no como copias de la tradición romántica europea, sino como un lugar de negociación simbólica de la nacionalidad a partir de la retórica erótica. Sommer, sin embargo, debe confrontar un problema adicional. En Brasil, el modernismo ha cumplido una función un poco distinta a la de las vanguardias en otros países de América Latina. Se trata de un fenómeno con una influencia mayor y una continuidad muy superior en comparación a lo que ocurre en otros países del continente. Buena parte de la producción cultural del siglo XX brasileño se identifica directa o indirectamente con la vanguardia modernista, de tal forma que aún hoy críticos, poetas, cantautores y artistas plásticos siguen usando, de manera creativa y dinámica, las ideas de Mário y Oswald de Andrade, producidas en los años veinte y treinta[10].

Quiero referirme precisamente a una de estas figuras para regresar luego a *Ficciones fundacionales*. Haroldo de Campos fue uno de los autores centrales de las "segundas vanguardias" brasileñas, que ocurren en los años cincuenta y sesenta. A partir de la idea de "poesía concreta", de una producción importante de ensayos críticos sobre diversos temas, y de traducciones heterodoxas de algunos de los más importantes textos

[10] Ver al respecto el ensayo "Antropofagia: noticias actuales" incluido en este volumen.

de la tradición occidental, Haroldo se convirtió en uno de los intelectuales centrales en la vida cultural brasileña desde los inicios del concretismo en los años cincuenta hasta su muerte en el año 2003, es decir, en un periodo muy similar al de los autores del Boom. Él es también uno de los grandes críticos literarios del Brasil, y en su obra ensayística hay textos dedicados a buena parte del canon nacional. En torno a Alencar escribió un ensayo con el sorprendente título de "José de Alencar. *Iracema*: una arqueografía de vanguardia" (1981). El título sorprende, no sólo por el inesperado vínculo entre un autor decimonónico y el concepto de vanguardia, sino también porque resuena con la primera sección del primer capítulo de *Ficciones fundacionales*: "Una arqueología del Boom". Como vimos, es en esta sección que Sommer aspira a mostrar que detrás del éxito del Boom hay vínculos con la literatura romántica que han sido borrados.

Haroldo por su parte busca demostrar que, lejos de tratarse de una figura del pasado, hay en Alencar elementos de una profunda modernidad. Para ello, se centra en algunas de las críticas que se le han hecho. *Iracema*, por ejemplo, es un texto que ha sido criticado por tratar de copiar aspectos tanto del relato épico europeo, como de ciertos textos románticos, especialmente la novela *Atala* de Chateaubriand. Según la crítica, estos elementos implicarían un carácter antimoderno, pasatista y poco brasileño de sus novelas. Ante esto, el ensayo señala que el lenguaje de Alencar, un portugués modificado por aspectos de la lengua tupí, hace que la épica occidental se modernice, se haga dialógica al tratar de incluir la voz del otro y, en última instancia, sea una expresión propiamente brasileña, y no una simple copia de modelos europeos (Campos 92). Para afianzar esta idea, el ensayo hace un análisis de la sintaxis alencariana y señala que en su prosa surge un elemento de gran novedad para la tradición literaria brasileña: el uso de frases cortas que segmentan el discurso y producen un estilo conciso, directo y puntual[11]. Para Haroldo, esta predilección formal vincularía a Alencar con el modernismo brasileño, y lo llevaría a realizar experimentos muy cercanos a los de la vanguardia:

[11] "Al estilo copulativo, que considera abusivo, [...] el autor de *Iracema* opone el estilo de 'frases separadas' proponiendo la sustitución de aquel estilo conjuntivo ('tan hilvanado con conjunciones') por una 'frase más simple y concisa'" (98).

> El ejemplo que Alencar exhibe en la "Nota Final a la Segunda Edición" de *Iracema* sobre la presencia inicial de ese "estilo de frases separadas en los propios clásicos" [...] es un paradigma *ready-made* de "poesía *pau-brasil*" tal como Oswald la sistematizaría en sus recortes de "estilo montaje" de los años heroicos del Modernismo. (99)

Esto explica el título del ensayo. Su objetivo es mostrar que el estilo vanguardista de la poesía de Oswald de Andrade tendría uno de sus orígenes en el lenguaje y en los experimentos formales de Alencar. Desde una posición de defensa de la vanguardia, Haroldo, en lugar de resistirse a la figura del autor de *Iracema*, lo sitúa como origen "arqueográfico" de la modernidad literaria brasileña. Lo incorpora, siguiendo las ideas propias de la antropofagia de Oswald de Andrade.

Si retomamos las ideas de Sommer, veremos entonces cómo el caso brasileño implica una serie de retos para su trabajo crítico. Por un lado la idea de que en América Latina el periodo del Boom intentó relegar definitivamente al olvido las novelas románticas no funciona del todo o, por lo menos, requiere de una revisión para dar cuenta del caso brasileño. Por esta razón, Sommer debe realizar una contextualización específica para el Brasil, donde habría sido la vanguardia de los años veinte la que generó la resistencia más notable al fenómeno romántico. Sin embargo, al leer a Haroldo de Campos, autor que se identifica abiertamente con el concepto de vanguardia, descubrimos que en Brasil, para los años ochenta, ya se había generado un relato cultural que recuperaba a Alencar y lo situaba como precursor y origen del lenguaje vanguardista posterior. Ante la idea de que en América Latina se da una resistencia generalizada frente al fenómeno romántico en los años del Boom, el caso brasileño mostraría un patrón distinto, una narrativa crítica que ya en los ochenta buscaba generar continuidades entre el pasado decimonónico y las literaturas del siglo XX.

Lo que quiero señalar en este caso no es una suerte de "error" en la argumentación de Sommer. Es más bien que, al confrontar el caso brasileño, algunas de sus posiciones deben matizarse pues son, en realidad, sólo una parte de la historia del continente. Para el caso brasileño, otros autores vinculados con el desarrollo del concepto de vanguardia (como Haroldo de Campos) ya habían trazado vínculos "arqueológicos" entre el pasado decimonónico y el siglo XX. Lo más significativo al realizar esta comparación entre Sommer y Haroldo es el descubrimiento de que una narrativa unificada en torno a la literatura hispanoamericana del siglo XX basada, en este caso, en la centralidad del Boom para pensar la producción cultural del continente, no funciona del todo cuando se tiene en cuenta al Brasil. No sólo vemos que Sommer tiene que recurrir a otro momento histórico para encontrar una obliteración del pasado romántico nacional, sino que ese mismo movimiento literario, en su desarrollo histórico, ya había planteado la recuperación de ese pasado y su incorporación a la tradición nacional moderna. Incluso, cabe señalar que el modelo "antropofágico" de la vanguardia brasileña tiende a incorporar a sus modelos y a sus supuestos antagonistas (como lo hace Haroldo), en lugar de resistirse a ellos (como lo habría hecho el Boom). Así, mientras que en la América hispanohablante la literatura del siglo XX se ha organizado en torno a la centralidad del Boom, y su irrupción en los años cincuenta y sesenta como un fenómeno que marca una "ruptura" en las letras continentales, en el Brasil, esta centralidad la ocupa el concepto de "modernismo", un movimiento que surge en el periodo de las vanguardias (años veinte y treinta) pero que tiene una continuidad notable en el presente cultural de la nación. En este sentido, al tratar de contrastar el relato hispanoamericano con el caso brasileño, Sommer termina por enfrentarse con una serie de asincronías, desencuentros y construcciones conceptuales que deben reajustarse y matizarse.

En este ensayo he tratado de mostrar que estos desencuentros son evidentes en los tres autores que he trabajado. Es lo que le ocurre a Rama al tratar de constatar la hipótesis generacional para las luchas entre vanguardia y regionalismo, y descubrir que se queda corta ante el caso de un joven Gilberto Freire que defendía lo regional ante su mayor, el modernista Mário de Andrade. Le ocurre a González Echevarría, quien tiene que ir redefiniendo y matizando el concepto de "literatura de viajes" para incluir a un texto como *Os Sertões* que, dentro de su tradición nacional, no ha hecho parte de esa categoría. Sucede también con Sommer, quien debe recurrir al modernismo brasileño para encontrar una cierta resistencia al pasado decimonónico y romántico que, en otros países, se suele pensar a partir de los autores del Boom. Lo fundamental aquí es que el crítico de la tradición hispanoamericana, al confrontar el caso brasileño, tiene que repensar sus propios presupuestos teóricos y, al mismo tiempo, las narrativas hegemónicas que se han usado para describir la literatura del continente. El encuentro con estas dificultades y asincronías entre Brasil e Hispanoamérica, lejos de ser un problema conceptual en sus argumentos, es un hecho productivo que amplía sus teorizaciones, que cuestiona sus presupuestos históricos e ideológicos, y los lleva a tener en cuenta las especificidades de diversos textos, países y autores. Es, si se quiere, una manera de dinamizar las relaciones que consolidan el campo de la crítica literaria latinoamericana.

Lo anterior nos lleva a la hipótesis central de este ensayo: al enfrentarse con cierto "extrañamiento" ante el caso específico del Brasil, el crítico hispanoamericano se encuentra con la necesidad de pensar a la literatura del continente como una literatura comparada, llena de matices históricos y culturales que no se pueden resolver en un único relato homogéneo. En este caso, hemos visto que una de las características centrales de estos tres autores es que su incorporación de la literatura brasileña les permite matizar la centralidad del Boom en la historia cultural del continente (Rama y Sommer) o, por lo menos, los lleva a producir teorizaciones mucho más sensibles a procesos históricos de los diversos países que componen América Latina (González Echevarría). Al encontrarse con una tradición cultural que no se acopla del todo a la narrativa hegemónica continental, estos críticos consolidaron nuevas maneras de pensar la producción literaria latinoamericana. El caso brasileño ha llevado a la crítica de la América hispanohablante a confrontar una realidad: la literatura latinoamericana debe pensarse en términos de las dificultades, los matices, las incertidumbres y los asombros propios de la disciplina comparativa. En mi opinión, este asombro no debe limitarse al caso brasileño, y debe extenderse a todo esfuerzo por pensar la producción literaria y cultural del continente. Más aún: pensar la literatura latinoamericana como una literatura comparada debe comprenderse, no sólo como una herramienta metodológica, sino como una actitud política que se resiste a generar relatos uniformes ante un continente marcado por la diversidad. En este trabajo comparativo, que no busca homogenizar la cultura latinoamericana sino comprenderla en toda su complejidad, habría un gesto político de la mayor importancia para el campo de la crítica literaria en América Latina.

Bibliografía

Campos, Haroldo de. *Brasil transamericano*. Buenos Aires: Cuenco de Plata, 2004. Impreso.

Cândido, Antonio. "A sociologia no Brasil". *Tempo Social. Revista de Sociologia da USP*. Vol. 18.1 (2006): 271-301. Impreso.

Cunha, Euclides da. *Los sertones*. Caracas: Ayacucho, 1980. Impreso.

Foucault, Michel. *Las palabras y las cosas: una arqueología de las ciencias humanas*. México D. F.: Siglo XXI, 2005. Impreso.

González Echavarría, Roberto. *Mito y archivo: una teoría de la narrativa latinoamericana*. México D. F.: Fondo de Cultura Económica, 2000. Impreso.

Lima, Luiz Costa. *Terra ignota. A construção de* Os Sertões. Rio de Janeiro: Civilização Brasileira, 1997. Impreso.

—. *O controle do imaginário e a afirmação do romance*. São Paulo: Companhia das Letras, 2009. Impreso.

Nogueira Galvão, Walnice. "Prólogo" en Cunha, 1980. Impreso.

Rama, Ángel. "El *Boom* en perspectiva." *Signos Literarios* 1 (2005): 161-208, http://148.206.53.230/revistasuam/signosliterarios/index.php 06/22/2012. Digital.

—. *Transculturación narrativa en América Latina*. Buenos Aires: Ediciones el Andariego, 2008. Impreso.

Schwarz, Roberto. *Martinha* versus *Lucrécia*. São Paulo: Companhia das Letras, 2012. Impreso.

Sommer, Doris. *Ficciones fundacionales: las novelas nacionales de América Latina*. México D. F.: Fondo de Cultura Económica, 2004. Impreso.

www.ingramcontent.com/pod-product-compliance
Lightning Source LLC
LaVergne TN
LVHW020028160726
843469LV00044B/1686

* 9 7 8 9 5 8 6 9 5 9 1 1 7 *